Alexander Kissler

Der aufgeklärte Gott

Alexander Kissler

Der aufgeklärte Gott

Wie die Religion zur Vernunft kam

PATTLOCH

Bibliografische Information: Deutsche Nationalbibliothek
Die Deutsche Nationalbibliothek verzeichnet diese Publikation in der
Deutschen Nationalbibliografie; detaillierte bibliografische Daten
sind im Internet über http://dnb.d-nb.de abrufbar.

© 2008 Pattloch Verlag GmbH & Co. KG, München
Umschlaggestaltung: ZERO Werbeagentur, München
Satz und Gestaltung: Hartmut Czauderna
Druck und Bindung: C. H. Beck, Nördlingen
Printed in Germany

ISBN 978-3-629-02188-5

Bitte besuchen Sie uns im Internet:
www.pattloch.de
www.alexander-kissler.de

2 4 5 3 1

Inhalt

Was auf dem Spiel steht **11**

Ein Pflaster für den Größenwahn 11

Hans Küng umarmt die Vernunft
und wird von den Freimaurern beschenkt 27

Vernunft und Glaube und der Kampf um die Wahrheit **33**

Die Moses-Frage oder:
Wie vernünftig ist der Antisemitismus? 33

Celsus, ein frommer Heide und Vater
aller Glaubenskritik 39

Zwei Köpfe für ein Halleluja:
Justin der Märtyrer und Thomas von Aquin 62

Martin Luther, Ulrich Zwingli
und die protestantische Vernunft 72

Ein Lehrer räumt auf: Reimarus und seine
»Schutzschrift für die vernünftigen Verehrer Gottes« 83

Voltaire liebt die Aufklärung und verachtet die Juden 91

Darf man den Glauben kritisieren?
Lessing und der Fragmentenstreit 96

Nathan im Irrtum: Das Märchen von der Ringparabel 107

Weshalb Kleist an Kant verzweifelt 110

Ein aufmüpfiger Mönch fordert von den Katholiken
Toleranz und wird sehr innerlich 114

Goethe trinkt viel Wein in Bingen
und erfindet das Kulturchristentum 121

Schleiermacher spielt Theater in Berlin
und verwandelt Weihnachten in ein Familienfest 124

Die Kirche, die Hysterie und der Baldrian 129

Antimodernismus im 19. Jahrhundert I:
Chateaubriand, Papst Gregor XVI. und der
»Schmutzkanal« 129

Antimodernismus im 19. Jahrhundert II:
Papst Pius IX., der Syllabus und ein »schauderhaftes
System« 140

Wie man sich zum Affen macht 147

Ketzer, Atheisten, »dogmatischer Wahnsinn«:
Von Karlheinz Deschner zu Michael Schmidt-Salomon 151

Unheilige Patrone: Ernst Haeckel und Giordano Bruno 166

Die Katharer mögen kein Ding
und werden so zu den ersten Ketzern 172

Ist der Wille des Menschen Himmelreich?
Wilhelm von Ockham und Johannes Duns Scotus
trennen die Vernunft vom Glauben 177

Karl Jaspers schätzt Sokrates, Buddha, Jesus und das
Zuhause im Scheitern 182

Johannes Paul II. und seine Enzyklika
»Fides et ratio«: Glaube und Vernunft wurzeln
in der Freiheit 187

Benedikt XVI. entdeckt die Krankheiten der Religion 194

Jürgen Habermas sucht das, was fehlt 200

Unfrommes Wissen, glaubenslose Dogmen und eine Theorie von allem **203**

Der Transhumanismus und die atheistische Wissenschaft: Warum die »Brights« nicht sehr helle sind 203

Auguste Comte gründet eine »Religion der Humanität« und verfällt fast dem Wahnsinn 214

Die Paulus-Gesellschaft unterwirft sich der Vernunft und verliert den Glauben 223

Macht Religion infantil? Wie man mit dem »Gotteswahn« Kinderseelen fängt 230

Ein atheistischer Pastor: Die unglaubliche Geschichte des Paul Schulz 242

Statt eines Nachworts **253**

Richard Dawkins und ich: 26 Minuten auf dem blauen Sofa 253

Die »Neuen Atheisten« und die Zukunft der Vernunft . 270

Personenregister 279

Religiöse und philosophische Überzeugungen sind gefährlich wie Feuer. Gegen die von ihnen ausgehende extreme Gefahr gibt es nur einen einzigen Schutz: Wir müssen durchtränkt sein mit Philosophie und vollgesogen mit Religion.

GILBERT KEITH CHESTERTON

Was auf dem Spiel steht

Ein Pflaster für den Größenwahn

Nur der Glaube kann die Vernunft zu sich selbst befreien: Das vorliegende Buch ist ein Versuch, die Wahrheit dieses Satzes darzulegen – eines Satzes, der uns zunächst so gar nicht einleuchten will. Viel zu sehr sind wir Kinder der Moderne, als dass sich nicht alles in uns gegen diesen Satz sträubte. Vernunft und Glaube halten wir für hoffnungslos verfeindete Weltanschauungen, für konkurrierende Unternehmen auf dem Weltmarkt der Sinnangebote. Die Gläubigen, das sind doch jene Menschen, die ihren eigenen Kopf an der Garderobe abgeben, im Vorraum jener düsteren Kathedralen oder gleißend hellen Spiritualitätszentren, wo sie sich regelmäßig zu offensichtlich törichten Zwecken einfinden. Und die Vernünftigen, das sind die übrigen Menschen, die alles gründlich durchdenken, alles prüfen im Licht des eigenen Verstandes, Menschen, die sich kein X für ein U und schon gar kein Wasser für Wein vormachen lassen. Was dem einen heilig ist, entlockt dem anderen ein Schmunzeln, und was dieser für wissenschaftlich widerlegt hält, ist jenem der Grund seines Daseins. Was, bitte schön, sollen Vernunft und Glaube sich zu sagen haben? Läuft nicht unsere ganze Lebenserfahrung auf ein Entweder-oder hinaus?

Groß und weit ist die Welt, und darum sehnt sich der Mensch nach überschaubaren Räumen, in denen alles seine Ordnung hat. Wer tagtäglich zwischen sechzig Käse- und achtzig Brotsorten zu wählen hat, wer Jahr um Jahr den Saldo seiner Lebensabschnittsbeziehung kalkuliert, der braucht eine Geborgenheit im Grundsätzlichen, eine Heimat in der Fraglosigkeit des ein für allemal als wahr oder falsch Erkannten. Anders kann es im 21. Jahrhundert nicht sein. Kein Feld aber bietet verlässlicheren Schutz vor den Zumutungen der Spätmoderne als das Vorurteil. Und ein Vorurteil ist die Ansicht von den konkurrierenden Sinnsystemen Glaube und Vernunft, die nicht eher Ruhe geben, bis eines von beiden gesiegt hat, die Welt ein Gottesstaat oder eine Atheistenrepublik geworden ist. Pardon wird nicht gegeben, Gefangene werden nicht gemacht. Es geht ja immer um alles: um Freiheit oder Unvernunft, Lüge oder Wahrheit.

Jener Augenblick der Weltgeschichte, an dem wir uns befinden, ist gekennzeichnet einerseits durch eine Allgegenwart religiöser Phänomene bei weitgehender Aushöhlung des Glaubens und andererseits durch einen Siegeszug des vermeintlich Vernünftigen, das sich als Vernunft drapiert. Machen wir die Probe: An einem beliebigen Tag des 21. Jahrhunderts kann es geschehen, dass ein Politiker, der sich gerade um den Vorsitz seiner Partei bewirbt und dem nach privaten Eskapaden nur Außenseiterchancen eingeräumt werden, treuherzig erklärt: Er baue auf die »kollektive Vernunft der Delegierten«; diese wüssten schließlich, dass er und nur er »der beste Garant« sei »für künftige Erfolge. Und das ist doch schließlich das A und O in der Politik.« Vernunft ist demnach ein anderes Wort für Korrumpierbarkeit und Gier nach Anerkennung.

Am selben Tag des 21. Jahrhunderts kann es geschehen, dass »wirtschaftliche Vernunft« den Bau von gedämmten Eigenheimen nahelegt, dass »tarifpolitische Vernunft« gewisse Gehaltsforderungen ausschließt, dass »politische Vernunft« den Bau von Kernkraftwerken erzwingt, während »emotionale Vernunft« den Mann als Gattungswesen in die Schranken weist, kann es geschehen, dass eine Revision des Jugendstrafvollzugsgesetzes ein »Gebot der Vernunft« ist und dass ein Journalist einem Philosophen zu dessen sechzigstem Geburtstag nachrühmt, er sei der Einzige, dem man einen »Versuch über die fäkalische Vernunft« zutraue.

Am Abend desselben Tags im 21. Jahrhundert verkündet dann ein alternder Fußballstar, er sei zum Abschluss seiner Karriere in die Zweite Liga gewechselt, denn er habe »auf Herz und Bauch und auf die Vernunft« gehört. Der neue Arbeitgeber nämlich sei am »hohen Lebensqualitäts-Standort München« angesiedelt. Noch ein wenig später blicken dann drei Männer, gleichfalls in des Lebens Mitte, auf eine frauenlose Woche zurück. Für einen Boulevardsender durften und mussten, so der Titel, »Männer allein daheim« bleiben. Nach getaner Arbeit fallen die drei Heroen ansatzlos in ihre Machoposen zurück, meiden Küche und Waschraum wie Graf Dracula den Knoblauch und lassen die Partnerinnen schuften. Auf den bedenklichen Wandel angesprochen, erklärt der eine, die Bequemlichkeit verlange ihr Recht. Der andere beruft sich auf seine Faulheit. Der dritte Mann aber überlegt länger und gibt zur Antwort: »Einfach nur Vernunft« sei es, die ihn wieder zum Zaungast mache, wenn die Frau putzt und bügelt, Windeln wechselt.

Wir lernen: Vernunft reklamieren bedeutet für die eigene Position werben, das eigene Verhalten rechtfertigen oder dem eigenen Körper Gutes tun. Vernunft und Eigennutz scheinen fast dasselbe zu sein. Vernünftig ist es, die eigenen Interessen zu artikulieren und ihnen zum Durchbruch zu verhelfen. Vernunft ist das Pflaster auf dem Größenwahn des Ichs, der Scheinwerfer, der den gegenwärtigen Standpunkt erstrahlen und alles ringsum in Finsternis sinken lässt. Unvernünftig sind immer die anderen.

Wenn es tatsächlich so wäre, dann müsste man sich sehr wundern über den guten Leumund dieses kuriosen Wörtleins. Wenn es tatsächlich so wäre, dann müsste die Vernunft sich ebenso sehr in der Defensive befinden wie der Glaube. Doch das Gegenteil ist der Fall. Auf dem Cover eines der größten Bucherfolge im Herbst 2007 prangt das Bekenntnis: »Ich bin ein Gegner der Religion. Sie lehrt uns, damit zufrieden zu sein, dass wir die Welt nicht verstehen.« Ist es denkbar, dass ein Verlag das Werk eines Autors mit dem gegenteiligen Credo »Ich bin ein Gegner der Vernunft. Sie lehrt uns, damit zufrieden zu sein, dass wir die Welt zerstören können« in vergleichbarer Weise bewirbt? Richard Dawkins, der Verfasser des Erfolgsbuchs »Der Gotteswahn«, lebt sehr auskömmlich von seinem Religionshass. Wer mit vergleichbarem Furor gegen die Vernunft wüten wollte, landete eher in der Psychiatrie denn auf den Bestsellerlisten.

Ganz offensichtlich geht ein guter Zauber aus von dem Wörtlein »Vernunft«, während böse Kräfte die Religion umlagern. Moralisch anständig und intellektuell redlich ist es, dem Glauben alles Böse zuzutrauen und anzudichten, während die Vernunft, führt man sie einmal im Munde, sofort einen Verbotszaun errichtet. Sie erfüllt exakt jene Funktion, die in vorreformatorischer Zeit dem Glauben zukam, ist also längst selbst zu einem religiösen Dogma geworden. Widersprich mir nicht, sagt der Verfechter der Vernunft, es sei denn, du wolltest mit Riesen rechten. Gegen die Vernunft, spricht er weiter, und also gegen mich lehnt man sich nicht auf, Vernunft gibt es nie genug. Schon an der kleinsten Prise Glauben kann man sich den Magen verderben, Vernunft hingegen sorgt selbst eimerweise für gesunde Träume und einen beweglichen Darm. Warum eigentlich? Kann die Vernunft nicht ebenso sehr wie der Glaube über die Stränge schlagen? Kann nicht auch sie ein unduldsames Regiment errichten, subtiler zwar als die bigotten Potentaten früherer Epochen, doch ebenso machtvoll, umstürzend, verhängnisvoll? Haben wir vielleicht den Punkt schon erreicht, da die tatsächliche wie die vermeintliche Vernunft vor sich selbst geschützt werden müssen?

In der Tat, wird nun jeder verständige Kopf erwidern, reden viele von der Vernunft und meinen das Gegenteil. Ein rhetorischer Kniff sei es, nicht mehr, ein Taschenspielertrick, um die Dürftigkeit der Argumentation zu bemänteln. Gewiss, so ist es in den allermeisten Fällen. Gerade das aber spricht gegen jenes Gratisvertrauen, das man der Vernunft entgegenbringt. Es gibt derart viele Spielarten der Vernunft, von der lautersten bis zur niederträchtigsten, rundum unvernünftigen, dass die Vernunft an sich kaum zu fassen ist. Wie beim Glauben kann man auch auf die postmetaphysische Gretchenfrage »Sag, wie hast du's mit der Ratio?« redlich nur antworten: Kommt ganz darauf an. Der Glaube kann in Abgründe an Verworfenheit und Falschheit führen, und er kann sich aufschwingen zum Höchsten, das Menschen beschieden ist. Dasselbe gilt von der Vernunft. Während aber seit der Geburt des jüdisch-christlichen Monotheismus jeder Gläubige mit der Muttermilch des Gottvertrauens auch das süße Gift des Zweifels aufgesogen hat, beharrt der rein säkular Vernünftige auf dem Stand paradiesischer Unschuld. Im 21. Jahrhundert sind die führenden Vertreter des Rationalismus von keinem Zweifel angekränkelt. »Der Fortschrittstrend ist unverkennbar, und er wird sich fortsetzen«, schreibt Richard Dawkins. Gläubige, die wie »schwachsinnige Papageien« ihre Heiligen Schriften nachplappern, gehörten einer Zivilisationsstufe an, von deren baldigem Verschwinden der britische Evolutionsbiologe überzeugt ist. Es müsse endlich Schluss sein mit dem »Prinzip des automatischen Respekts für religiösen Glauben«. Dann würden »kritisches Denken und intellektuelle Ehrlichkeit« triumphieren, Unbildung und Krieg verschwinden.

Schon ein kurzer Blick in die Geschichte der Vernunft aber zeigt: Seit mehr als zweitausend Jahren hat sie ein janusköpfiges Gesicht. Damals wie heute kann es durchaus als ein Ausdruck von Vernunft gelten, das Leben dem Nützlichkeitsdiktat zu unterstellen. Es kann allgemein als vernünftig akzeptiert werden, alles Schwache, Kranke, Immobile zu entsorgen oder sich selbst zu überlassen; es kann durchaus im Einklang sein mit einer instrumentell, ja technisch verstandenen Vernunft, das größtmögliche Glück der größtmöglichen Zahl mit dem Unglück einer Minderheit zu erkaufen. Die energischsten Aufklärer – vom antiken Kirchenkritiker Celsus über den Religionsspötter Voltaire bis zu Reimarus, dem wortgewaltigen Verächter des Christentums im 18. Jahrhundert – hielten in der einen Hand die »Fackel der Vernunft« und in der anderen den Stock, mit dem sie Juden, Christen und sonstige »Wilde« am liebsten außer Landes geprügelt hätten.

Sie alle nahmen Anstoß an einer Eigentümlichkeit, die auch Richard Dawkins und die übrigen »Neuen Atheisten« zur Weißglut treibt: Gläubige, also fromme, beileibe nicht nur diffus religiöse Menschen, akzeptieren nicht die Bedingungen, die die atheistisch gewandte Vernunft stellt, um eine Aussage wahr nennen zu dürfen. Nimmt man die Vorwürfe gegen den Glauben, die Dawkins in »Der Gotteswahn« aufeinanderschichtet, ernst und wendet sie ins Positive, so ergibt sich: Sichtbar muss sein und im Experiment überprüfbar, was den Anspruch auf Wahrheit erhebt. Menschsein heißt seinen Intellekt benutzen, um seine Interessen artikulieren, sein Leid minimieren, sein Glück maximieren zu können.

Der gläubige Mensch wird da widersprechen, wird sagen, der Mensch gehe nicht auf in seinem geistigen Vermögen, sei mehr als die Marionette seiner Ansprüche und Lüste, mehr als eine Software zur Optimierung seiner Lernprozesse – und den Widerspruch empfindet der »Neue Atheist« als Kränkung. Schließlich habe er sämtliche Argumente durchdacht und sei zum Ergebnis gekommen: Glaube ist Unfreiheit. Also will er dem Unglauben und damit der Freiheit einen Weg bahnen. Forsch besteigt er den Bulldozer seiner Gesinnung, munitioniert sich mit Sätzen wider den »Blut- und Heuchelwahn des

Christentums« (Karlheinz Deschner) und übersieht, dass er im Wahn, ein »vernünftiger Radikalist« (Deschner) zu sein, das Pflänzlein der Vernunft plattwalzt. Denn was ist Vernunft, wenn nicht die »Fähigkeit zu vernehmen«? Und setzt eben diese nicht voraus, »dass es etwas Vernehmbares gibt«, eine Instanz außerhalb des Ichs?

Der Hinweis des Münsteraner Philosophen Werner Schneiders führt auf die entscheidende Spur. Vernunft kann stets nur Resultat eines Dialogs sein. Das denkende, empfindende Ich öffnet sich für »irgendeine prinzipielle Intelligibilität«, für einen Geist, einen Sinn, den es nicht herstellen, wohl aber wahrnehmen kann. Vernunft ist dann am Werk, wenn – um noch einmal Schneiders zu zitieren – das Hörvermögen des Menschen, die »Menschenvernunft«, auf die »Seinsvernunft« trifft, auf das allen Erscheinungen zugrundeliegende geistige Prinzip. Heute jedoch werde leider »Vernunft weitgehend als bloßes spontanes Denken verstanden, das sich seine Regeln selbst gibt oder sogar seinen Gegenstand selbst erzeugt«. Aus den Dialogen sind Monologe geworden, aus den vernünftigen Denkern Bauchredner in eigener Sache.

Deshalb sind die Bekenntnisse der »Neuen Atheisten« an Einsträngigkeit und Eintönigkeit kaum zu übertreffen. Sie kultivieren das Zwangsjackenglück feister Selbstzufriedenheit. Sie erklären wieder und wieder, vor keinem Gott in die Knie gehen zu wollen (wozu niemand sie zwingt), und perfektionieren die Kunst der Selbstanbetung. Ihre Mundwinkel sind selten in der Waagerechten. Ihr Schmunzeln soll ein Erkennungsmal wehrhafter Aufklärung sein, ihr Zorn nicht minder. Auch das Resümee Werner Schneiders' klingt in ihren Ohren wie das Echo aus einer fremden, bösen, eben unaufgeklärten Welt: »Menschliche Vernunft ist offenbar keine absolute Vernunft. [...] Die prinzipiellen Grenzen des Erkennens sind nicht die faktischen Grenzen der Vernunft, es gibt zum Beispiel auch einen vernünftigen Glauben.«

Die Vorkämpfer der Aufklärung, auf die sich die »Neuen Atheisten« so gern berufen, waren fast samt und sonders gottesfürchtige Menschen, durchdrungen von der Überzeugung, Glaube und Vernunft schöpften aus derselben Quelle. Gewiss, Bacon, Galilei, Lessing und Kant gaben der Vernunft jene Werkzeuge in die Hand, mit denen sich später dem Glauben der Garaus machen ließ. Doch ein Fehler ist es, ein Irrtum aus Bequemlichkeit und Kalkül, die Aufklärung des 17. und 18. Jahrhunderts als antireligiöse Bewegung zu begreifen. Um diesen Eindruck dennoch zu gewinnen, muss man den Rahmen missachten, in den die Philosophen und Forscher ihr Handeln und Denken stellten. Sie hatten fast alle noch die große Lektion begriffen, die der Monotheismus in die Welt brachte: die Erkenntnis, dass Glaube Selbstbescheidung bedeutet, und dass Selbstbescheidung, Selbstkritik, dass der Vorbehalt, unter dem alles menschliche Sinnen und Trachten steht, auch für religiös unmusikalische Menschen bedenkenswert bleibt. Den inneren Zusammenhang von Glaube und Selbstbescheidung haben heute – vielleicht stärker als die nominell Gläubigen – die Propagandisten des Unglaubens begriffen. Darum wollen sie den Glauben verbannen.

Solange noch ein Mensch sagt, nur der Eine im Himmel sei Herr und sei Gott, kann der Anspruch der spontanen, der monologischen Vernunft nicht absolut sein, kann das Ich nicht unumschränkt herrschen.

Die Machtmittel, die die instrumentelle Vernunft angehäuft hat, sind gewaltig. Die Erschütterungen aber schwinden. Gesellschaftliche Schockwellen lösten noch die Atomdebatten in der Nachkriegszeit aus. Dass die Menschheit sich auf Knopfdruck auslöschen kann, beunruhigte dann doch. Woher, fragten sich nicht zuletzt Wissenschaftler wie Max Planck und Carl Friedrich von Weizsäcker, woher nehmen wir die moralische Kraft, den Versuchungen der Machbarkeit zu entsagen? Was ist der Mensch, der sein Genügen daran findet,

Weltkriege zu entfesseln und neuen Bedrohungen halbherzig nur zu wehren? Heute wird die Moral, die alle angeht, als Ethik, die ein streng subjektives Ding ist, entsorgt. Ethik erscheint als bloßes Verfahren, um Meinungsunterschiede transparent zu machen. Ethikkommissionen sind Gremien, die verhindern sollen, dass es allzu moralisch zugeht.

Gleichzeitig hat die Sucht nach der Umgestaltung alles Vorgefundenen das Menscheninnere entdeckt. Flexible Menschen sollen herangezogen, herangezüchtet werden, windschnittig und arbeitsmarktkonform, und vom Appell an die maximale Anpassungsfähigkeit, der Entkernung also des bestehenden Menschen, ist es nur ein winziger Schritt zur Planung des künftigen Menschen am Reißbrett und im Labor. Hand in Hand arbeiten die genetischen und die ökonomischen Weltverbesserer, die Lebenswissenschaftler und die Radikalliberalen, die Klonexperten und die Ideologen des entfesselten Marktes. Ihr gemeinsames Motto lautet: Gelobt sei, was funktioniert.

In einer solchen Lage ist eine Vernunft dringend nötig, die den Namen verdient, eine hörende Vernunft, offen für Selbstbescheidung, Selbstkritik. Doch schwach ist die Vernunft geworden, schwächer noch als in den vermeintlich überwundenen voraufklärerischen Jahrhunderten von ehedem. Nie war es leichter, noch für die absonderlichste Forderung Beifall statt Widerspruch zu ernten, sofern man nur im Namen der Vernunft zu reden vorgibt. Nie war es leichter, die Regentschaft der Zahlen und damit die pure Effizienz, das schlechthin Geistlose, als vernünftig auszugeben. Nie war es mühsamer, die Vernunft als Tarnbegriff für Denkfaulheit von der Vernunft als dem prinzipiell Vorurteilslosen zu scheiden.

Die Vernunft steckt heute in jener dogmatischen Krise, aus der sich das verhärtete Christentum der Renaissance mühsam herauswinden musste. Sie ist, wie damals ein zwischen Prunksucht und Kriegsbereitschaft schwankender Glaube, eng statt weit, doktrinär statt emanzipativ, zerstörend statt aufbauend. Und sie hat derart schlechte Fürsprecher – ob sie nun »The Brights« heißen, »Humanistische Union« oder »Giordano-Bruno-Stiftung« –, dass sie keine Gegner mehr braucht.

In ebendieser Lage bedarf die Vernunft eines Korrektivs, an dem sie genesen kann. Wo, wenn nicht am praktizierten und denkend verantworteten Glauben, könnte sie lernen, wie man Maß hält? Wie man sich selbst relativiert, ohne den Kern seiner Mission preiszugeben? Wie man also zur Vernunft kommt? Der Glaube durchläuft die Schule der Aufklärung seit bald dreitausend Jahren, seit der Geburt des Monotheismus im Judentum. Es waren wechselhafte Jahrhunderte. Nicht selten musste der Glaube zu seinem Glück gezwungen werden, musste er durch Niederlagen und Selbstverleugnungen, auch Selbstverrat hindurch, um seiner Botschaft treu zu bleiben. Noch immer aber ist die beste Zusammenfassung dessen, was den gläubigen Menschen auszeichnet, der Gebetswunsch des Apostels Paulus: »Herr, ich glaube. Hilf meinem Unglauben.« Viel wäre gewonnen, wenn die Religionsverächter bereit wären anzuerkennen: Jedes Wissen ist der Beginn einer neuen Ungewissheit. Wer die Dinge ein für allemal durchschaut hat, sieht nur sich selbst, nicht aber die Dinge.

Fatalerweise zeigt der Glaube jetzt, da alles auf ihn ankäme, sich nicht von seiner besten Seite. Ein Teil der Gläubigen ist ausgewandert zu den religiösen Schnäppchenanbietern, zu Wellness und Tantra und Extremsport, Buddhismus und Scientology; diese stellen Techniken bereit, Disziplinen der Lebensertüchtigung, lehren aber keine Haltungen – von Tugenden ganz zu schweigen. Ein anderer Teil übernimmt von der doktrinär gewordenen Vernunft die Einsicht, im Monolog liege alle Seligkeit. Sie schotten sich ab, werden fundamentalistisch wie ihr einstiger Konterpart, die Aufklärung. Die Neuheiden und die religiösen Fundamentalisten zeigen zwar mit Fingern aufeinander. Faktisch aber arbeiten sie gemeinsam an einer endgültigen Scheidung von Glaube und Vernunft. Die vollendete Destruktion wäre das Ergebnis, sollte eine Seite sich dauerhaft durchsetzen.

Ein weiterer Teil der Gläubigen, vermutlich der größte, hat die Forderungen der Welt derart in sich aufgesogen, dass Glaube und Welt kaum mehr zu unterscheiden sind. So stellt sich die Situation in weiten Teilen Mitteleuropas dar. Christen sind dort jene versprengten Tataren, die Laut geben, wenn sie betroffen sind, wenn sie sich herausgefordert sehen, wenn sie Stellung beziehen, und die dann so reden, wie man eben redet im politischen Alltagsgeschäft. Sie freuen sich, dass man sich für ihre Meinung interessiert, und übersehen, dass man sich eben nur für ihre Meinung, nicht für ihren Glauben interessiert. Die Mikrofone sind geöffnet, wenn Kardinäle und Bischöfinnen die Asylpolitik kommentieren, den Klimawandel, die Fußballweltmeisterschaft. Jovial geben sie Auskunft und freuen sich nach jedem Lacher, den sie provozieren, dass sie endlich in der Mitte der Gesellschaft angekommen sind, auf Augenhöhe mit den Staatsministern und Generalsekretären. Verlorengegangen ist das Bewusstsein, dass sie ein Anstoß sein sollten, ein Stachel im Fleisch der Selbstzufriedenen und nicht deren Pausenclown.

In einer gewaltigen Barockkirche wohnte ich einem Gottesdienst bei, dem aushilfsweise ein 87-jähriger Priester vorstand. Sein Alter weiß ich genau, weil er damit nicht hinter dem Berg hielt – wie mit so vielem. Er freue sich, nach sieben Jahren wieder einmal hier zu sein, in jener Kirche, die er für die schönste Barockkirche Bayerns halte. Beifall brandete auf. Er stützte sich auf einen Stock. Viel sei geschehen in den vergangenen Jahrzehnten. Etwa hätten jüngere Forschungen belegt, dass zweifelsfrei eine Apostelin Junia gelebt habe. Dennoch tue sich der Vatikan noch immer schwer, Frauen angemessen Raum zu geben. Selbst die Bestellung »bewährter, verheirateter Männer«, der sogenannten »viri probati«, zu

Priestern erweise sich als undurchführbar. Die »Philosophie« des Papstes stehe dem entgegen. Dabei wisse er, der 87-jährige Ruhestandspriester mit der heiseren Stimme, noch, mit welcher Freude er das Zweite Vatikanum begrüßt habe. »Wir hatten die Hoffnung, nun geht es voran.« Dann sei es anders gekommen, aber man dürfe die Hoffnung nicht aufgeben. Sprach's und lächelte so charmant und lächelte noch einmal, dass ein Stein sein musste, wer hier nicht mitfühlte, mitempfand, mitlitt.

Wenige Tage später titelte eine Zeitung: »Kirchentag fordert Gespräche mit Terroristen«. Auf dem Evangelischen Kirchentag zu Köln hatte dessen Präsident, der ehemalige Ministerpräsident von Sachsen-Anhalt, Reinhard Höppner, erklärt, man müsse Terroristen und afghanische Taliban-Kämpfer an den Verhandlungstisch bekommen, um die Welt zu befrieden. Jesus habe keine Berührungsängste gekannt, habe den Ausgegrenzten die Hand gereicht und verkündet: »Liebet eure Feinde.« Dieses Wort lasse sich an Schärfe kaum überbieten. »Nur wo auch mein Feind einen menschenwürdigen Platz hat«, schlussfolgerte der Kirchentagspräsident, »kann Frieden werden.«

Wiederum einige Tage später fand in Berlin der alljährliche »Christopher Street Day« statt. Rund 400 000 Menschen nahmen an der Parade »gegen Diskriminierungen in der Arbeitswelt und der Schule« teil. Das Bild, das danach via Nachrichtenagentur durch die Republik ging, zeigt fünf lachende Herren. Sie tragen Perlenkette und Negligé, Armreif und Federboa, halten Schirme in den Händen. Alle Accessoires sind in zartem Rosa gehalten, fein abgestuft. Nur der Herr in der Mitte, Perückenträger auch er, fällt aus der Reihe. Ein rosa schimmernder Ring aus leuchtendem Glas bedeckt den linken Ringfinger zur Hälfte. Die Hand aber umgreift ein meterhohes Holzkreuz in makellosem Weiß. Statt des Querbalkens mit dem traditionellen »I.N.R.I.« ist etwa vierzig Zentimeter über des gutgelaunten Herrn Kunsthaar ein Schild mit einer dreizeiligen Botschaft drapiert. Dort steht zu lesen: »Schweinegeil statt lammfromm«.

Die schrillen Protagonisten der Homosexuellenbewegung sind gewiss nicht in allem repräsentativ für das Denken und Meinen der Mehrheit. In einem Punkt jedoch deckt sich ihre Einschätzung mit dem gesellschaftlichen Gesamtempfinden: »Fromm« ist kein Adjektiv mehr, auf das stolz zu sein man seinen Freunden raten könnte. »Fromm« oder gar »lammfromm« bezeichnet keine Haltung, die als erstrebenswert gilt. Der Fromme ist immer zugleich der Frömmelnde, so wie auch der Gläubige und der Bigotte meist in einem Atemzug genannt werden. Wer sich um eine gläubige Lebensweise bemüht, der hat mit Spott zu rechnen, der wird für heuchlerisch oder tumb gehalten, der darf sich nicht beschweren, wenn das gemeine Hausschwein (Sus scrofa domestica) ihm vorgezogen wird. Allgemein akzeptiert ist dessen tierische Triebhaftigkeit. Selbtbescheidung hat da schlechte Karten.

Warum wohl? Weil animalische Verwegenheit, weil das lustvolle Überspringen der Vernunft als authentischer Lebensstil verbürgt und präsent ist. Man kann sich sicher sein: Es gibt tatsächlich jede Menge ganz realer Menschen, die ernst machen und tatsächlich ihre Botschaft »schweinegeil« ausleben. Bei der konträren »message«, die auf Zurückhaltung statt Überwältigung drängt, auf Selbstkritik statt Eigenlob, kann man das offenbar nicht. Predigen die Gläubigen nicht seit jeher Wasser und trinken Wein? Reden sie nicht von einem Kreuz, das sie selbst nie trugen? Oft ist es in der Vergangenheit so gewesen, und öfter ist wohl auch heute noch die Ausnahme die Regel.

Ganz unbeschadet der Frage, ob man mit der theologischen Lebensbilanz des 87-jährigen Ruhestandspfarrers in Bayerns schönster Barockkirche sympathisiert oder nicht: Wie groß muss ein Ich sich ausnehmen, damit es meint, allein mit sich einen Gottesdienst füllen zu können? Wird die ungehemmte Feier der eigenen Hoffnungen und Niederlagen noch als Gottesdienst erfahrbar? Ist gerade in Glaubensdingen Vernunft nicht immer ein intersubjektives Phänomen? Dieselben Fragen ließen sich dem evangelischen Kirchentagspräsidenten stellen: Wird die Glaubensbotschaft in die Gegenwart getragen oder an diese verraten, wenn sie den rhetorischen Flitter liefert auf gänzlich naiven, ja albernen politischen Wünschen? Ist nicht auch hier das eigene Ego der alleinige Zeremonienmeister?

Vor fast genau sechzig Jahren versuchte sich einer der klügsten Köpfe der damaligen Zeit an einer der schwierigsten Übungen überhaupt. Er wagte einen Ausblick auf die Zukunft. Er diagnostizierte »die Auflösung des neuzeitlichen Weltbildes« und prophezeite »das Kommende«. Seine Überlegungen nannte der liberale Religionsphilosoph Romano Guardini einen »Versuch zur Orientierung«. Eine ebensolche lieferte, rückblickend gelesen, gerade Guardini selbst. Was ihm »das Kommende« war, ist Gegenwart geworden: »Ein neues Heidentum«, schrieb Guardini, »wird sich entwickeln«, wird sein Heil in der Antike oder in der nordischen Mythologie suchen oder aber im blanken Nihilismus, in der »Verneinung des Daseinssinns«.

Dieses neue Heidentum bestimmt nicht nur in Ostdeutschland, Tschechien, Ungarn, in Holland und Belgien längst den Takt, definiert Lebensgefühl und Politik. Auch die ganz unmissionarische Form der religiösen Wissensvermittlung, wie sie an Schulen geschieht, steht auf der weltanschaulichen Kürzungsliste. Der Europäische Menschengerichtshof entschied Ende Juni 2007, die verpflichtende Teilnahme am norwegischen Schulfach »Christentum, Religion und Philosophie« verstoße gegen das Recht auf Unterricht. Informationen über religiöse und weltanschauliche Überzeugungen, hieß es, berührten einen sehr intimen Bereich des Privatlebens. Zudem erhalte das Christentum mehr Raum als andere Religionen und als glaubensneutrale Philosophie und Ethik. Prägnanter hätten es die Kirchenstürmer der Französischen Revolution nicht formulieren können. Religion wird demnach als intimes Freizeitvergnügen geduldet. Als Bestandteil abendländischer Geistes- und Normengeschichte neidet man ihr aber den festen Platz im Lehrplan. Draußen vor der Tür mögen jene sich damit beschäftigen, die es partout nicht lassen können. So leicht wird aus falsch verstandenem Pluralismus repressive Toleranz.

Romano Guardini, der 1968 im Alter von 83 Jahren starb, hätte eine solche Gegenwart nicht überrascht und nicht erschreckt. Im Gegenteil: Seine Hoffnung war, dass die scharfe Gegnerschaft von Seiten der Neuheiden die Christenheit läutere. »Der christliche Glaube«, prophezeite er, »wird eine neue Entschiedenheit gewinnen müssen. Er muss aus den Säkularisationen, den Ähnlichkeiten, Halbheiten und Vermengungen heraus. [...] Wo die kommende Zeit sich gegen das Christentum stellt, wird sie damit ernst machen. Sie wird die säkularisierten Christlichkeiten für Sentimentalitäten erklären, und die Luft wird klar werden. Voll Feindschaft und Gefahr, aber sauber und offen.«

Das Christentum müsste demnach lernen, was ihm einst in die Wiege gelegt worden ist: die Radikalität der Nachfolge, der Verzicht auf Macht und Ansehen, die Auflehnung gegen allzu viel Beheimatung in dieser Welt. Das Christentum der Zukunft, das Guardini im Blick hatte, müsste sich »wieder als das Nicht-Selbstverständliche« bezeugen. Dieser Moment ist bisher nicht erreicht worden. Fraglich bleibt, ob er erreichbar ist, oder ob die Entkernung des Glaubens die Hoffnung zuschanden werden ließ. Fest steht jedoch, dass die Verächter des Glaubens munterer und hoffnungsfroher sind denn je. Auch davon wird dieses Buch berichten.

Erzählt werden aber soll zunächst die Kollionsgeschichte

von Glaube und Vernunft. Wir werden sehen, dass fast sämtliche aktuelle Debatten sich auf eine fast zweitausend Jahre alte Auseinandersetzung zurückführen lassen und damit auf die Frage: Justin oder Celsus, wer hat recht? Der frühchristliche Apologet und der kämpferische Heide versammeln die allermeisten Argumente für und wider eine Vereinbarkeit von Vernunft und Glaube, wie sie bis heute erwogen werden. Wir werden die mächtigsten Erben der beiden antiken Denker kennenlernen, die bis zu Lessing und Schiller, Kleist und Goethe reichen und weiterführen zu Karl Jaspers, Karol Wojtyła, Joseph Ratzinger und Jürgen Habermas. Wir werden dem aufmüpfigen Mönch Benedikt Maria von Werkmeister über die Schulter blicken, der 1784 das Wesen der »christlichen Toleranz« zu erkunden suchte, und wir werden nach der Weisheit des Nathan fragen und ob deren letzter Schluss eine »Ringparabel« sein kann.

Ob Gott mit den Ketzern ist oder mit den Frommen oder mit den frommen Ketzern, wird uns ebenfalls beschäftigen. Weiterhin stellt sich die Frage: Lässt sich das Vernünftige organisieren, gibt es eine vernünftige Politik? Die Französische Revolution und die antimodernistischen Päpste des 19. Jahrhunderts geben eine überraschende Antwort. Überraschend ist ebenfalls, dass die Zuspitzung der Aufklärung oft in den Antisemitismus führt – bis heute. Auch die Allgegenwart der Lehren des weithin vergessenen Auguste Comte, der neben der Soziologie eine streng positivistische »Religion der Humanität« begründete, zählt zu den Fundamenten der Spätmoderne. Dass die Naturwissenschaft des 21. Jahrhunderts oft meint, Atheismus propagieren zu müssen, ist ebenfalls eine Frucht des 19. Jahrhunderts. Dasselbe gilt vom auf Comte basierenden Bekenntnissatz, Glaube sei ein Ausdruck von Unreife. Nicht zuletzt deshalb ist der Kampf um die Kinderseelen zwischen den Atheisten und den Altgläubigen voll entbrannt.

Schon jetzt ist es möglich, eine Ahnung zu erhaschen, wie eine Epoche nach Austreibung der Vernunft wohl aussähe: Wir säßen alle in sündhaft schnellen Automobilen, die wir nur ungern verließen. Das schnelle Fortkommen von jedem Punkt dieser Erde wäre das einzig erstrebenswerte Ziel. »Die Vernunft ist abgeregelt«, heißt es in einem Fahrbericht, »wenn es um den neuen BMW M 3 geht«. Pferdestärken, 420 an der Zahl, ließen einen Testfahrer derart enthusiastisch träumen. Größeres noch geschah im Porsche 911 Turbo: »Wer die Vernunft draußen lässt, verfällt dem unfassbaren Potenzial des 480-PS-Aggregats.« Auch jenseits der männlich dominierten Bolidenfraktion gilt die Erkenntnis: Ein Fortschritt, der ein bloßes Fortschreiten wäre, bliebe ein Rückschritt. Man kann sich noch so schnell um sich selbst drehen und kommt doch nicht vom Fleck. Ein Denken, das an die Stelle der Güte das Alter (oder vielmehr die Jugend) eines Gedankens setzt, unterläuft die eigenen Grundlagen, ja arbeitet an der Abschaffung des Denkens. Wer die Zukunft meistern will, der muss die Vergangenheiten kennen, aus denen die Gegenwart zusammengesetzt ist. Fangen wir also an, spucken wir in die Hände, lockern wir die Muskeln – damit es auch morgen eine Zukunft gibt. Das Abenteuer kann beginnen.

Hans Küng umarmt die Vernunft und wird von den Freimaurern beschenkt

Es war ein Gipfeltreffen der besonderen Art: Am 18. Mai 2007 trafen sich in Köln Glaube und Vernunft. Sie schüttelten einander die Hand und versicherten sich ihrer Wertschätzung. Der Mann des Glaubens, ein katholischer Priester und Religionsphilosoph, konnte auf eine beeindruckende Laufbahn zurückblicken. Große, grundstürzende Bücher hatte er geschrieben. Eine »Theologie im Aufbruch« hatte er skizziert, »Wesen und Geschichte« des Juden- und des Christentums erläutert, das Apostolische Glaubensbekenntnis »den Zeitgenossen erklärt«, die »Frau im Christentum« akribisch durchleuchtet, »Naturwissenschaft und Religion« den Weg gebahnt. Papst Benedikt XVI. hatte ihn im September 2005 zu einer mehrstündigen Privataudienz empfangen. Die Begegnung galt damals als Sensation, war doch dem Mann des Glaubens viele Jahre zuvor die kirchliche Lehrerlaubnis entzogen worden. Er hatte bezweifelt, dass der Papst bei gewissen Lehrentscheidungen Unfehlbarkeit beanspruchen darf.

Der Mann der Vernunft hingegen repräsentierte in Köln eine Vereinigung, die sich als Produkt der Aufklärung begreift. In deren Statuten aus dem Jahr 1723 heißt es: Jedes Mitglied ist verpflichtet, »dem Sittengesetz zu gehorchen«. Allein die »brüderliche Liebe« sei »das uns alle verbindende Band«. Der Mann der Vernunft präzisierte in seiner Begrüßungsrede, die Ideale von 1723 fänden sich heute in der UN-Charta der Menschenrechte. Dort werde der Mensch als »mit Vernunft und Gewissen begabt« bezeichnet, weshalb er seinesgleichen »im Geiste der Brüderlichkeit« begegnen solle. Insofern sei die »Vision des Alles-Verbindenden ohne soziale, religiöse oder politische Wertungen« und damit der Impuls von 1723 Allgemeingut geworden. Dazu beigetragen habe auch das Werk des »freien, kühnen Denkers und Theologen«, der heute geehrt werden solle. Wenig später erhielt Hans Küng aus den Händen des Großmeisters der »Großloge der Alten Freien und Angenommenen Maurer von Deutschland« den »Kulturpreis Deutscher Freimaurer 2007«.

Jahrhundertelang hatten sich freimaurerische Betätigung und Kirchenmitgliedschaft ausgeschlossen. Küng erinnerte in seiner Dankesrede an die Etappen einer stabilen Feindschaft. Die Freimaurer seien vom Beginn ihres Wirkens an den »aufklärerischen Idealen der Humanität und Toleranz« gefolgt.

Die Kirche habe seit dem 17. Jahrhundert »eine systematische Opposition zur Aufklärung« gepflegt. Als Belege dienten Küng die Namen Giordano Bruno, Galilei, Descartes, Diderot, Darwin – allesamt Männer der Aufklärung, Vorkämpfer der Moderne und darum gleichsam natürliche Gegner der Kirche. So sieht es Hans Küng. Den aus demselben fortschrittlichen Geist geborenen Protest der Freimaurer, wie er im 19. Jahrhundert in Italien und Frankreich kulminierte, nennt er »verständlicherweise radikal antiklerikal«. Die Freimaurer nämlich »stehen selbstverständlich überall auf der Seite der Moderne«.

Noch anno 1980 habe die Deutsche Bischofskonferenz »so etwas wie eine Unvereinbarkeitserklärung« abgegeben – im selben Jahr, was zu erwähnen Küng nicht vergisst, in dem er selbst seiner Lehrerlaubnis verlustig ging. Die Moral von der gemeinsamen Geschicht' ist die Einheit im Leiden, die Gemeinschaft im Verkanntwerden und im praktizierten Heroentum. Küng und die Freimaurerei wurden 1980 demnach beide Opfer einer noch immer unaufgeklärten Kirche. Was Küng »Weltethos« nennt, ist den Freimaurern ihr »Sittengesetz«, ein universaler Verhaltenskodex eben »ohne soziale, religiöse oder politische Wertungen«.

Der Großmeister, Oberheide mit Namen, erklärte, Küng spreche mit seiner »unbeschränkten Dialogfähigkeit [...] uns aus unserer maurerischen Seele«. Womit wir fast wieder beim Dialogverständnis des evangelischen Kirchentagspräsidenten von 2007, Reinhard Höppner, gelandet wären. Ob in einem nächsten Schritt Küng und die Freimaurer den Taliban und den Terroristen einen Platz zuweisen werden in ihrer gemeinsamen Weltloge? Das wäre wohl eine zu gewagte Unterstellung. Schließlich schwebt Küng eine »Bewusstmachung gemeinsamer ethischer Standards in der einen Menschheit« vor. Um diese Standards zu benennen, verweist er auf das Selbstbild der Freimaurer. Dogmenfrei, tolerant, den »Idealen der

Menschlichkeit« verpflichtet: An diesem Wesen könnte offenbar die Welt genesen.

So scheinen die alten Frontstellungen unüberwindlich. Wer die Vernunft befördern will, der muss – sagt Küng, sagt Oberheide – auf Dogmen verzichten und auf Autorität, der muss Toleranz für einen weltweiten runden Tisch halten, der muss Abstand nehmen von allen »sozialen, religiösen oder politischen Wertungen«. Aber kann das gehen? Woher nehmen und nicht stehlen? Wie lassen sich die »Ideale der Menschlichkeit«, die »moralischen Werte der Menschheit«, für deren Anerkennung Küng ausweislich der Verleihungsurkunde streitet, im Herzen verankern? Reicht da der berühmte »Appell an die Vernunft«? Da mit Vernunft sich fast alles (und auch das Gegenteil) rechtfertigen lässt, braucht sie eine spezifische Färbung, braucht die Form einen Inhalt, die Verknüpfungstechnik einige Punkte, die zu verknüpfen sich lohnt.

Sonst landet man in jener Aporie, die Oberheide aussprach: In den Freimaurer-Statuten von 1723 wird das »Sittengesetz« nicht definiert. Der Rahmen bleibt ohne Bild. Darum mussten »unsere Vorväter« praktisch auf das zurückgreifen, »was die unterschiedlichen Religionen der Welt an Unterschiedlichem zum Sittlichen sagten«. Die Gläubigen der Erde stellten also die Werte ihres jeweiligen Glaubens bereit, und die Freimaurer schmolzen diese um zur »Vision des Alles-Verbindenden«. Der Gang der Vernunft, wie sie hier begriffen wird, nivelliert folglich die Unterschiede zwischen den Religionen. Er ist Globalisierung in Reingestalt. Das neue, als modern und aufgeklärt bezeichnete Credo der Jahre 1723 bis 2007 lautet: Lasst uns das Besondere aussondern, die Schnittmengen verschneiden, die Grenzen entgrenzen. Übrig bleiben wird die pure Menschlichkeit, die reine Vernunft, Friede allerorten.

Ein Trugschluss aber ist es, die Abschmelzung eigener Grundüberzeugungen mache das Eigene attraktiver für andere. Dass die Vision der Freimaurer sich offenbar am besten in hermetischen Herrenclubs verwirklichen lässt, ist kein Zufall. Auf einem festen Bündel an gemeinsamen Dogmen – und seien es jene von der Dogmenlosigkeit und der allverbrüdernden Toleranz – basiert das bürgerliche Zirkelwesen. An den Krisenherden dieser Erde hingegen dürfte sich der freimaurerische Imperativ »Werdet Brüder!« als untauglich erweisen; er provoziert die Frage nach dem Warum, und die Antwort müsste kleinlaut heißen: »Weil's vernünftig ist, darum.« Vielleicht weil sie diese Leerstelle ahnt, bekennt sich die Freimaurerei zu »einer religiösen Grundlage, insofern sie der Stellung des Menschen in der Welt und seiner Beziehung zur Transzendenz in ihrem Brauchtum sinnlichen Ausdruck gibt«. Zugleich enthalte sie sich »jeder Jenseitsorientierung« und erlaube »kirchenfernen Männern, in den Freimaurerlogen ihr kultisches Bedürfnis erfüllt sehen zu können«.

Wir stehen hier vor dem Prototyp eines aufgeklärten Glaubens, der zur Religion wurde, und einer Religion, die sich weiter in ästhetisch überformten Humanismus verflüchtigte. Der Jenseitsbezug, das entscheidende Kriterium jeden Glaubens, ist geschwunden. Transzendenz meint hier die Überzeugung, dass der Mensch auf irgendeine gedankliche Weise über sich hinaustritt und für dieses Erlebnis wiederkehrende Formen findet – meint vielleicht also nur, dass er im Kreise von Gleichgesinnten neue Ideen sammelt, neue Weisen der Zusammenkunft erfährt. Transzendenz wird so in ihr Gegenteil verkehrt, in absolute Diesseitigkeit.

Die Fragen, die üblicherweise gläubige Menschen umtreiben, berühren die »religiöse Grundlage« des Freimaurertums kaum: Woher komme ich? Wohin gehe ich? Was folgt nach dem Tod, was nach dem Ende der Zeiten? Und eben diese Ausscheidung der Glaubensfragen qualifiziert das humanistische Menschheitspathos als eine durch und durch moderne Erscheinungsform von Religion. Die Bibel, »Buch der heiligen Gesetze« genannt, ist das zentrale Requisit auf dem Altar des Freimaurertempels – nicht als göttlich inspiriertes Wort mit Heilsbotschaft, nicht als Geschichte eines auserwählten Volkes, sondern als Wissensspeicher und Parabellieferant. Folgerichtig gibt es laut einem von der Hamburger Großloge veröffentlichten Aufsatz bereits Überlegungen, sie durch einen »weißen, matt schimmernden Kubus« zu ersetzen. Dieser soll ein »Symbol für den Zugang zum universellen Wissen« sein. Dann wäre die Transformation vom Glauben in eine atheistische Vernunft vollendet. Aus dem Hoffen auf Erlösung wäre das Wissen um deren Verzichtbarkeit geworden.

Vernunft und Glaube und der Kampf um die Wahrheit

Die Moses-Frage oder: Wie vernünftig ist der Antisemitismus?

Moses wird oft als Freimaurer bezeichnet, da er in Ägypten sämtliche Künste und Wissenschaften der damaligen Zeit erlernt habe. Die heute beliebte Formel von Moses, dem Ägypter, erfreut sich freimaurerischer Zustimmung. Auch Friedrich Schiller argumentierte in diesem Sinn, als er 1790 über die »Sendung Moses'« spekulierte. Bei Schiller ist Moses ein Priester der Isis. Dank »geheimer Wissenschaften« konnte er sogar Wunder wirken. Um sein Volk, diese »verwahrloseste Menschenrasse«, aus der ägyptischen Knechtschaft herauszuführen, modellierte Moses eine Transzendenz nach Maß. Dem »dummen Volk der Hebräer« setzte er jenen Gott vor, »den man in den Mysterien der Isis lehrte«. Ohne einen solchen Kniff hätte er die trägen, furchtsamen Juden nicht zum Aufbruch bewegen können. Wenn Schiller deshalb von Moses' »Vernunftreligion« spricht, meint er zweierlei. Die Abkehr von der Vielgötterei deutet er als zivilisatorischen Fortschritt, weg vom Aberglauben, hin zur »Lehre von dem einigen Gott«, wie er »endlich in den helleren Köpfen zu einem Vernunftbegriff reifen konnte«. Andererseits ist Moses, der Magier, selbst der hellste Kopf unter den Juden. Er steckt sich ein Ziel – »Ich will dieses Volk erlösen« –, und er wählt strategisch klug die Mittel, die ihn zu genau diesem Ziel führen. Moses handelt vernünftig. Über die moralische Güte seiner Mittel und Zwecke ist damit nichts gesagt.

Friedrich Schiller war kein Antisemit. Er zeigte sich aber unempfindlich gegen die Implikationen seiner namens der Vernunft vorgebrachten Pauschalkritik am Judentum. Der von der Tochter des Pharaos adoptierte Moses ist bei Schiller mehr Ägypter als Jude. Geltungsdrang zählt zu den Motiven seiner Bemühungen. Er will den vorgefundenen, fremden Gott »in einen einheimischen, in einen alten und wohlbekannten Gott« verwandeln. Seine »Sendung« besteht darin, einen der vielen ägyptischen Götter »zum Nationalgott der Hebräer« zu erklären und diesem sodann »alle andern Völker und alle Kräfte der Natur zu unterwerfen«.

So wurde das jüdische Volk laut Schiller zum »Kanal, den, so unrein er auch war, die Vorsicht erwählte, uns das edelste aller Güter, die Wahrheit, zuzuführen, den sie aber auch zerbrach, sobald er geleistet hatte, was er sollte«. Das heißt: Das Judentum ist bedeutend, da es das Christentum vorbereitete. Die Innovation aber, die der Monotheismus darstellt, verdankt sich ägyptischen Quellen.

Wenngleich die meisten Aussagen Schillers heute, nach der Entzifferung der Hieroglyphen, überholt sind: Wann immer von der Geburtsstunde des Monotheismus die Rede ist, stoßen wir auf zwei vermeintlich vernünftige Einwände. Das Neue sei gar nicht neu, und falls doch, dann habe es nur Schlechtes bewirkt. Eine brutale Rechthaberei habe den friedlichen Polytheismus abgelöst. Tatsächlich aber geschah um das 13. vorchristliche Jahrhundert Revolutionäres. In der »Moseszeit«, als einem Israeliten namens Moses eine Uroffenbarung zuteil wurde, ereignete sich, so der Historiker Gottfried Schramm, »ein Durchbruch zu etwas wesenhaft Neuem« – vor allem eine »konsequente, in der Religionsgeschichte ganz neuartige Entzauberung der Natur«. Dieser kam keine Heiligkeit mehr zu, sie war nicht länger Tummelplatz launischer Gottheiten.

In der Welt des griechischen Mythos galt laut dem Philosophen Kurt Hübner noch und weiterhin: »Der Wurf einer

Lanze, das Aufkommen von Sturm und Wind, die Bewegung der Wolken, der Sterne, des Meeres – in all dem äußern sich die Kräfte der Götter. [...] Kein Gott ist für Beliebiges verantwortlich, sondern entsprechend seinem Wesen. Helios bewirkt die Ortbewegung der Sonne, Athene lenkt die Lanze des Achilleus, um den geschichtlichen Auftrag der Achäer zu vollenden; [...] es ist Aphrodite, welche die Menschen in Liebe entbrennen lässt, es ist Hermes, der für Scherz und Schabernack sorgt usf.«

Die Erkenntnis der »Andersartigkeit und Unverfügbarkeit des Göttlichen« (Gottfried Schramm) war somit der entscheidende aufklärerische Akt, der durch Jahwe in die Welt kam. Dieser Gott war auf Erden nicht dingfest zu machen. Er wanderte mit seinem Volk. Also konnten die Menschen beginnen, ohne Angst und Sorge die Erde zu erforschen. So gesehen, wurde am Sinai die Grundlage geschaffen für jede Form von unabhängiger Wissenschaft. Jahwe zeigte sich dabei, »wiederum ein Novum, als ein durch und durch aktiver, dynamischer Gott, der keine kosmische Ordnung, sondern Geschichte stiftet«.

Dennoch gehört es zum guten Ton, an den Anfang dieser »Religion von revolutionär neuer Art« (Schramm) eine weltliche Erbsünde zu knüpfen. Der eifernde Gott des Moses habe eine neue Unduldsamkeit in die Welt gebracht. Das Gebot »Du sollst keine anderen Götter neben mir haben« sei der Freibrief für religiösen Fanatismus. In einer Mitte 2007 im Umfeld der »Giordano-Bruno-Stiftung« erschienenen »Enzyklopädie für freie Geister und solche, die es werden wollen«, heißt es unter dem Stichwort »Monotheismus«: Dieser habe »tödliche Konsequenzen, denn mit der Vorstellung eines einzigen Gottes verband sich konsequent die Vorstellung von wahrer und falscher Religion, eine Unterscheidung, die bis dahin bei den im Mittelmeerraum kulturtragenden Völkern nicht bekannt war. [...] Mit seiner starren und unversöhnlichen Unterscheidung zwischen ›wahr‹ und ›falsch‹ hat der Monotheismus Hass, Konflikt und den Begriff der Sünde in die Welt gebracht.« Die Autoren berufen sich auf den Ägyptologen Jan Assmann.

»Der Spiegel« ließ sich aus ähnlichen Beweggründen dazu hinreißen, die Titelgeschichte der Ausgabe zu Weihnachten 2006 unter das Motto zu stellen: »Gott kam aus Ägypten«. Demnach stehe Moses »im Zwielicht«. Mit ihm habe eine »Abfolge von Massakern, Strafaktionen und Blutvergießen« begonnen. Die Juden, diese »bigotten Anhänger des Ewigen, nahmen es mit der Wahrheit nicht so genau«. Sie erklärten Moses, der vermutlich Pharao Echnaton selbst oder ein Priester des von Echnaton angebeteten Sonnengottes Aton gewesen sei, zum Juden, »um der jüdischen Kultur das Erstgeburtsrecht an der monotheistischen Religionsstiftung zu sichern«. *Alles nur geklaut* könnte demnach über der Geschichte des Monotheismus stehen, und zwar geklaut aus niederen Motiven. Die Tageszeitung »Die Welt« kommentierte zu Recht: Die reißerische Geschichte des »Spiegels« sei »ziemlich reines Nazitum«. Wie einst der deutsche Faschismus habe die linksliberale Meinungselite eine »pagane Ersatzreligion« fingiert, »die, selbst von Vernichtungswillen geprägt, diesen Vernichtungswillen ihren Opfern, den Juden, andichtet«.

Die Selbstgewissheit, mit der der »Spiegel«-Autor seine Fundstücke zusammenfügt, ist symptomatisch für diese Art gesinnungsfester Halbbildung. Wie viele Religionskritiker schreibt er, als sei er persönlich dabei gewesen an den Ufern des Nil und den Hängen des Sinai vor 3300 Jahren: »Die Offenbarung fand nicht statt. Die Mär vom Sinai beruht zum größten Teil auf Propaganda und Fälschung. [...] Die Forscher wissen inzwischen, dass Jahwe anfangs eine Gattin hatte, die Fruchtbarkeitsgöttin Aschera. [...] Die Juden kupferten ab. Ihre Idee vom einen Gott stammt in Wahrheit aus Ägypten. An der Achse Memphis–Jerusalem ist was dran.« Wieder einmal stehen sich das Wissen der Wissenschaftler und der

Glaube der Gläubigen schroff gegenüber. Jene sind die Richter über diese. Nur was vor dem Tribunal einer zu diesem Zweck ausgewählten Gruppe von Forschern Bestand hat, darf Gnade finden vor der Spottlust latent antisemitischer Aufklärer. Der Glaube muss grundsätzlich das Gegenteil von Vernunft sein, weil er eben Glaube ist.

Warum aber entfesselt er solche Leidenschaften bei denen, die doch eigentlich verfahren könnten, wie es in der von ihnen idealisierten heidnischen Antike üblich gewesen sein soll? »Leben und leben lassen« hieß laut »Spiegel« das im Polytheismus gültige Motto. Weshalb ging es mit der bunten Götterwelt dann so rapide zu Ende? Warum hat nicht noch heute jeder Staat sein Pantheon, jede Gemeinde ihr Heiligtum, jede Familie ihren Hausaltar? Zum einen sperrt sich manche kultische Praxis gegen noch so freudige Lobeshymnen. Hannes Stein schreibt in seinem Buch über »Moses und die Offenbarung der Demokratie«: »Menschenopfer waren gerade das Charakteristikum, durch das sich die Hochkulturen auszeichneten. [...] Die Kanaaniter warfen kleine Kinder in ihre Feueröfen, weil das dem Moloch gefiel. Die Ägypter verehrten neben dem Sonnengott die Göttin Hathor, ›die in der Finsternis das Blut der Menschen stampft wie Maische‹. Die Assyrer und Babylonier bauten die ersten Großstädte rund um riesige Schlachtanlagen, in denen fromme Priester den Gestirnen Lob und Preis sangen, bevor sie wohlgestalteten Jünglingen die Kehlen durchschnitten.«

Selbst der US-amerikanische Glaubenskritiker Christopher Hitchens, Autor des Bestsellers »Der Herr ist kein Hirte. Wie Religion die Welt vergiftet«, gesteht zu: »Bevor der Monotheismus aufkam, klebte an den Altären der primitiven Gesellschaften Blut, das auch von Menschen, zum Teil sogar von Kindern stammte.« Jahwe hingegen sagt zu Abraham, dass er den Sohn Isaak nicht opfern soll. Abraham, Kind seiner Zeit, wäre dazu bereit gewesen.

Einen weiteren Fingerzeig gibt der Vorwurf, den die religionskritischen Aufklärer bis heute gegen die monotheistische Glaubensweise richten. Da sie ja im Auftrag der Vernunft das Wort ergreifen und aus dem Umstand, dass jeder Mensch, wie es in der UN-Charta heißt, gleichermaßen »mit Vernunft und Gewissen begabt« ist, irrig folgern, jeder Mensch müsse sein höchstes Glück darin finden, möglichst gleichmäßig, möglichst gleichförmig, wohltemperiert und sachlich, vernünftig eben, zu leben – deshalb kränkt es sie, wenn eine Gruppe ihr Genügen unter sich findet. Ein stetes Ärgernis ist ihnen alles erkennbar Besondere. Sie träumen von der einen großen Weltfamilie, sie singen mit Beethoven »Alle Menschen werden Brüder«, wünschen sich mit Mozart hinter jene »heil'gen Mauern, wo Mensch den Menschen liebt«. Und dann steht da ein Häuflein Bärtiger, murmelt Gebete, beugt sich nieder, richtet sich auf. Da wurde auch ein Friedrich Schiller ungehalten: Er wetterte, mit Blick auf das jüdische Exil in Ägypten, gegen die »abgesonderte Menschenmenge im Herzen des Reichs, [...] die unter sich sehr genau zusammenhielt«. Gegen eine solche Gruppe, potenzielle Aufrührer allesamt, müsse der Staat höchste Wachsamkeit walten lassen. »Die Staatsklugheit riet also, sie scharf zu bewachen, zu beschäftigen und auf Verminderung ihrer Anzahl zu denken.«

Auch Richard Dawkins schimpft im Jahre 2007 auf die jüdische Neigung, sich abzusondern. Die im Judentum »sorgfältig geförderten Spaltungstendenzen« reichten aus, um die Religion zu einer »bedeutsamen Kraft des Bösen in der Welt zu machen«.

Mit den Juden ist kein Staat zu machen: Dieser Vorwurf wird später gegen die ersten Christen ebenso scharf erhoben; sie gelten ihrer heidnischen Umwelt als atheistische Kultusverweigerer. Für den römischen Geschichtsschreiber Sueton waren sie Anhänger eines »neuen und üblen Aberglaubens«. Sie hätten eben wissen müssen, dass »die Kirche der antiken

Religion der Staat war« (Hans Otto Seitschek). Die Zählebigkeit dieser Verunglimpfung, die dem lautstark reklamierten Toleranzgebot Hohn spricht, zeigte sich ebenfalls kurz vor dem Weihnachtsfest 2006. Im Tempel zu Jerusalem, weiß der »Spiegel«, liefen einst »bärtige Priester mit Kleidern, an denen blaue Kordeln hingen, umher. Sie schlachteten Stiere. Bei einem der Riten benetzten sie ihre Ohrläppchen mit Widderblut«. Ganz offenbar ekelt sich der Autor, der nichts als die reine, wissenschaftlich erwiesene Wahrheit verkünden will, vor einer solchen Religion. Und vor Gläubigen, die sich einfach, wie in Ägypten geschehen, »abschotteten. Sie suchten Kennzeichen. Das Heilighalten des Sabbat, die Reinheitsvorschriften und Ess-Tabus – jetzt wurden sie entwickelt«. Wer Dinge tut, die im Nützlichen sich nicht erschöpfen, Dinge, zweckfrei, aber sinnvoll, einem Höheren zu Ehren, der musste und muss mit dem Widerstand der Vernunftdogmatiker rechnen.

Celsus, ein frommer Heide und Vater aller Glaubenskritik

Der besondere Charme der auf Blut errichteten Vielgötterei bestand ja gerade darin, dass es keinen erkennbaren Unterschied gab zwischen einem guten Bürger und einem eifrigen Anhänger der Kulte. Sehr pragmatisch war das Verhältnis zu den »Gottheiten von tausend Hainen und tausend Flüssen« (Edward Gibbon). Im Alten Rom glaubte man bis zur Zeit Jesu, »dass die Aussichten, die Götter gnädig zu stimmen, keineswegs von der Moral des Bittstellers abhängig waren. Worauf es stattdessen ankam, war einzig und allein die vorschriftsmäßige Durchführung der Rituale«. Die Götter, schreibt weiter die Althistorikerin Margaret Lyttleton, galten dementsprechend auch nicht »als Urheber der Moralgesetze und der Normen sittlichen Verhaltens«.

Wie sollten sie auch, waren die »Olympier« doch untereinander in ebensolche Händel und Zänkereien verstrickt wie die Menschen auf der Erde. Dieses ethische Vakuum wussten die Christen (wie zuvor schon die Juden) zu füllen. Ebenso eindeutig zogen sie eine Trennlinie zwischen dem, was der Obrigkeit zukommt, und dem, was nur dem einen Gott frommt: Anbetung, Unterwerfung, lebenslange Hingabe. Schlechte Karten hatten plötzlich die schon zu Lebzeiten vergöttlichten römischen Kaiser. Augustus etwa war den Zeitgenossen, wie eine Tempelinschrift aus Kleinasien belegt, »Vater, Gott und Heiland der ganzen Menschheit«.

Eines der frühesten und aussagekräftigsten Dokumente aus der Anfangszeit der römisch-christlichen Kollisionen stammt von dem Schriftsteller Plinius dem Jüngeren. Dieser war von 111 bis zu seinem Tod anno 113 Statthalter in Bithynien. Viele Briefe, die er an Kaiser Trajan schrieb, sind erhalten. In einem davon äußert er sich ausführlich über die Christen. Er fragt in Rom an, »ob schon der Name ›Christ‹, auch wenn keine Verbrechen vorliegen, oder nur mit dem Namen verbundene Verbrechen bestraft werden«. Er selbst sei so verfahren: »Diejenigen, die leugneten, Christen zu sein oder gewesen zu sein, glaubte ich freilassen zu müssen, da sie nach einer von mir vorgesprochenen Formel unsre Götter anriefen und vor Deinem Bilde, das ich zu diesem Zweck zusammen mit den Statuen der Götter hatte bringen lassen, mit Weihrauch und Wein opferten, außerdem Christus fluchten, lauter Dinge, zu denen wirkliche Christen sich angeblich nicht zwingen lassen. [...] Andere versicherten jedoch, ihre ganze Schuld oder ihr ganzer Irrtum habe darin bestanden, dass sie sich an einem bestimmten Tage vor Sonnenaufgang zu versammeln pflegten, Christus als ihrem Gott einen Wechselgesang zu singen und sich durch Eid [...] zu verpflichten, keinen Diebstahl,

Raubüberfall oder Ehebruch zu begehen, ein gegebenes Wort nicht zu brechen, eine angemahnte Schuld nicht abzuleugnen.« Von zweien solcher Anhänger, Mägden, habe er »unter der Folter ein Geständnis der Wahrheit« erzwungen, jedoch nichts gefunden als einen »wüsten, maßlosen Aberglauben«.

Ein Fall für den Kaiser sei die ganze Angelegenheit »vor allem wegen der großen Zahl der Angeklagten. Denn viele jeden Alters, jeden Standes, auch beiderlei Geschlechts sind jetzt und in Zukunft gefährdet. Nicht nur über die Städte, auch über Dörfer und Felder hat sich die Seuche dieses Aberglaubens verbreitet«. Wenn man ihr jetzt klug und entschlossen Einhalt gebiete, werden jedoch gewiss bald »die beinahe schon verödeten Tempel allmählich wieder besucht, die lange ausgesetzten feierlichen Opfer wieder aufgenommen und das Opferfleisch [...] überall wieder Absatz finden«. Ergo: Die etablierten Götterkulte haben ein ökonomisch bedenkliches Akzeptanzproblem, die Christen sind im Aufwind. Staatsfeinde sind sie, sofern sie sich weigern, das Staatsoberhaupt gottgleich zu verehren und die Staatsgötter anzubeten. Die Tugendmoral, die die Christen für sich in Anspruch nehmen, schützt sie nicht vor dem Tod; nur das Abschwören und dessen rituelle Bekräftigung durch Gebet und Opfergabe. Ausdrücklich schreibt Plinius, wer auf dreimaliges Befragen sich dreimal zum Christentum bekannte, den ließ er abführen – und töten. »Eigensinn und unbeugsame Halsstarrigkeit glaubte ich auf jeden Fall bestrafen zu müssen.«

Der Kaiser ist's zufrieden. Er lobt seinen Statthalter für den »rechten Weg«. Überführte Christen seien zu bestrafen, »so jedoch, dass, wer leugnet, Christ zu sein, und das durch die Tat, das heißt: durch Anrufung unserer Götter, beweist [...], aufgrund seiner Reue Verzeihung erhält«. Auf dem kleinen Dienstweg bestätigt Trajan jene Regelung, denen seine Nachfolger Gesetzesrang verliehen. Im Jahr 250 wurde jeder, der christlicher Umtriebe verdächtig war, per Edikt gezwungen, vor einem beliebigen Götterbild ein Weihrauchopfer darzubringen. Eine Quittung wurde ausgestellt, und mit dieser in der Tasche war man wieder ein vollgültiges Mitglied der römischen Gesellschaft. Kaiser Diokletian ließ 304 jede Opferverweigerung mit dem sofortigen Tod bestrafen.

Gar so kuschelig war das Erdenleben also nicht, da im Himmel noch sich Apollo und Mars, Venus und Minerva tummelten. Wer sich fügte und an den über hundert Tagen pro Jahr, die in Rom mit kultischen Festen angefüllt waren, nicht abseits stand, der konnte den »nachsichtigen Geist des Altertums« (Edward Gibbon) erfahren. Dessen innere Antriebslosigkeit ahnte jedoch schon Plinius, als er sich über den schwindenden Absatz des Opferfleischs beklagte. Die Kulte kreisten je länger, desto stürmischer um ein leeres Zentrum. Sieben Tage nahm es schließlich in Anspruch, das Wachsbild eines soeben verstorbenen Herrschers zu verehren, es zu verbrennen und so den Kaiser in den Götterhimmel aufzunehmen. Die Entkoppelung von Ritus und Moral endete damit, dass niemand mehr wusste, was denn eigentlich das Heilige, das Ewige, das Unzerstörbare vom Irdischen unterscheidet. Vermenschlichte Götter und vergöttlichte Menschen wurden zum Vorwand für Machtgehabe und Sinnenfreude.

Die mythische Welt, ob in ihrer griechischen oder römischen Ausprägung, war grundverschieden von jener Kultur, die sie beerben sollte. »Gegenstand des Mythos«, sagt Kurt Hübner, »ist die Vergöttlichung der sinnlich gegebenen Welt, die interpretierende Personalisierung ihrer Phänomene und Gesetze und nicht deren Aufhebung.« Die monotheistische Revolution setzt diesem recht anspruchslosen (und darum so modern wirkenden) Verdoppelungsverfahren den einen Gott für das eine Glaubensvolk entgegen. Wo bisher jede Erscheinung der belebten Welt personal gedeutet werden konnte, wo jedes Windesrauschen ein Husten dieses oder eines anderen Gottes sein konnte, da schuf die jüdisch-christliche Aufklärung Raum für Individualität und Würde. In gleichem Maße, wie den Herrschern die Oberhoheit über die Riten entglitt, schwang sich der Mensch empor zum Bewusstsein seiner eigenen, unverlierbaren Größe. Er war und blieb ja stets Kind Gottes, ohne Menschenopfer, ohne Tieropfer, ohne Kaiserkult – Kind dieses einen Gottes, der in die Geschichte eingriff aus purer Menschenliebe, der kein unbewegter Beweger sein wollte, sondern den Menschen nachging, durch alle Enttäuschungen hindurch. Glauben war nun ein anderes Wort für Treue, nicht für Ritus.

Eine solche religiöse Schubumkehr überforderte nicht nur die alten Eliten. Auch Wohlmeinenden erschien die neue Lehre als widervernünftig. Ihr Christen, hieß es, mutet uns gar zu viel zu: Wunder soll da ein jüdischer Wanderprediger gewirkt haben, gestorben sein soll er schmählich wie ein Schwerverbrecher und wiederauferstanden wie ein Gott, aufgefahren in den Himmel sodann, von wo er demnächst zurückzukehren gedenke, um eine neue Welt zu errichten und die Guten von den Bösen zu scheiden. Und die, die an derlei Unwahrscheinliches glauben, sind unangenehme Zeitgenossen: weder angesehen noch wohlhabend, Frauen und Männer gleichermaßen, kaum Schönheiten im klassischen Sinne, fleischlichen Genüssen eher abhold und nicht immer von vollendeter Reinlichkeit. Da kann es sich doch nur um einen »Sklavenaufstand in der Moral« handeln.

Friedrich Nietzsche prägte diesen Begriff, und zu Nietzsche führen fast alle religionskritischen Wege. Nietzsche aber war ein sehr später Spätling in einer Disziplin, der es nie so recht gelang, Kunst zu werden. In seltener Klarheit wurde dieses schlafwandlerische Epigonentum 1984 offenbar, ausgerechnet durch ein Vorwort, das seitenlang Nietzsche zitierte. In einem Münchner Verlag erschien als Ausgrabung mit zeitdiagnostischem Anspruch das Manifest »Gegen die Christen« von Celsus, entstanden rund 1800 Jahre zuvor. Die vierzigseitige Einleitung sollte die Fanfare sein für das Folgende, sollte »Gegen die Christen« auf ein glitzerndes Podest hieven aus Gegenwartsbezug und Ewigkeitsbehauptung. Es misslang und war doch aufschlussreich.

Besagtes Vorwort hatte ein Philosoph und Schriftsteller aus Hannover verfasst, laut Vorname ebenso ein Friedrich Wilhelm wie Nietzsche. Der Philosoph zitiert genüsslich Nietzsche, um die Modernität von »Gegen die Christen« zu erweisen. Nietzsche geißelte um das Jahr 1888 die »Psychologie der Christenheit« als »eine typische Décadence-Form; die Moral-Verzärtlichung und Hysterie einer müde und ziellos gewordenen, krankhaften Mischmasch-Bevölkerung«. Jesus, der »Meister der Volks-Verführung«, habe eine »wunderliche Gesellschaft« angezogen, deren verbindendes Kennzeichen ein Rendezvous sämtlicher Nervenkrankheiten sei. Krank also, überreizt und entscheidungsschwach waren laut Friedrich Wilhelm Nietzsche anno 1888 und laut Friedrich Wilhelm Korff anno 1984 und auch laut Celsus anno 178 die ersten Christen. Nietzsche ergänzt das Urteil durch rassische Spekulation; offenbar ist krankhaftes Schwärmertum typisch für »Mischmasch-Bevölkerungen«.

Das kindliche Triumphgeheul, das ein Mensch der Gegenwart anstimmt, wenn er in einem alten Text seine eigene Weltanschauung findet, zeigt einmal mehr: Das Maximum an Konservatismus, der Gipfel der Orthodoxie heißt Modernität. Modern wird zu allen Zeiten jene starre Haltung genannt, die die eigene Kränkung zum Weltmaßstab erklärt. Es kränkt den Philosophen aus Hannover, wie es zuvor den Philosophen aus Röcken bei Lützen und den Philosophen aus Alexandria kränkte, dass eine Gruppe von Menschen Dinge tun, die der Philosoph nie über sich brächte; dass sie Gott anbeten, obwohl der philosophische Intellekt dessen Nichtexistenz erwiesen habe, dass sie auf ewiges Leben hoffen, obwohl kein vernünftiger Denker davon zu reden wisse; dass sie sich an einen Kodex von Geboten halten, obwohl der Mensch doch in die Welt kam, um glücklich zu sein, Erfolg zu haben, stärker zu werden. Ergo ist die Krankheit, die narzisstische Störung, weit eher auf den Seiten der drei Denker zu suchen als auf Seiten der so barsch angefahrenen Christen. »Der Verrückte«, sagt Gilbert Keith Chesterton, »ist derjenige, der alles verloren hat, nur nicht seinen Verstand.«

Der aus Kränkung geborene Zwang, alles dem eigenen Begriff von Vernunft Widersprechende hinwegräumen zu wollen, kennt kein Ruhen und kein Rasten. Solange noch ein Mensch denkt, was doch eigentlich undenkbar sei, darf sich der Aufklärer keine Auszeit gönnen. Die Liberalität, in deren Namen er zur Feder greift, gilt den Feinden der Liberalität keineswegs – und dass der Glaube an sich eine zutiefst illiberale Veranstaltung ist, geht dem liberalen Denken als Dogma voraus. Friedrich Wilhelm Korff schreibt: »Im zweiten Jahrhundert steht der Christengott wie ein Furunkel am Himmel, aggressiv, besserwisserisch, mit seinem Platzen drohend. [...] Der heidnische Götterkultus mit seinen offenbar unbedeutenden Beamten konnte sich nicht wehren.« Derselbe Hannoveraner Philosoph, der mit Nietzsche und Celsus am Christentum tadelt, es sei eine Religion für Schwächlinge, bedauert die Schwachheit der staatlichen Kultusbeauftragten. Müsste er sich nicht freuen, dass diese mit dem Sieg des Christentums ihre Quittung präsentiert bekamen? Dass das Christentum, streng darwinistisch gedacht, die verzärtelten Polytheisten aus dem Felde schlug? Nein, natürlich bedauern Korff und Nietzsche und Celsus diese Entwicklung. Sie hätten sich ein Standhalten des vermeintlich so entgegenkommenden, tatsächlich am Glauben desinteressierten, jedoch an der Macht sehr interessierten Heidentums gewünscht. Sehnsüchtig lässt Korff uns wissen: »Hätte es im zweiten Jahrhundert Nationalstaaten gegeben, wäre das Phänomen des Christentums wahrscheinlich auf Palästina begrenzt geblieben.« So machen es bis in unsere Tage fast alle Verächter des Glaubens. Sie unterlaufen fortwährend die Bedingungen ihres eigenen Denkens. »Daher«, ließe sich mit dem Theologen Romano Guardini sagen, »der seltsame Eindruck von Unerwachsensein, der einen so oft angesichts antichristlicher Antike-Gläubigkeit überkommt.«

Atheismus und Agnostizismus können ehrenwert errungene Positionen sein, können ein lauteres Handeln ebenso ermöglichen wie der Eingottglaube oder die buddhistischen Wahrnehmungstechniken.

Leider allzu oft speist den Atheismus aber ein Motivbündel der unguten Sorte. Korff etwa stößt sich mit Celsus daran, dass die neue Religion »von Anfang an für Außenseiter gemacht war«, ja dass man »Sklaven-, Bauern-, Weiberfängerei« betrieb. Nanu, Herr Korff: Entscheiden Bankkonto, Geschlecht, Sozialprestige und Intelligenzquotient über die Würde von Mensch und Glaube, über dessen Wahrheit gar? Dann fänden, wenn überhaupt, nur die Freimaurer Gnade. Die Unterseite eines aufklärerischen Gestus, lernen wir, kann rabaukenhafter Dünkel sein. Wie anders soll man Korffs Vorwurf bezeichnen, die Christen machten sich eines »Mangels an Schönheit und Kosmetik« schuldig und sie ließen die Vernunft »in unauslotbarem Gehorsam« erstarren, nun sei es vorbei mit »Unbeschwertheit, Anmut und Liberalität«? Ja, damit ist es in der Tat vorbei, und zwar hier. An dieser Stelle trifft Korffs eigenes Urteil zu Korffs Nachteil zu, in den Entstellungen und Idealisierungen eines Vorworts, das grimmig das Glück einer perfekten Welt herbeiphantasiert.

Wer derart schwärmerisch und faktenschwach einem Vergangenen nachtrauert, das es so nie gegeben hat – man denke nur an die Sklaven und Bauern, die Frauen und Gladiatoren, die Kranken und Armen unter Nero oder Caligula –, der empfiehlt sich nicht unbedingt als Herold der Zukunft. Wer tatsächlich glaubt, es hätte in der ganzen jüdisch-christlichen

Geschichte auch nur einen Tag gegeben, da die Gläubigen »in unauslotbarem Gehorsam« verharrten, der verkennt den Kern jeder Glaubenswirklichkeit: Es ist ja gerade das missachtete Gebot, das das Nachdenken über den Glauben wachhält. Es sind die Zweifler und Feiglinge, die den Glauben weitertragen. Schon die Briefe des Apostels Paulus an die Korinther sind Dokumente gescheiterter Hoffnungen, von den alttestamentlichen Prophetenbüchern und Chroniken ganz zu schweigen. Das »Trotz alledem«, der Gassenhauer aus deutschen Revolutionstagen, ist Refrain auch der Bibel.

Laut Korff wollte Celsus »die Christen nicht vernichten, sondern aufklären, ein aussichtsloses Unterfangen«. Vor allem wollte der »wissenschaftlich geschulte Mann des zweiten Jahrhunderts, [...] der unter den Falten seines Philosophenmantels die Entscheidung zum Krieg oder Frieden barg« – so eine ältere Hinführung von 1873 –, die Reihen wieder schließen. Die Christen sollten von der »Notwendigkeit des Dämonendienstes« überzeugt werden, ja von der »Vernünftigkeit der Anbetung der Dämonen«. Die vaterländische, staatstragende Religion der vielen Götter sollte gestärkt werden.

Nicht unklug argumentiert Celsus, der beileibe kein Gottloser sein will: »Wer mehreren Göttern dient, tut ja, indem er ein Stück der Tätigkeiten des großen Gottes bedient, auch darin jenem ein Angenehmes.« Die Christen hätten sich ohne Not vom vielfältigen Pantheon abgewandt und sich so versündigt auch an ihrem Gott; nur »derjenige, der sagt, Einer sei Herr genannt, indem er von Gott redet, handelt gottlos«. Vernünftig wäre es folglich gewesen, den Olymp um einen »Christengott« mitsamt eigenen Riten zu erweitern. Unvernünftig sei es, auf dessen Singularität zu beharren. Die anderen, bewährten Götter und Dämonen nämlich hätten im Gegensatz zu Jesus von Nazareth den Beweis ihrer Wirksamkeit längst erbracht. Man dürfe sie folglich auf keinen Fall verdammen. »Wie viele Städte sind infolge von Orakeln aufgerichtet worden und haben Krankheiten abgelegt und Hungersnöte? Wie viele aber, die dieses vernachlässigten oder vergaßen, sind übel zu Grunde gerichtet worden?«

Der Wunderglaube des Celsus ähnelt den Monologen heutiger Esoterikfreunde. Stundenlang können sie sich über die segensreichen Wirkungen von Bachblüten und Engelwasserkuren, von Pendelsitzungen und Chakrenanalysen begeistern. Immer gibt es da einen charismatischen Guru oder eine erleuchtete Frau, deren Zeugnis alle Einwände hinwegfegt. Dass aber Gott Mensch wurde, litt, starb und auferstand, ruft in diesen Kreisen nicht einmal ein Lächeln hervor. Dabei gibt es im Fall der Inkarnation Zeugen, die wir Jünger und Apostel und Evangelisten nennen, und alles hängt davon ab, ob uns deren Zeugnis glaubhaft erscheint oder nicht. Die Heilungsgeschichten fernöstlicher Meister haben per se keine höhere Plausibilität als etwa die Wundererzählungen Jesu im Neuen Testament. Gegen diese spricht lediglich, dass sie sich auf Handlungen beziehen, die vor zweitausend Jahren stattfanden (als solche aber reich dokumentiert sind). Der Dalai Lama hingegen ist einem deutschen Nachrichtenmagazin zufolge ein »Gott zum Anfassen«. Er lebt, und an einen lebenden Gott stellt man in aufgeklärten Zeiten weit geringere Ansprüche als an einen ehemals lebenden, der noch dazu das Pech hatte, einer vermeintlich voraufgeklärten Epoche anzugehören.

Damals, so heißt es, ließ man sich eben leicht hinters Licht führen. Man glaubte Jesu »Windbeuteleien zur Überredung der törichten Zuhörer« (Celsus). Heute hingegen halten die Menschen wie an fast jedem Heute die Unüberbietbarkeit ihrer Einsichten für erwiesen. Das Gegenteil ist wahr: Die Leichtgläubigkeit macht täglich Fortschritte, die Vernunft schwindet. Sollte es den Auferstehungszweiflern nicht zu denken geben, dass sie sich seit fast zwei Jahrtausenden für die Speerspitze der Avantgarde halten, obwohl sie seit fast zweitausend Jahren dieselben Einwände wiederkäuen? Wo bleibt da die Selbstkritik, die doch das Herz der Vernunft sein soll? Gläubigen Menschen, die an einer erkannten Wahrheit festhalten wollen, erscheint ein solcher Konservatismus sympathisch. Ein untaugliches Mittel aber ist er in den Händen derer, die das Vergangene zukunftstrunken hinwegräumen wollen.

Originalität mag aus des Celsus' Worten von 178 sprechen: Gott könne nicht das Widernatürliche oder Widervernünftige wirken wollen und somit keinen Leichnam auferwecken. Einfallslos jedoch ist es, mit Nietzsche Celsus heutig schminken zu wollen und so gerade das Unoriginelle an Nietzsche darzulegen. Nostalgisch ist es, wie der damalige Nachwuchsphilosoph Joachim Kahl es 1968 tat, ein Büchlein über das »Elend des Christentums« zu schreiben und die »ebenso unbekannte wie erschütternde Tatsache« zu beklagen, »dass die vernichtende historische Bibelkritik der Neuzeit bereits [...] von Celsus vorweggenommen wurde«. Das aber heißt: Die Spätmoderne ist nicht über den Erkenntnisstand oder das Erregungspotenzial des Jahres 178 hinausgekommen. Eben darin liegt das wahrhaft Erschütternde. Immer da, wo die Gegenwart glaubenskritisch sich auszusprechen scheint, spricht aus ihr die Armada der Altvorderen. Celsus hält die Fäden, wenn die Neurobiologen und Evolutionstheoretiker des 21. Jahrhunderts eine Zukunft ohne Gott skizzieren. Damit ist nichts gegen die Bildung der Herren Dawkins, Hitchens und Co. gesagt, sehr wohl aber gegen deren Anspruch, der Wissenschaft neuesten Stand zu verkörpern. Lange, sehr lange Bärte haben die »Neuen Atheisten«.

Worüber echauffiert sich Celsus am meisten? Wie den römischen Statthalter Plinius kränkt es ihn sehr, wenn Christen »heimliche Verbindungen untereinander außerhalb der gesetzlichen Ordnungen« bilden. Der »Religionseinheit der Weltvölker« stünde der »Separatismus der Juden und Christen« im Weg. Diesen Zusammenhang hat auch Peter Sloterdijk im Sinn, wenn er 2007 schreibt: »Schon gebildete Römer der frühen Kaiserzeit fühlten sich vom Separatismus der Juden so sehr irritiert, dass sie ihnen den Titel ›Feinde des Menschengeschlechts‹ anhefteten (den Cicero ursprünglich zur Ächtung von Seeräubern geprägt hatte). Noch der junge Hegel notiert ganz konventionell: ›Ein Volk, das alle anderen Götter verschmäht, muss den Hass des ganzen menschlichen Geschlechts im Busen tragen.‹«

Auch bei Celsus also ist das unbefragte, ja dogmatisch zugespitzte Ideal der Polytheismus. Die Vermischung des Glaubens versteht sich demnach von selbst, das Eigene ist begründungspflichtig – daran hat sich bis heute nichts geändert. Man betrachte nur die schleichende Überführung der Theologie in Religionswissenschaft oder die Abkehr vom Religionsunterricht zugunsten von Ethik, Philosophie, Lebensgestaltung. Die Urchristen hatten zudem den ordentlichen Verfahrensweg verlassen, es versäumt, bei der zuständigen Behörde einen Antrag zu stellen auf Kultusfreiheit in der Nachfolge Jesu. Das kann Celsus, wie die meisten Religionskritiker ein Verteidiger des Üblichen, Normalen, Wohltemperierten, nicht gutheißen.

Ebenso sehr verstören ihn die Christgläubigen selbst, »verschriene Menschen, die schlimmsten Zöllner und Schiffer«, allerorten nur »die Einfältigen und Niedrigen und Unverständigen und Sklaven und Weiblein und Kindlein«. Was Celsus »den Ausschluss der Weisen und Guten« nennt, ist nichts anderes als der christliche Protest gegen die von Celsus propagierte Hochkultur. Der neue Bund will eben gerade kein Klub der klügsten oder angesehensten Köpfe sein. Derlei intellektualistische Anmaßung ist Sache des Celsus (und des Kahl und des Korff und des Dawkins und des Hitchens), nicht des galiläischen Zimmermanns. Bis in unsere Tage ist der christliche Stachel offenbar: Etwa zwei Milliarden Menschen lassen sich von den klugen Argumenten atheistischer Wissenschaftler partout nicht den Glauben rauben. Sünde, als theologisches Konzept längst der Lächerlichkeit geziehen, scheint einzig in dieser Form noch virulent zu sein, als Unbotmäßigkeit im Angesicht der Professoren. Auf diesem Feld, so scheint's, kann man noch schuldig werden. Sündig ist es, aufzubegehren gegen das Diktat der Diesseitigkeit.

Weder seine Anhänger noch Jesus selbst sprechen laut Celsus für den Wert des neuen Glaubens. Wie kann es angehen, fragt er in einem Tonfall, der nachhallt bis in die Talkshows des 21. Jahrhunderts – wie kann es angehen, dass »einer, der Gott war, floh oder gebunden weggeführt wurde«? Dass »der geglaubte Retter, der Sohn und Bote des höchsten Gottes, im Stich gelassen und ausgeliefert wurde«? Ein Gott, denkt sich Celsus, kann doch nur die unüberbietbare Variante eines irdischen Herrschers sein. An seiner Machtfülle also müsste man ihn erkennen, Ohnmacht verträgt sich schlecht mit Göttlichkeit. Dem wäre ein freilich erst 2006 niedergeschriebener Satz des Religionsphilosophen Peter Strasser entgegenzuhalten: »Der Machtdiskurs ist kein Vervollkommnungsdiskurs.« Ein Wesen, das wir als vollkommen denken, kann nicht in den Kategorien von Macht und Allmacht erfasst werden. Ein verzwergter Menschengott wäre ein solcher Gott, den man an seinem imperatorischen Gehabe erkennen müsste.

Aber selbst wenn dieser Jesus ein armer Tropf gewesen sein sollte und das allein laut Celsus »die Wahrheit ist: nachdem er niemand überzeugt hat, solang er lebte, nicht einmal seine eigenen Schüler, ist er gestraft worden und hat solches erlitten!« – selbst dann hätte er allen eine Nase drehen können, posthum. Einen größeren Coup als eine leibliche Auferstehung kann auch Celsus sich nicht ausmalen. Daran gibt es keinen Zweifel: »Wäre Jesus wirklich auferstanden, so hätte er, wenn er doch eine wahrhaftige göttliche Kraft erscheinen lassen wollte, [...] überhaupt allen erscheinen müssen.« Was aber tat er tölpelhafterweise? »Er erschien nur einem Weiblein und seinen Genossen heimlich und schüchtern. Gestraft also wurde er zwar von allen gesehen, auferstanden aber von einem; das Gegenteil wäre am Platz gewesen.« Wieder geraten die Zeugen ins Zwielicht. Den übelriechenden Ausgestoßenen von geringer Geisteskraft traut Celsus nicht über den Weg, und schon gar nicht dem »halbrasenden Weib« namens Maria Magdalena und dem Rest der »Betrügerverbindung«. Das Christentum, ließe sich mit Celsus folgern, hat ein Glaubwürdigkeitsproblem, weil es ein Zeugenproblem hat. Die Gegenthese ist christliches Allgemeingut. Joseph Ratzinger formulierte sie im Juni 2007 so: »Die Jünger haben *von Anfang an* im auferstandenen Jesus denjenigen erkannt, der unser Bruder in der menschlichen Natur ist, der aber auch eins ist mit Gott. Sie haben in ihm denjenigen erkannt, der uns [...] in seinem Tod und seiner Auferstehung Gott gebracht hat.«

Den äußeren Widerständen, die sich in der Frage der Zeugen manifestieren, entsprechen bei Celsus innere, gewissermaßen philosophische Widerstände. Der Kern seines Menschenbildes ist jene Überzeugung, die damals wie heute die Glaubensfernen von den Frommen trennt. Für Celsus steht fest: »Jedem ist wohl klar, dass die zum Sündigen Geborenen und Gewöhnten niemand auch nicht durch Strafen, geschweige denn durch Erbarmen ganz zu ändern vermöchte; denn Natur vollkommen zu ändern, ist ganz schwer. Die Sündlosen aber sind bessere Genossen der Gemeinschaft.« Ein böser Mensch kann demnach nicht aus seiner Haut. Mancher ist gemäß Celsus an das Böse gewöhnt, mancher kennt seit Kindesbeinen nichts anderes. Bei solchen Leuten sei jedes Werben um Besserung und jedes Drohen mit Bestrafung vergebliche Liebesmüh. Unmögliches begehren die Christen, sagt der Heide, und reklamiert die größere Menschenkenntnis für sich.

Celsus hat genau hingeschaut. Hier tut sich tatsächlich ein Graben auf, in dem Weltreiche versinken können. Christen sind davon durchdrungen, dass der Mensch bis in buchstäblich allerletzter Sekunde umkehren, dass er bereuen und sich von Grund auf ändern kann. Jede andere Ansicht widerspräche dem Langmut, mit dem der von Jesus verkündigte Gott den »verlorenen Schafen« seiner Herde nachgeht. Wer den Glauben ablehnt, der hat ein ungleich starreres Menschenbild. Diesem zufolge sind Menschen zwar tendenziell eher gut als schlecht – daher die Erziehungsphantasien der Sozialisten und Utopisten, der Glaube an eine diesseits mit Gewalt zu perfektionierende Welt. Menschen sind aber in dieser Lehre auch tückische Wesen, die man, wenn sie eine gewisse Strecke in die falsche Richtung zurückgelegt haben, verloren geben muss – daher die Leugnung der Willensfreiheit und zugleich die Leugnung der Sünde, das Festhalten am »sündlosen« Ideal.

Diese Verbindung von Determinismus und Entsündung prägt die Debatten auch des 21. Jahrhunderts. Das Menschenbild der Neurobiologie ist an vielen Stellen identisch mit dem Menschenbild der Gottesleugner in der Celsus-Nachfolge. Die bereits zitierte »Enzyklopädie für freie Geister und solche, die es werden wollen« vom Juli 2007 behauptet: »Je mehr sich das empirische Wissen über die Funktionsweise von Hirn und Körper erweiterte«, desto stärker trete die »erdrückende Beweislage« hervor. Das »Konzept der Willensfreiheit« sei ruiniert; »hatte man zuvor geglaubt, dass der Mensch tue, was er wolle, so zeigt sich jetzt, dass der Mensch nur im Nachhinein will, was er ohnehin schon zu tun im Begriff ist«. Damit lasse sich der Sündenbegriff nicht länger aufrechterhalten. »Nur ein Individuum, das prinzipiell in der Lage wäre, anders zu handeln, als es gehandelt hat, kann für seine Vergehen moralisch verantwortlich gemacht werden.«

Ist den Autoren, Carsten Frerk und Michael Schmidt-Salomon, bewusst, was sie schreiben? Wenn jede menschliche Handlung das Resultat unkontrollierbarer biochemischer Prozesse ist, dann darf keine Lüge, kein Raub, kein Mord, kein Genozid Anlass sein für »moralische Verurteilung«. Es ist dann sinnlos, dem Vergewaltiger oder dem Serienmörder Vorwürfe zu machen – und ebenso sinnlos ist es, von einer gewissen Schwere des Delikts an auf Rehabilitation zu hoffen. Dann bleibt nur das Wegsperren oder Ärgeres. Dann bleibt nur die Gesinnungsdiktatur der Sündlosen, wie sie während der Französischen Revolution und später, zur vollendeten Perversion gesteigert, unter Hitler, Stalin, Mao, Pol Pot, Enver Hoxha und anderen Diktatoren praktiziert wurde. Der Preis für den Abschied von der Willensfreiheit wäre ein Achselzucken – als Antwort auf wirklich jedes Verhalten.

Ganz gewiss finden sich unter den neurobiologisch argumentierenden Atheisten kaum Gewaltverherrlicher. Im Gegenteil, sie haben der Kirche gerade deshalb den Kampf angesagt, weil diese ein pures Machtinstrument sei. Kurzsichtigkeit aber schützt nicht vor weitreichenden Folgen. Eine freie Gesellschaft ist ohne freien Willen nicht zu haben. Wird die Willensfreiheit negiert, gibt es kein Fundament für Recht und Gesetz. Fällt die Verantwortung für mein Tun in sich zusammen, gibt es kein Gedächtnis mehr und keine Geschichte – woran sollte man sich erinnern, was sollte man rühmen oder tadeln, wenn der Mensch schon immer in seinen Molekülketten aufging? Gibt es kein schuldhaftes Handeln, keine Sünde mehr, kollabiert auch die Zukunft – wozu sollte man sich Gedanken machen über ein besseres Morgen, wenn der Gang der Dinge in den Ganglien beschlossen liegt? Der fleißige Celsus ist nicht haftbar zu machen für solches Allotria. Sein Wüten aber wider die Geneigtheit des Menschen zur Sünde *und* zur Umkehr war ein Spatenstich auf abschüssiger Bahn. Ist es nicht menschenfreundlicher, Versöhnung zu suchen in der Buße, als für jedes Tun und Lassen ein Achselzucken zu ernten?

Damit aber sind die Parallelen längst nicht erschöpft: Celsus behauptet wie die gegenwärtigen historisch-kritischen

Bibelwissenschaftler, »die wirklichen Tatsachen der Geschichte Jesu« gefunden zu haben. Ein evangelischer Pfarrer aus Nürnberg provozierte im Herbst 2007 mit der zuvor als Buch vorgelegten These, im gesamten Evangelium stammten genau 21 Sätze von Jesus. Der große Rest sei nun endgültig »zur Seite zu legen«. Zu einem für ihn ganz zweifelsfreien Ergebnis gelangt auch Celsus, indem er all jene Elemente aus der Lebensgeschichte Jesu aussondert, die einen »Mangel an Vernunftgründen« aufweisen. Die Taten Jesu oder Gottes dürfen sich erstens nicht selbst widersprechen. Einen solchen Selbstwiderspruch sieht er gegeben, wenn ein Sohn Gottes »gebunden aufs ehrloseste oder gestraft aufs schmählichste« wird und wenn ein »allwissender Gott« nicht vorausgesehen haben soll, »dass er bösen Menschen und solchen, die sündigen und ihn strafen würden, seinen Sohn schickte«. Zweitens lehnt Celsus den gesamten Bereich der neutestamentlichen Wunder, besonders aber die Auferstehung ab; für all dieses gebe es, anders als beim Wirken der »erdumgebenden Dämonen«, zu wenig glaubhafte Zeugen.

Was bleibt da übrig vom Evangelium? Die traurige, trostlose Geschichte eines gescheiterten Predigers und einer Verschwörung lichtscheuer Gesellen. Und weshalb? Weil Celsus Religion und Nation zusammenschließt, weil er zugleich von einer (reichlich diffusen) Welteinheit im Glauben ausgeht, weil er Menschen für nur bedingt besserungsfähig hält, weil er Vernunft an Effektivität und Evidenz koppelt, weil Glaubensfragen für ihn Machtfragen sind. Die Spur, die Celsus gelegt hat, führt ohne Umschweife ins 21. Jahrhundert. Die Parteiungen der Religionsgeschichte lassen sich seither zurückführen auf diese eine Frage: Wie hältst du es mit Celsus? Die Voltaire, Reimarus, Haeckel, Deschner, Harris, Dawkins sind Schüler dieses ersten systematischen Christengegners, unoriginelle Schüler zwar, doch dogmenfest und selbstsicher. In einem Punkt nur fand Celsus keine Nachahmer: Sein Vorschlag, die Christen mögen sich doch einem ruhmreicheren Märtyrer zuwenden als diesem unseriösen Jesus, fand keinen Widerhall. Celsus riet zu Orpheus, einem »Mann, der anerkanntermaßen frommen Geist besaß und der ebenfalls gewaltsam starb«.

Wer es nicht mit Celsus halten will, der kann sich bei Origenes anlehnen. Der 253 in einer mehrtägigen Folter qualvoll gestorbene Origenes gilt als einer der größten Gelehrten des antiken Christentums. Er schrieb neben vielem anderen acht dickleibige Bücher »Gegen Celsus«. Diesen Verteidigungsschriften ist es zu verdanken, dass Celsus' ursprünglich »Wahres Wort« betiteltes Werk überliefert worden ist. Ausführlich setzt Origenes sich mit der Behauptung auseinander, die Juden »seien ägyptischen Ursprungs« – also mit der nicht eben taufrischen Weihnachtsthese des »Spiegels« von 2006. Hinter solchen Zuschreibungen ortet Origenes die Zeugenfrage; Celsus habe sich entschieden, den Ägyptern, »seinen Lieblingen«, mehr zu glauben als dem Moses. Der Kirchenlehrer hält dagegen: »Dass diejenigen, welche mit Moses aus Ägypten zogen, keine Ägypter waren, lässt sich so beweisen. Wären sie nämlich Ägypter gewesen, so hätten ihre Namen ägyptisch sein müssen, da diese ja jedes Mal der Landessprache entnommen werden. Sie führten aber hebräische Namen, woraus sich klar ergibt, dass sie keine Ägypter waren.« Celsus sei zu seinem eigenen Nachteil »der Meinung, er könne das Christentum schneller der Lüge überführen, wenn er seinen in der jüdischen Religion liegenden Ursprung anklagen und dann auch jenes als unwahr erweisen würde«.

Origenes kennt die Bibel wie seine Westentasche. Die vielen hundert Seiten sind gespickt mit Querverweisen und Fußnoten. Wie in fast jedem akademischen Schlagabtausch zeiht er Celsus der selektiven Lektüre. Der Alexandriner scheine, »um gegen die christliche Lehre Beschuldigungen erheben zu können, der Schrift nur da zu glauben, wo es ihm gefällt.

Um aber die deutlich gezeigte und in denselben Büchern offenbarte Gottheit nicht annehmen zu müssen, scheint er den Evangelien den Glauben zu versagen«. Ebenso inkonsequent verfahre er mit dem Übernatürlichen. Zielgenau legt Origenes den Finger in die Wunde des Wunderglaubens: »Du machst andern den Vorwurf, ihr Glaube an die Wunder Jesu sei ›unvernünftig‹, und schenkst doch selbst so großen Dingen offenbar Glauben, ohne irgendeinen Beweis oder eine Begründung dafür beizubringen, dass sie sich wirklich zugetragen haben? Oder gelten bei dir Herodot und Pindar für wahrhaftige Berichterstatter, jene Männer aber, die für die Lehre Jesu sterben wollten [...], führen nach deiner Meinung um ›Erdichtungen und Sagen und Faseleien‹ einen so gewaltigen Kampf, dass sie ihretwegen in Not und Verfolgung leben und einen gewaltsamen Tod erleiden?«

Dieses doppelte Argument hat bis heute Stoßkraft. Esoterische Leichtgläubigkeit in nichtchristlichen Kontexten und kritisches Bewusstsein immer dann, wenn es um die Bibel geht, treten häufig gemeinsam auf. Zweitens sind Märtyrer in der Tat Glaubenszeugen. Denkbar bleibt zwar immer, diese seien von Todes- oder Ruhmsucht getrieben, doch eine solche Disposition kann nicht prinzipiell bei den Millionen und Abermillionen, die unbeugsam in den Tod gingen, vorausgesetzt werden – es sei denn, man hält, wie es Richard Dawkins tut, Gläubige für Geisteskranke, oder man stellt Christen, wie Celsus es tat, den »Ameisen oder Regenwürmern oder Fröschen« gleich: ebenso duldsam, unterwürfig, unselbständig. Origenes hat angesichts solcher Verunglimpfungen das bessere Teil gewählt: »Die völlige Hingabe der Jünger an Jesu Lehre, deren Bekenntnis bei den damaligen Zeitverhältnissen mit den größten Gefahren verbunden war, ist nach meinem Dafürhalten ein klarer und augenscheinlicher Beweis seiner Auferstehung. Hätten sie die Auferweckung Jesu von den Toten nur erdichtet, so hätten sie diese Lehre nicht so kräftig verkündet; sie hätten auch dementsprechend weder andere dazu vorbereitet, den Tod geringzuachten, noch wären sie diesen selbst mit ihrem Beispiel vorangegangen.«

Den dünkelhaften Einwand, die Unscheinbarkeit der ersten Christen spreche gegen deren Lehre, schlägt Origenes aus dem Felde. Er vermutet vielmehr göttliche Klugheit. Nur so habe sich eine Widerrede vermeiden lassen, die anderenfalls ein Celsus angestimmt hätte. Allzu viel »Redegewandtheit und schöne Ordnung des Ausdrucks« hätten den Verdacht provoziert, hier solle zu einer Botschaft überredet, nicht von dieser überzeugt werden. »Wenn Jesus zur Verkündigung seiner Lehre Männer ausgewählt hätte, die nach der Auffassung der großen Menge weise und geeignet waren, nach Gefallen des Volks zu denken und zu reden, so würde man wohl mit Fug und Recht geargwöhnt haben, Jesus habe sich eines ähnlichen Verfahrens bedient wie die Gründer einer Philosophenschule. Es wäre dann auch die Erfüllung der Verheißung von der Göttlichkeit seiner Lehre nicht mehr sichtbar zutage getreten, da das Wort und die Verkündigung in Überredungskunst der Weisheit bestanden hätten, die sich auf schönen Ausdruck und gefällige Darstellung stützt. So würde dann der Glaube gerade so, wie es bei dem Glauben der Weltweisen an ihre Lehren der Fall ist, auf Menschenweisheit und nicht auf Gottes Kraft sich gründen.« Keine Vermischung will Origenes dulden zwischen rein säkularer Philosophie, jenem Weltwissen, dem etwa die Freimaurer anhängen, und inspirierter, gläubiger Nachfolge. Aus den Christen soll ein anderer reden; aus den Weltweisen redet die Welt und nur die Welt.

Auch dem strategischen Fehler, als den Celsus die Auferstehung brandmarkte, wendet Origenes sich zu. Jesus habe nicht »überhaupt allen Menschen erscheinen« können. Seine nachösterliche Existenzweise war nämlich eine andere als zuvor. Er »erschien, auch wenn er gesehen wurde, denen, die ihn sahen, nicht in derselben Weise, sondern je nach ihrer

Fassungskraft verschieden«. Darum hatte er bei seiner Entrückung nur Petrus, Jakobus, Johannes mit auf den Berg genommen. »Die Augen der großen Menge« hatten nichts mehr zu schauen. Jesus war nach seinem Abstieg in das Totenreich auch physisch ein anderer geworden. »Wenn er also nach seiner Auferstehung von den Toten nicht allen erschien, so tat er dies, weil er auf ihr Unvermögen Rücksicht nahm. [...] So dürfte man wohl auch nicht mit Grund den apostolischen Schriften daraus einen Vorwurf machen, dass sie Jesus nach seiner Auferstehung nicht allen erscheinen lassen, sondern nur denen, deren Auge wie er sah und die Fähigkeit gewonnen hatte, seine Auferstehung zu schauen.«

Solche Leibesmetaphysik mag uns überzeugen oder nicht. Sie zeigt aber, dass jedwede Deutung vom Blickwinkel abhängt, den wir wählen. Celsus denkt vom Effekt her. Er fragt sich, fast in der Art spätmoderner »business angels«: Welche Bedingungen müssen erfüllt sein, um für eine Botschaft oder ein Produkt maximale Nachfrage zu erzielen? Will man diese Frage beantworten, kommt in der Tat fast alles auf Design und Werbung an. Dann ist es dringend nötig, schöne, gutgelaunte, gewandte Menschen zu wählen, Sympathieträger, die dafür sorgen, dass ein Publikum in großer Zahl sich zum gewünschten Event einfindet. Dann ist es dringend nötig, dass bei der Produktpräsentation bzw. Verkündigung das Alleinstellungsmerkmal, die Auferstehung, immer und immer wieder der Kundschaft demonstriert wird.

Ganz anders denkt Origenes. Er rückt die Person ins Zentrum. Wie, fragt er sich, muss ein Mensch beschaffen sein, von dem sich mit Gründen vermuten lässt, er sei Gottes Sohn und auferstanden? Kann das noch dieselbe Gestalt sein, die vor Hinrichtung und Tod Hände schüttelte, Reden hielt, Kranke heilte? Da muss sich, denkt Origenes, auch äußerlich eine totale Umgestaltung des Bestehenden vollzogen haben. Und ist es etwa nur Gedankenlosigkeit, dass selbst enge Freunde aus dem Jüngerkreis den Auferstandenen nicht erkannten, als er mit ihnen nach Emmaus ging?

Man kann all diese Fragen verschieden beantworten, durchaus. Man *muss* aber zu gegenteiligen Erkenntnissen gelangen, wenn man die Fragen von unterschiedlichen Standpunkten aus stellt. Die religiöse Sichtweise zeichnet sich dadurch aus, dass für sie der Mensch die Anfangstatsache ist, aus der alles Übrige folgt. Die a- oder antireligiöse Sichtweise erblickt in der Wirklichkeit ein Kräfteverhältnis, in dem alles auf Wirkung berechnet ist, auf Styling und Effizienz. Ein Lied aus den achtziger Jahren meint dazu: »... und jedes Lächeln war für einen Zweck.«

Celsus und seine Nachfahren treibt es zur Weißglut, wenn Menschen solchen Überlegungen die kalte Schulter zeigen. Jede Religionsausübung kann Fanatiker gebären – auch in den Reihen derer, die verständnislos dem Treiben zusehen. Sie können nicht begreifen, wie man sein Leben auf Hoffnung statt auf Zahlen, auf Treue statt auf Verträge gründen kann. Im Letzten aber erweist sich eine solche Lebenshaltung als realistischer. Für den gläubigen Menschen bricht die Welt nicht entzwei, wenn Berechnungen falsch sind, Verträge gebrochen werden. Der gläubige Mensch weiß, dass Glauben nicht Wissen bedeutet. Er glaubt an seine Hoffnung und kann deshalb stets von neuem zu hoffen beginnen, »trotz alledem und alledem«.

Dass Origenes auch für des Celsus' Einwand, ein allwissender Gott hätte das Unheil auf Golgatha verhindert, wenig übrig hat, überrascht nicht. Er pariert ihn mit Sokrates. Der Pionier im Denken einer universellen Vernunft trank den todbringenden Schierlingsbecher, obwohl er dem Schicksal hätte entgehen können. Aber wie Jesus zog er es vor, »im Einklang mit seinen sittlichen Grundsätzen zu sterben, [...] als im Widerspruch mit seiner Philosophie zu leben«. Beide hielten ihrer Botschaft die Treue.

Überraschend aber ist ein anderes, grundsätzliches Kontra des Origenes. Er akzeptiert nicht die Vermutung, Glaube und Wissen seien durch die Art des Zugangs radikal voneinander getrennt – hier der lammfromme Nachbeter, dort der kritische Allesdurchwälzer.

Origenes stößt ein bis heute feist und zufrieden über der Debattenlandschaft thronendes Vorurteil vom Sockel. Denn er erkannte: »Wer sich der Philosophie zuwendet und einer bestimmten philosophischen Schule anschließt, [...] lässt der sich in seinem Verhalten durch etwas anderes bestimmen als durch den ›Glauben‹, dass jene Schule die bessere sei? Er wartet nicht, bis er zuvor die Lehren aller Philosophen und der verschiedenen Schulen und die Widerlegung der einen und die Begründung der anderen gehört hat, um erst dann [...] sich zu entscheiden, ob er Stoiker oder Platoniker oder Peripatetiker oder Epikureer sein [...] will; sondern einer gewissen vernunftlosen Neigung folgend, wenn er das auch nicht gestehen mag, widmet er sich zum Beispiel der stoischen Lehre und lässt die übrigen beiseite, oder der platonischen, indem er die andern als unbedeutender verschmäht, oder der peripatetischen, weil sie den menschlichen Bedürfnissen am besten entspräche und mehr als die übrigen Schulen die Güter des menschlichen Lebens einsichtsvoll gelten lasse.«

Die Bandbreite der Disziplinen lässt sich auf andere Wissenschaften erweitern. Eine »gewisse vernunftlose Neigung« führt den einen zum atheistischen Skeptizismus, die andere vielleicht zur christlichen Anthropologie, einen Dritten zur Mathematik. Im Zuge des Studiums findet die Neigung dann Gründe und wird gefestigt – oder sie findet Gegengründe und wird überwunden. Am Anfang der Erkenntnis steht nicht ein Wissen, sondern ein Glaube. Und bei keinen Erkenntnissen ist dieser Ursprung so offensichtlich wie bei den vermeintlich streng objektiven Darlegungen der Lebenswissenschaften. Eine Fülle unbeweisbarer Dogmen liefern (neben manchen gesicherten Resultaten) Neurobiologie und Evolutionsforschung. Dass aus deren Reihen der aggressivste Protest stammt gegen alles Nichtfunktionale, gegen Glaube, Hoffnung und Person, ist folgerichtig: Hier kämpft das wütende Kind gegen die verleugnete Mutter.

Zwei Köpfe für ein Halleluja: Justin der Märtyrer und Thomas von Aquin

Origenes argumentiert häufig mit vorchristlichen Denkern. Er will die Unterstellung des Celsus entkräften, Christen stünden mit dem Intellekt auf Kriegsfuß, Christentum sei eine Veranstaltung nur für einfältige Gemüter. Ebensolche Widerlegungen schrieb bereits in der Mitte des zweiten Jahrhunderts, achtzig Jahre vor Origenes, ein gewisser Justin aus Nablus, genannt »der Märtyrer« – zu jener Zeit also, da unter dem Vorgesetzten und Briefpartner Plinius' des Jüngeren, unter Kaiser Trajan, der römische Staat seinen Kampf gegen die Christen begann.

Justin will in seinem »Dialog mit dem Juden Tryphon« zeigen, dass das Christentum die »allein zuverlässige und nutzenbringende Philosophie« sei. Man brauche »nur den von Gott gesandten Christus anzuerkennen und sittlich tadellos zu sein, um das Glück zu haben«.

Justin sollte wissen, wovon er spricht. Seinen eigenen Lebensgang präsentiert er als Zeugnis. Im »Dialog« beschreibt er ein Bekehrungserlebnis rein geistiger Art. Die Vernunft habe ihn zum Christen gemacht. Auf seiner Suche nach Wahrheit sei er zunächst an einen Stoiker geraten, doch dieser hielt das »Wissen um Gott« für kein lohnendes Ziel. Ein Peripatetiker war sodann mehr an Justins Geld als an der Wahrheit interessiert. Ein Pythagoreer verlangte Kenntnisse der Musik, Astronomie und Geometrie als Eintrittsbedingung und schickte den solcherart ungebildeten Justin fort. Erst ein Platoniker weckte in ihm »die Hoffnung, unmittelbar Gott zu schauen, denn dies ist das Ziel der Philosophie Platos«. Erfüllt wurde die Hoffnung dann durch einen »alten Mann von gewinnendem Äußeren und von mildem, ernstem Charakter«, einen Christen.

Dem namenlosen Gläubigen verdankt Justin jene Erkenntnisse, mit denen er nun dem Juden Tryphon gegenübertritt. Justin zufolge können Philosophen »das Göttliche mit der Vernunft erfassen. So lehrt Plato, und ich folge ihm.« Der alte Mann aber stellt über die Philosophen die Propheten: »Sie allein sind es, welche die Wahrheit gesehen und sie den Menschen [...] frei von Ruhmsucht verkündet haben. [...] Ihre Schriften sind noch jetzt erhalten, und wer sich mit ihnen abgibt und ihnen Glauben schenkt, kann sehr viel davon profitieren, wenn es sich um Ursprung und Ende, überhaupt um den notwendigen Wissensbestand eines Philosophen handelt.«

Die Eintrittsbedingung zur Weisheit ist demnach nicht eine maximale Bildung, sondern die vertrauensvolle Lektüre jener wahren Zeugnisse, die die Bibel überliefert. Nur dort, so der alte Mann, kann man sicher sein, keiner eigennützigen Bauernfängerei auf den Leim zu gehen. Justin wird in dieser Auffassung bestärkt, als er sieht, wie tapfer, wie furchtlos Christen sich im Tod verhalten.

In seinen beiden weiteren Werken, der ersten und der zweiten Apologie, betont Justin, der »Patron der Philosophen«, dass Gott den Menschen die Vernunft gab, dass er sozusagen den »Logos« in sie senkte. Deshalb sei der Mensch ein rationales Wesen, fähig und dazu bestimmt, die Wahrheit zu erkennen, die ja ein Teil seiner selbst ist, Ergebnis des göttlichen Schöpfungsaktes. Daraus folge auch die Willensfreiheit. Der Kirchenhistoriker Eric Osborn fasst diesen Gedanken Justins zusammen: »Der Mensch zeigt seinen freien Willen, wenn er von einer bestimmten Handlungsfolge zu einer ihr entgegengesetzten übergeht. Menschen und Engel unterscheiden sich von anderen Geschöpfen durch die Kraft ihres freien Willens. [...] Die Welt besteht weiter, weil Gott will, dass die Menschen Zeit zur Wahl haben; im Interesse der Freiheit des Menschen wird das Ende hinausgezögert.«

Auch hier gilt: Wir waren nicht dabei, als die Welt geschaffen wurde aus dem Nichts, aus dem Chaos oder der Vernunft. Es gibt keine Filmaufnahmen, die über das Ausmaß göttlicher Mitwirkung an der Existenz jedes einzelnen Menschen Aufschluss geben. Der Kern der Justinschen Argumentation aber ist das Pochen auf Vernunft. Es wären viele Arten denkbar gewesen, für eine neue, übel verdächtigte Religion zu werben. Die Bemerkung aus dem »Dialog«, man erringe durch den rechten Glauben das Glück, weist in diese andere Richtung: Man hätte mit dem sozialen Nutzen der neuen Lehre werben können, mit ihren Riten oder Ekstasen. Aber nein, Justins »Apologien« sagen, dass Gott der Schöpfer aller Vernunft ist und dass diese Mensch und Gott verbindende Vernunft in Jesus von Nazareth Fleisch wurde. Der Mensch wird geadelt, denn Vernunft ist nun ein Ausdruck von Gottgewogenheit. Nicht durch Kulte, sondern durch Nachdenken und Nachfolgen, durch Reflexion und Aktion reißt der Himmel, der kein Pantheon mehr ist, auf.

Die Apologien sollten zeigen, dass Christen weder Atheisten noch Staatsfeinde, sondern wegen ihres sittlichen Lebenswandels »die besten Stützen des Thrones« seien und vernünftig obendrein – im Unterschied zur heidnischen Menge, die »mit vielerlei Opfern und Blumengebinden« leblose Götterstatuen verehre. Dennoch wurde Justin um das Jahr 165 in Rom zusammen mit sechs seiner Schüler hingerichtet. Der »Dialog« sollte den Juden Tryphon bekehren. Auch dieses Ziel misslang. Justin beendet das Gespräch mit der Hoffnung, die

Juden mögen künftig »ganz unseren Standpunkt teilen: Jesus ist der Christus Gottes«. Dass es anders gekommen ist, hängt womöglich mit den bösen Worten des Justin zusammen. Allein die Christen seien »das wahre, geistige Israel«. Die Juden, verstockt und verblendet, hätten »ihn, den allein unbescholtenen und gerechten Mann, gekreuzigt«. Danach sei es ihr Werk gewesen, »dass gegen das allein tadellose und gerechte Licht, das den Menschen von Gott geschickt war, die bittern Vorwürfe der Finsternis und des Unrechtes in der ganzen Welt erhoben wurden. Lästig schien er eben euch zu sein [...]. Eine kurze Zeit habt ihr jetzt noch, um euch uns anzuschließen. Nach der Ankunft Christi werden eure Reue und euer Weinen keinen Wert haben, denn er wird nicht auf euch hören. [...] Säet nicht unter Dornen und nicht auf ungepflügtes Land; denn da gibt es für euch keine Frucht. Erkennet Christum, und sieh: ein schönes, neues Ackerland, schön und fett in euren Herzen.«

Schon vor 1850 Jahren also waren christlicher Glaube und christlicher Judenhass mitunter paarweise anzutreffen; Judenhass und ein Denken im Namen der Vernunft ebenso. Es dauerte bis ins späte 20. Jahrhundert, ehe diese unseligen Allianzen endgültig indiskutabel wurden. Noch immer nicht entschieden ist hingegen die Frage, ob mit der Option für die Vernunft wirklich die alles entscheidende Schlussfolgerung aus dem christlichen Gottesbild gezogen wurde. Schon die sogenannten »altkatholischen Väter« Irenäus und Tertullian setzten andere Schwerpunkte.

Irenäus urteilte kurz nach Justin, der Schöpfer sei schlechthin unbegreiflich. Mit dem Verstand könne er nie erreicht werden, Häresien seien Frucht der (von Justin wiederum hochgehaltenen) griechischen Philosophie. Oft zitiert wird Irenäus' Satz: »Gottes Ruhm ist der lebendige Mensch, das Leben des Menschen aber ist die Anschauung Gottes.« In einem solchen ganzheitlichen Bezugrahmen kann das Denken nicht die primäre Weise sein, die den Menschen auf Gott bezogen macht. Tertullian hielt daran fest, dass die Vernunft göttlich sei und dass der Mensch dank ihrer Gott auf eine gewisse Weise zu erkennen vermöge. Von ihm ist jedoch auch das Bonmot überliefert: »Jeder unserer Handwerker hat Gott gefunden, den Platon nicht gefunden hat.« Kritisch äußerte sich Benedikt XVI. zu Tertullian: »Seine zu sehr auf sich selbst gestellte Suche nach der Wahrheit und seine teilweise sehr harten Urteile über seine Mitchristen führten ihn in eine fortschreitende Isolierung. Er verließ schließlich die Gemeinschaft der Kirche und gründete eine Sekte.«

Innerhalb des Christentums gibt es sowohl eine vernunftkritische Tradition, wie sie im späten Mittelalter bei Martin Luther kulminiert, als auch eine vernunftoptimistische Lesart, deren prominenteste Vertreter Paul Tillich, Johannes Paul II. und Benedikt XVI. sind. Je stärker aber die Erreichbarkeit des Glaubens durch Mittel der Vernunft betont wird, desto größer ist die Versuchung, den Glauben zugunsten einer säkularisierten und insofern halbierten Vernunft preiszugeben. Insofern kann aus der Mitte christlicher Frömmigkeit der Unglaube erwachsen. Vermutlich letztmals im Einklang befanden sich beide Sphären, der zweifelnde Glaube und die selbstkritische Vernunft, bei Thomas von Aquin. Sein Denken gilt als Höhe- und Wendepunkt mittelalterlicher Theologie. Selbst der Vordenker der bundesrepublikanischen Linken in der Nachkriegszeit, Theodor W. Adorno, rühmte: »Die Summen des Thomas hatten ihre Kraft und Würde daran, dass sie, ohne den Begriff der Vernunft zu verabsolutieren, nirgends ihn verfemten: dazu ging die Theologie erst im Zeitalter des Nominalismus, zumal bei Luther, über.«

Heerscharen von Gelehrten haben sich den Kopf zerbrochen über die »Summa theologiae«, entstanden zwischen 1268 und 1273. Heilig gesprochen wurde der kluge Mann bereits 1323, doch erst Papst Leo XIII. erklärte ihn 1879 mit seiner Enzyklika »Aeterni patris« zum kanonischen Vorbild einer Synthese von Glaube und Vernunft: »Nicht vergeblich hat Gott dem menschlichen Geist das Licht der Vernunft eingepflanzt; und es liegt so fern, dass das darüber hinaus gewährte Licht des Glaubens die Kraft des Verstandes auslösche oder vermindere [...]. Unter den scholastischen Lehrern ragt als Fürst und Meister aller Thomas von Aquin weit heraus, der, wie Cajetan bemerkt, ›weil er die alten heiligen Lehrer aufs höchste verehrte, darum gewissermaßen die Einsicht aller erlangt hat‹. Thomas sammelte ihre Lehren und fügte sie wie zerstreute Glieder eines Leibes zu einem Einzigen zusammen, teilte sie in wunderbarer Ordnung ein und mehrte sie so mit großem Zuwachs, dass er mit Fug und Recht als einzigartiger Schatz und Zierde der katholischen Kirche gilt.« Thomas habe, »wie es sich gebührt, zwischen Vernunft und Glaube« unterschieden, »beide aber in einem Freundesbund« vereint.

Dem sozusagen offiziellen katholischen Haus- und Hofphilosophen Nummer eins verdanken wir die Einsicht, »die Vernunft ist dem Menschen Natur. Was gegen die Vernunft ist, steht gegen die menschliche Natur.« So hoch denkt Thomas vom menschlichen Geist, dass bei ihm »der Himmel ein Genuss ist – und in erster Linie ein intellektueller!« Der Theologe Johannes Maria Hanses, der dieses Ausrufezeichen im Jahr 2000 setzte, schreibt auch: Thomas beginnt seine Lehre vom Menschen »mit einem großen Wurf. Er blickt erst einmal in den Himmel. Erst steckt er den weiten Horizont ab. Und hier stehen Intellektualität, Freiheit und die Bestimmung zum Glück eben ganz vorn. [...] Wir sehen und sollten uns hinter die Ohren schreiben, dass Bildung Gottesdienst ist. Im rechten Sinn verstanden, hilft Bildung unserer Natur, zu sich zu kommen und sich zu entfalten. [...] Bildung heißt Erfahrung ermöglichen.«

Doppelt neu ist des Aquinaten Zugang zum Glauben. Die Existenz Gottes ist des Beweises fähig *und* auch bedürftig, sie versteht sich nicht von selbst. Somit ist der Glaube dem Intellekt, nicht dem Gefühl zuzurechnen. Diese doppelte Bestimmung erhebt den Zweifel in den Rang einer Erkenntnisquelle. Kein uferloses, kein zersetzendes Zweifeln hatte Thomas im Sinn; unantastbar blieb Gott Herr seiner Schöpfung – als solcher aber eben auch Herr von Argument und Gegenargument, These und Antithese, die einander bedürfen. Ohne die Herkunft dieses Denkens hier näher ausführen zu können, sei der Hinweis gestattet: Thomas schrieb im Angesicht einer Erschütterung. Sein Denken war, so Ludger Honnefelder, eine Antwort auf die »Krise, die die griechisch-arabische Metaphysik als eine von Offenbarung unabhängige, sich allein auf Erfahrung und Vernunft stützende Deutung der Welt [...] für den christlichen Glauben mit sich bringt«. Auch für den interreligiösen Dialog blieb diese Antwort nicht ohne Auswirkung. Hans Otto Seitschek weist zu Recht darauf hin, dass Thomas »in der ›Summa contra Gentiles‹ von Mohammed Wahrheitsbeweise für dessen Aussagen fordert, documenta veritatis«. Wo diese fehlten, so Thomas, würden »Wahres und Falsches durch Fabelei« vermischt.

Handfest geraten ist das Bild, das Gilbert Keith Chesterton von dem »stummen Ochsen« zeichnet. So soll der junge Student einmal gehänselt worden sein, als er wieder einmal wortkarg und scheinbar schwerfällig dem Unterricht beiwohnte. Thomas habe eben »wie ein sehr großer, schwerer Bulle gewirkt, mächtig, langsam und ruhig, sehr mild und großmütig, aber nicht sehr umgänglich«. Das Zentrum der thomasischen Philosophie sieht auch Chesterton im »Vertrauen auf die Vernunft, während Luthers Lehre von dem gänzlichen Misstrauen gegen die Vernunft lebt«. Für Thomas sei der Verstand der Stellvertreter Gottes im Menschen gewesen. Darüber hinaus begeistert sich Chesterton für den Optimismus und Realismus des Dominikaners aus Mittelitalien. »Das einzig wirklich zutreffende Wort für seine Atmosphäre ist Optimismus. [...]

Mit tiefer und überwältigender Überzeugung glaubte er an das Leben. [...] Er ist erstens der einzige optimistische Theologe, und zweitens ist die katholische die einzige optimistische Theologie.« Als solche grenzt Chesterton sie besonders vom daseinspessimistischen Buddhismus ab.

Einen Realisten müsse man Thomas nennen, da seine Philosophie »mit den untersten Grundlagen des Denkens begann, den Wahrnehmungen und den Binsenwahrheiten der Vernunft«. Die menschlichen Sinne rehabilitierte er in einer Zeit, in der sich scholastisches Denken in abwegigsten Spekulationen zu verlieren drohte. So entstand eine »Philosophie des gesunden Menschenverstandes«. Mit der ihm eigenen Lässigkeit verdichtet Chesterton diese zu dem Satz, »die Philosophie des hl. Thomas steht auf dem normalen Standpunkt, dass Eier wirklich Eier sind«. Nichts ist da zu finden von der später modern gewordenen Gedankengymnastik, das Wirkliche sei nur ein Produkt unserer Vorstellungen, es existiere nicht unabhängig von uns und an sich also gar nicht. »Er stritt für einen gesunden Menschenverstand, wie er noch heute allen gesunden Menschen einleuchten muss. Er stritt für die normale Auffassung, dass das Sehen ein Erfassen der Sache ist, dass ein Kuchen, den man isst, auch vorhanden ist, dass der Mensch sich nicht selbst verschlucken kann und dass er seine eigene Existenz nicht leugnen kann.«

Eier sind Eier. Ein Satz von größerer Trivialität ist kaum denkbar. Doch dieser triviale Satz birgt Sprengstoff, damals wie heute. Man muss keineswegs den Auffassungen des von Chesterton verspotteten Aufklärers George Berkeley zuneigen oder ein Freund der radikalen Skepsis eines Ludwig Wittgenstein oder Charles S. Pierce sein, um diesen trivialen Satz in seiner Aussagekraft gehörig zu bezweifeln – nein, fast schon Allgemeingut geworden ist der vermeintlich tiefsinnigere Satz, nichts sei, wie es scheint. Grundsätzlich dem Sichtbaren misstrauen und das Unsichtbare für unwirklich halten:

nach dieser Devise leben heute weite Kreise im vorgeblich aufgeklärten Westen. Woher, heißt es keck, man denn wissen wolle, dass es so etwas wie Wahrheit überhaupt gebe? Sehen wir nicht alle nur, was wir sehen wollen? Lebt nicht ein jeder nach seiner Fasson? Wat den einen sin Uhl, is den andern sin Nachtigal: Die Wahrheits- wurde zur Geschmacksfrage.

Derlei Relativismus bemäntelt meist zwei lebensgefährliche Haltungen, die Ignoranz und das Desinteresse. Jedem zugestehen, er sei im Recht, kann ich nur, wenn mir der andere letztlich egal ist. Jede Antwort als möglicherweise falsch, möglicherweise wahr akzeptieren kann ich nur, wenn ich keine Sehnsucht nach Wahrheit und Erkenntnis in mir trage. Eine solche maximal anspruchslose Haltung wird gern modisch aufgeputzt, als Toleranz etwa oder Weltoffenheit oder Pluralismus. Sie ist von allem das Gegenteil. Toleranz bedeutet das begrenzte Hinnehmen abweichender Positionen, nicht das Bestreiten eines sämtliche Positionen tragenden gemeinsamen Grundes. Waldbrände können nie toleriert werden, es sei denn, man zöge die Nichtexistenz von Wäldern den Wäldern vor. Ebenso verhält es sich mit Positionen, die gegen den guten Geist einer Gesellschaft verstoßen. Weltoffenheit bedeutet die Neugier auf Fremdes, nicht die Blindheit für Eigenes. Pluralismus schließlich ist die Fähigkeit, sich friedlich über die Reichweite von Kriterien zu verständigen, nicht die Negation aller Kriterien.

Lebensgefährlich sind Ignoranz und Desinteresse, weil sie in die Leere führen. Der Mensch, der jede endgültige Festlegung scheut, kann sich selbst nie genügen. Es gibt keine Grenze, an der er sich beweisen könnte, keine Wahrheit, die ihn tröstet, keine Lüge, die ihn niederdrückt. Wenn wir heute Riesen sind und morgen Ameisen, sind wir nie wirklich da, nie wirklich Person und Ganzheit. Das ist die Konsequenz des Anfangsverdachts, ein Tisch sei vielleicht kein Tisch, sondern eine zufällige Ansammlung bewegter Moleküle, der Himmel nur eine Krümmung des Auges, ein Ei kein Ei, sondern das Resultat eihafter Gedanken. »Der Thomist«, weiß Chesterton, »steht im hellen Tageslicht der gesamten Menschengemeinschaft, er teilt die Auffassung der Allgemeinheit, dass Eier weder Hühner noch Träume sind noch bloße praktische Annahmen, sondern Dinge, deren Dasein uns durch die Autorität unserer gottgeschaffenen Sinne bezeugt sind.« Habe Mut, Mensch, lautet demnach eine Botschaft des Thomas, vertraue dir, vertraue anderen, traue Gott. Habe Mut, bleibe wirklich, werde wesentlich.

Vernunft kann also auch bedeuten, das Wirkliche als wirklich anzunehmen. Es mag klug sein, alles und jedes in Frage zu stellen (auch Philosophen wollen leben); vernünftig ist es nicht unbedingt. Unser Dasein beruht auf Grundvermutungen, die anzuzweifeln in den Wahnsinn führte. Was sonst wäre die Folge, wenn wir jeden Abend zitternd zu Bett gingen, übel träumten, schweißgebadet aufwachten – nur weil wir in strengem Sinne nicht wissen können, ob die Welt morgen noch existiert? Wäre es nicht Wahnsinn, an der Liebe des Geliebten zu verzweifeln, sobald uns dieser nicht ins Auge blickt, uns nicht gegenüber sitzt? Wäre es nicht Wahnsinn, die Japaner für eine Erfindung zu halten, solange wir noch nicht in Japan waren? Thomas von Aquin und Gilbert Keith Chesterton rechnen zu den vernünftigen Grundannahmen, ohne die unser Leben Spuk und Trug nur wäre, die Existenz Gottes: »Die Dinge verändern sich, weil sie nicht vollendet und vollkommen sind; aber ihre Realität erklärt sich nur als Anteil an etwas Vollendetem und Vollkommenem. Und das ist Gott.«

Martin Luther, Ulrich Zwingli und die protestantische Vernunft

Im Nachwort zu seinem 1933 erschienenen Buch über Thomas von Aquin, den in der deutschen Fassung titelgebenden »stummen Ochsen«, weitet Chesterton die Perspektive. Er erinnert an einen Augustinermönch, der »mit seiner breiten, stämmigen Gestalt umfänglich genug war, den fernen menschlichen Berg des Aquinaten vier Jahrhunderte lang fast ganz zu verdecken. Es heißt, dass er die Summa Theologica und die anderen Werke des hl. Thomas öffentlich verbrannt habe«. Dieser Augustinermönch mit Namen Martin »schrie mit neuer lauter Stimme nach einer elementaren, von jeder Philosophie befreiten Gefühlsreligion. [...] Seine Theologie war der Tod der theologischen Wissenschaft. Der Mensch könne nicht zu Gott sprechen, nicht von Gott, nicht über Ihn, mit Ausnahme eines dumpfen Schreies nach Barmherzigkeit und nach der übernatürlichen Hilfe Christi, aus einer Welt heraus, in der alles Natürliche nutzlos ist. Nutzlos sei die Vernunft, nutzlos der Wille.«

Chesterton war 1922 vom anglikanischen zum römisch-katholischen Bekenntnis übergetreten. Ist hier der ultramontane Gaul mit ihm durchgegangen? Zumindest überrascht es, von Martin Luthers »Gefühlsreligion« zu hören. Die real existierenden evangelischen Christen zeichnen sich eher durch ihr kühles Argumentieren aus. Schwärmerei und Protestantismus erscheinen als natürliche Feinde. Aber stimmt dieser Eindruck denn? Und falls er stimmt: War es schon immer so? Oder hat Chesterton recht, und wir müssen uns Luther als Vernunftkritiker und Freund der Emotionen vorstellen?

Seine Schriften zeichnen ein zwiespältiges Bild. Aus einer Predigt von 1520 stammt der Satz: »Je mehr du versuchst, dich auf die Ratio zu stützen, umso weiter kommst du von Gott fort.« Schon 1518 gab es für ihn »kain färlicher ding«, keine gefährlichere Gabe als die Vernunft. Später warf er der Vernunft vor, was Chesterton an gewissen Spielarten der Philosophie bemängelt. Sie sei wie ein gefärbtes rotes oder blaues Glas, das den Blick verstelle. Darum müsse sie vom Glauben getötet werden. »Wenn ich irgendwie mit der Vernunft begreifen könnte«, hieß es 1525, »wie dieser Gott barmherzig und gerecht ist, der so viel Zorn und Ungerechtigkeit zeigt, dann bedürfte es nicht des Glaubens. Nun, da das nicht begriffen werden kann, gibt es Gelegenheit, den Glauben zu üben.« 1528 dann nennt er »Gottes Wort und Werk [...] unbegreiflich aller Vernunft«. Ein andermal lobt er Maria, die im Angesicht des Engels all ihre Vernunft fahren lasse und ausrufe: »Mir geschehe nach deinem Willen.« Ebenfalls 1531 heißt es, die Philosophie wisse nichts von Gott. Prägnanter hätte es ein Tertullian nicht formulieren können.

Was missfällt Martin Luther an der Vernunft? Falsch wäre es, aus den Zitaten zu schließen, er wolle das Gefühl zu Lasten der Vernunft generell aufwerten. Dann wäre die Folge seiner Auflehnung gegen Rom der eine oder andere entrückte, Eia-popeia-singende Gebetskreis gewesen, nicht aber die Spaltung der Christenheit. Luther will der Vernunft vielmehr ihre Grenzen zeigen, sie dem Glauben unterordnen, wann immer die Gottesfrage berührt wird. In einem Punkt nämlich leistet die Vernunft unschätzbare Vorteile: »Die Ratio erfasst nicht, was Gott ist; gleichwohl erfasst sie zuverlässig, was Gott nicht ist. Obwohl sie daher nicht sieht, was vor Gott recht und gut ist (nämlich der Glaube), so weiß sie trotzdem deutlich, dass Unglaube, Mord und Ungehorsam böse sind.« Man muss demnach kein frommer Mensch sein, sagt Luther 1521, um zu wissen, dass es wider die Vernunft ist, wenn man tötet oder nicht gehorcht oder nicht glaubt.

Heute würde man vermutlich diese drei Verhaltensweisen der Sondermoral der Gläubigen zurechnen. Indem Luther den Bereich der Vernunft so weit ausdehnt, kann er sie andernorts beschneiden: Positive Aussagen über Gott lassen sich demnach allein mit der Vernunft nicht treffen. Gott handelt nicht im menschlichen Sinne vernünftig, aber gut und gerecht.

Ein Gott, der durch das Nadelöhr menschlicher Vernunft passte, wäre Luther zufolge gar kein Gott. Der Kirchenhistoriker Bernhard Lohse fasst diesen Gedankengang zusammen: »Die Vernunft hält nur das für groß, was vor der Welt als groß erscheint, verachtet aber das Geringe. [...] Die Menschen messen Christi Worte mit ihrer mathematischen Vernunft und können doch nicht die Kraft seiner Worte verstehen. [...] Am liebsten wäre es dem Menschen sogar, wenn es überhaupt keinen Gott gäbe. Ein System der Werkgerechtigkeit wäre ihm angenehmer als der richtende und begnadende Gott. Daher ist es geradezu die Natur und Eigenschaft der Vernunft, Gottes Wort zu verfolgen.« Zu all diesen Folgerungen gelangt Luther, weil er die Menschheit im Bann des Sündenfalls sieht. Die Vernunft sei ebenso korrumpiert, verdorben, untauglich geworden zur Erkenntnis der Wahrheit wie der Wille. Deshalb soll der Glaube sie abtöten. Dem Menschen bleibe angesichts eines zornigen und richtenden Gottes nichts anderes übrig, als gläubig auf dessen Gnade zu hoffen. Solche Überlegungen sind es wohl, die Chesterton zum Diktum veranlassten, der Mensch könne bei Luther nur einen »dumpfen Schrei nach Barmherzigkeit« ausstoßen.

Gar so einfach ist es dann doch nicht. Der Glaube an Jesus Christus kann Luther zufolge auch die verdorbenste Vernunft erleuchten. Sie muss sich dazu gewissermaßen unter das Kreuz stellen. In einem Kommentar von 1535 schreibt er, »eine andere Ratio wird geboren, welche dem Glauben zu eigen ist«. Bedingung ist die Buße, die reuige Umkehr zu Gott. Luther nannte die Vernunft »vor dem Glauben und der Erkenntnis Gottes Finsternis, aber in den Gläubigen ein sehr gutes Instrument«. Der Glaube lässt sie sterben und erweckt sie neu – dann aber in all ihrer Bezogenheit auf Gott, in der Unterordnung statt in der Selbstüberhebung. »Die Vernunft«, schließt Lohse, »wird durch den Glauben wieder für die Erfüllung ihrer eigentlichen Aufgabe freigemacht und befähigt.«

Problematisch aber bleibt das Zusammenspiel von Intellekt und Ich. Einerseits fordert Luther Gehorsam, andererseits ist sein legendärer Satz, das (nicht unbedingt authentische) Bekenntnis »Hier stehe ich und kann nicht anders«, ein Ausdruck von Rebellentum, Widerstand, nicht Unterordnung. Einerseits steht das Ich, das aus seinen Schriften zu uns redet, mit sorgenvoller Miene, winzigklein und falsch bis ins Mark, einem allmächtigen, strengen Gott gegenüber. Andererseits beruft sich dieses Ich mit unwiderstehlicher Leidenschaft auf sich selbst, wenn es zum Kampf rüstet gegen Papst und Kaiser. Rät nun die Vernunft, die bekanntlich den Menschen erst zum Menschen macht, dazu, das Ich aufzublasen oder es klein zu machen? Was ist rationaler: die Auflehnung noch gegen den gewaltigsten Gegner oder die bedingungslose Annahme der eigenen Relativität?

In Zürich steht ein Denkmal. Es zeigt einen hageren Mann mit stechendem Blick. In seiner Rechten hält er die Bibel, mit seiner Linken stützt er sich auf ein meterhohes Schwert. Im Rücken des Mannes ragen die bunten Fenster einer Kirche empor, die nahe am Wasser, an der Limmat, gebaut ist und deshalb Wasserkirche heißt. Wer sie betritt, muss wissen, dass sie noch als Kirche genutzt wird. Der Tisch an der Stirnseite ist unscheinbar, die Kanzel kann man übersehen. Für das Publikum stehen sehr bequeme Stühle bereit, aus denen man sich, einmal verführt, kaum mehr erheben mag. Der Mann mit dem Riesenschwert und der Handbibel sorgte 1524 dafür, dass aus der Wasserkirche alles Bildwerk verschwand. In der Folge diente sie als Warenlager, Vorratskammer, Markthalle, Stadtbibliothek. Erst 1942, als die bunten Chorfenster des Augusto Giacometti fertiggestellt waren, wurde die Wasserkirche wieder zur Kirche. Dort feiern heute die Nachfahren des Mannes mit Schwert und Bibel, die reformierten Christen, Gottesdienst.

Ahnherr Ulrich Zwingli wäre vermutlich einverstanden mit der Predigt, die ich dort einmal samstagabends hörte. Der freundliche alte Herr, der den Gottesdienst im Alleingang bestritt, sprach von Jakob und der Weltsicht eines gläubigen Menschen. Jakob sieht im Traum eine Leiter geradewegs zum Himmel führen. Der Pfarrer verwies auf zahlreiche verwandte Stellen im Alten und Neuen Testament, bei denen buchstäblich der Himmel offen stehe. Mit einem Mal wusste ich, was bibelfest bedeutet: wenn man in der Bibel derart bewandert ist, dass die Gedanken in ihr spazieren können, ohne je sich zu verirren. Am Schluss wurde ein schönes Lied gesungen, über den Abendstern und einen Tag, der zur Neige gehe. Für den Pfarrer hatte dieser Tag ganz gewiss mit einem Bibelspruch begonnen, und mit einem solchen würde er nun enden.

Ulrich Zwingli gilt als Rationalist unter den Aufklärern – gewissermaßen ist er (noch vor Hegel) das protestantische Pendant zu Thomas von Aquin, den Chesterton einen »dominikanischen Rationalisten« nannte. Thomas von Aquin versuchte, »die Vernunft in Gestalt der aristotelischen Philosophie und den Glauben im bewussten Rückgriff auf die authentische Botschaft des Evangeliums« (Maximilian Forschner) zu harmonisieren. Er starb 1274 auf dem Weg zum Zweiten Konzil von Lyon. In seinen letzten Stunden in der Zisterzienserabtei Fossanova ließ er sich das Hohelied der Liebe vorlesen. Ulrich Zwingli starb auf dem Schlachtfeld. Die ersten europäischen Religionskriege, die Kappelerkriege zwischen dem reformierten Zürich und der katholischen Innerschweiz, endeten am 11. Oktober 1531 mit Zwinglis Tod und Zürichs Niederlage. »In einem relativ kurzen Treffen von nicht einmal einer Stunde«, schreibt Ulrich Gäbler, »war die Schlacht entschieden.

Fünfhundert Zürcher, darunter 25 Geistliche, verloren ihr Leben. Auf katholischer Seite fielen etwa hundert Mann.«

Vom Tod Zwinglis – darüber ist sich die Forschung einig – lasse sich nicht auf eine militante Lesart des protestantischen Christentums schließen. Deshalb kritisiert der schottische Theologe Peter Stephens das Denkmal an der Wasserkirche: »Die Bibel oder das Wort Gottes ist für Zwingli Gottes Werkzeug in den Händen des Pfarrers; das Schwert hingegen ist Gottes Werkzeug in den Händen der Obrigkeit. Bibel und Schwert gehören wohl zusammen, nicht aber in den Händen ein und derselben Person.« Ergo war der kämpfende Pfarrer auf dem Kappeler Feld ein Verstoß gegen die Ordnung des eigenen Denkens.

Wenige Monate zuvor, im Juli 1530, schrieb der sechsundvierzigjährige Zwingli sein persönliches Glaubensbekenntnis und sandte es an Kaiser Karl V. Es war überschrieben fast wie 468 Jahre später die letzte Enzyklika Papst Johannes Pauls II., die uns noch beschäftigen wird. Nicht »Fides et ratio«, sondern »Fidei ratio« hieß Zwinglis »Rechenschaft des Glaubens«. Sowohl an den lutherischen wie an den katholischen Überzeugungen ließ er kaum ein gutes Haar; lediglich in der Ablehnung der Willensfreiheit wusste er sich mit Luther einig.

Sehr kühn war die Absicht des Umstürzlers. Zwingli hielt es, so Stephens, tatsächlich »für möglich, den Kaiser zu überzeugen und zum Abfall vom Katholizismus zu bewegen. Hinter dieser utopisch zu nennenden Aussicht verbirgt sich das ungebrochene Vertrauen auf die überzeugende und überführende Kraft der Argumentation«. Ein solches Vertrauen ist aufklärerisch im besten Sinne: Nicht Macht oder Gewohnheit, sondern das bessere Argument und der überzeugendere Glaube mögen den Sieg davontragen. Auf einer solchen Überzeugung ruhten auch die Schriften der frühen Christen, etwa Justins des Märtyrers.

Zwingli beruft sich denn auch in »Fidei ratio« gegenüber Karl V. auf seinen Lebenswandel. Er sei »nie zu Sittenlosigkeit und Schamlosigkeit herabgesunken noch umgekehrt zu Grausamkeit, Hochmut oder Eigensinn entartet. So sind die Gegner mit ihren Attacken, durch das Zeugnis unseres Lebens bestürzt, schon wiederholt zum Rückzug gezwungen worden. [...] Tatsächlich haben die Gemeinden, die durch uns Gott den Herrn hören, das Wort des Herrn angenommen, so dass Lüge und Unglaube schwinden, Hochmut und Ausschweifung aber überwunden werden, Beschimpfung und Zänkerei sich fortmachen.« Diesen Weg, der eine Abkehr sei von der »Sittenlosigkeit der Päpste«, möge Karl im ganzen Reich künftig nicht behindern. Dass Zwingli hierbei an den Falschen geriet – Karl V. blieb katholisch bis ins Mark, verbrachte die beiden letzten Jahre nach seiner Abdankung im Kloster –, nimmt der »Rechenschaft« nichts von ihrem Schwung, nichts von ihrer Ernsthaftigkeit.

In zwölf Punkten legt Zwingli seine Lehre dar, beginnend mit dem Gottesbild, endend mit dem Fegefeuer. In allen Punkten, schreibt er, werde er sich »der ganzen Kirche Christi überlassen, sofern diese nach der Vorschrift und der Eingebung des Wortes und Geistes Gottes entscheidet«. Genau dieser Vorbehalt ist es, der seine Bewegung einerseits als Reformbewegung kennzeichnet. Er will zurück zu den Wurzeln, zu dem, was in der Heiligen Schrift ausgesagt wird. Andererseits ist er kein Rationalist im Sinne des Thomas von Aquin. Dieser stand mit beiden Füßen auf dem Boden einer Tradition, die Zwingli prinzipiell in Frage stellt. In der alten Kirche war ein Gegensatz von Vernunft und Tradition undenkbar, Zwingli hingegen will namens der Vernunft viele Traditionen durchstreichen.

Wer aber kann verlässlich sagen, wo eine Auslegung der Bibel unter »Eingebung des Wortes und Geistes Gottes« geschieht, wo nicht? Im Zweifel entscheidet da das sich als sittlich lauter, gebildet und fromm verstehende Ich des Ulrich Zwingli. Im Zweifel ist tatsächlich er der Richter über seine Richter, die Instanz über den Instanzen. Denn wenn man mit Vernunft – so die Grundannahme Zwinglis – nicht gegen seine Thesen sein kann, dann spricht aus Zwingli unmittelbar jene gläubig gewordene Vernunft, die Luther skizzierte und die Zwingli nun Luther abspricht.

»Erstens also glaube und weiß ich«, »zweitens weiß ich«, »drittens weiß ich«, »viertens weiß ich«: So beginnen die einzelnen Absätze in »Fidei ratio«, ganz konventionell und hoch traditionell in der Kirchen- und Gelehrtensprache Latein verfasst. Auch hoch umstrittene Ansichten, wie jene, dass kein einziges Sakrament der Kirche heilsnotwendig sei, präsentiert Zwingli im Gestus des Unbezweifelbaren. Sein Glaube erscheint als Wissen. Darum lesen sich die Schriften Zwinglis sehr süffig, atmen sie den Geist einer Epoche, als noch alle Bildung gemessen wurde mit dem Zollstock des Glaubens. Zwingli urteilt und verurteilt, rechtet und rechnet ab. Er will die Streitpunkte »mit wenigen Worten sonnenklar machen: erstens, indem ich göttliche Aussprüche anführe, zweitens, indem ich mit den daraus genommenen Argumenten wie mit Sturmböcken gegen die Widersacher vorgehe, zuletzt, indem ich zeige, dass die alten Theologen unserer Meinung gewesen sind«. Mit der Bibel und den Kirchenvätern, Augustinus in erster Linie, sollten Luther und Papst sturmreif geschossen werden.

Zwingli schuf ein in sich beeindruckendes Lehrgebäude. Er wollte »alle Bereiche der Gesellschaft unter die souveräne Herrschaft Gottes bringen« (Stephens), besonders aber die mitunter in die Lasterhaftigkeit abgeglittene Kirche. Diese verstoße mit Ablasshandel, Papsttum, Reliquiendienst, Bilderverehrung und Sakramentenlehre gegen das Wort Gottes und gegen die, wie er es 1530 formulierte, »heilige, reine, ewige und unfehlbare Vernunft«. Der für seine eigenen Glaubensschlüsse ebendiese Unfehlbarkeit beanspruchende Zwingli argumentierte strikt rational. Das heißt, er nahm die für widerspruchsfrei gehaltene Bibel zum alleinigen Maßstab für ein ebenso die Ausschaltung von Widersprüchen anstrebendes Argumentieren.

Zum Beispiel: Luther warf Zwingli vor, dieser wende sich gegen die lutherische »Auffassung, Christi Leib und Blut seien im Brot und im Wein« anwesend, weil er, Zwingli, eine solche Auffassung »vernünftig betrachtet, absurd und deshalb verfehlt« finde. Zwingli erwiderte, ja, er lehne Luthers Abendmahlsverständnis ab – jedoch nicht, weil er »die menschliche Vernunft zum Maßstab« nehme und nach dieser beurteile, »was verfehlt sei und was nicht. [...] Wenn wir Luther gegenüber von einer verfehlten Auffassung reden, dann berufen wir uns nicht darauf, dass es vor der Logik der menschlichen Vernunft absurd sei, [...] sondern darauf, dass es sich aus der Sicht des Glaubens und der Heiligen Schrift um eine verfehlte Auffassung handelt.« Gottes Souveränität thronte für Zwingli über allem; wer Gottes Geist an Sakrament oder Wort binde, stelle das Heil unter die Verfügungsgewalt des Menschen. Nicht die Vernunft, sondern der aus der Heiligen Schrift sprechende Geist hat das letzte Wort. Theoretisch kann Luther diesen Satz unterschreiben, praktisch aber gelangt er (nicht nur in dieser Frage) zum gegenteiligen Ergebnis.

Dieser Zusammenhang kann nicht überraschen. Beide Reformatoren halten im Zweifel das Resultat des eigenen Studiums der Bibel für objektiv vernünftig und maximal bekenntnistreu. Im Zweifel trägt das Ich den Sieg davon über die abweichend ausgelegte Bibel. In den vielen reformatorischen Kirchen sind darum gegenteilige Praktiken anzutreffen, die sich jeweils strikt auf die Bibel berufen, etwa im Bereich der Frauenordination oder des Taufverständnisses. Radikaler als Luther nimmt Zwingli für sich in Anspruch, zu unumstößlichen Resultaten zu gelangen. So kam es, wie es kommen musste. Nach Zwingli standen andere auf, behielten die Methode, vertauschten die Absichten und sagten mit der Bibel in der Linken, dem Schwert in der Rechten: Hier stehe ich, allein, doch klug, und muss euch leider sagen, Tand ist die Bibel, Tand von Menschenhand, die Mutter aller Widersprüche, kein Glaube ist mehr möglich, so will es die Vernunft.

Wie schon Zwingli vergessen auch diese Zweifler zu sagen, dass die Vernunft letztlich nur die ihre, die so und nicht anders zugerichtete Vernunft ist. Die Vernunft trägt in sich die trügerische Verheißung, sie markiere das Ende, nicht den Anfang einer Debatte. So richtig es ist, dass jede Gewissheit immer wieder neu durch das Stahlbad des Zweifels hindurch muss – so falsch ist es, mit der Berufung auf die Vernunft ein unrevidierbares und objektives Urteil vorzugaukeln. Wahre Vernunft liefert Zwischenergebnisse, und diese sind sich ihrer subjektiven Herkunft bewusst. Wer das flüchtig und persönlich Erhaschte für der Weisheit allerletzten Schluss ausgibt, der redet pseudo-religiös, also rundherum unvernünftig. Darum sind im 21. Jahrhundert die Glaubenshasser die einzigen Dogmatiker, die noch stolz sind auf ihren Dogmatismus. Sie nennen ihn Vernunft.

Nur der Mensch, sprach Ulrich Zwingli, hat »die Vernunft als König und Lenker vorangesetzt«. Nur der Mensch kenne Gott, »jenen obersten Verstand«. Kein Kirchenvater, kein Papst, kein Luther widerspräche da. Doch derart triumphal dachte Zwingli von der bibelgestützten Vernunft (und also auch von sich), dass er mit ihr einen Bogen machen konnte um die Person Christi. »Göttlich nämlich«, wusste Zwingli, »ist alles, was wahr, heilsam und unfehlbar ist; denn einzig Gott ist wahrhaftig; wer also das Wahre spricht, spricht aus Gott.« Ein Christentum zwinglianischer Prägung ist darum – trotz aller Rede vom erlösungsnotwendigen Tod Jesu – in der Gefahr, den Schritt vom Glauben zur Weltfrömmigkeit zu vollziehen.

Zwingli selbst sah auch heidnische Helden, etwa Herkules und Theseus, im christlichen Himmel angelangt. Wenn dorthin aber, wie es in einem Karnevalsschlager heißt, »alle, alle, alle« kommen oder zumindest kommen können: Welchen besonderen Sinn hat ein Leben in der entschlossenen Nachfolge Jesu? Diese Frage vermochten offenbar reformierte Theologen nicht immer überzeugend zu beantworten. In deren Kerngebieten, der Schweiz und den Niederlanden, ist die Entchristlichung rascher fortgeschritten als in klassisch katholischen oder evangelischen Gegenden. Im Jahr 2020 sollen nur noch 28 Prozent der knapp 17 Millionen Holländer Kontakt zur Kirche haben. Mittelfristig, erklärte der Präses der niederländischen Protestantischen Kirche, werde es nur noch zwei relevante religiöse Gruppen geben, die römisch-katholische Kirche und den Islam. Der Endpunkt eines rationalistischen Glaubens kann dessen Auflösung sein.

Natürlich hätten Zwingli und Calvin die Verantwortung für eine solche Fernwirkung entrüstet von sich gewiesen. Dennoch scheint mir diese evident. Ein vermeintlich durch Liturgie, Bilderschmuck, Wallfahrten und die Sakramente veräußerlichter Glaube wird nicht wieder lebenskräftig, wenn man die Äußerlichkeiten ganz hinwegnimmt. Nein, die rabiate Leerung der Kirche, die Entschlackung der Theologie, das Messverbot entleerten den Glauben gleich mit. Das anspruchsvolle Programm des Zürcher Reformators, seine Bibelstudien und Bildungsangebote zehrten von einem Humus, den er selbst nicht wässerte: von einer dank der Volksfrömmigkeit breit verankerten Glaubensbereitschaft.

Das neue Programm war ein radikales Gedankenexperiment, ein spannender, durch und durch intellektualistischer Versuch, den einen Verstand über die guten wie schlechten Traditionen der Kirche zu stellen. Als dieser Menschenverstand auf dem Schlachtfeld zu Kappel sein Ende fand, gingen, langsam erst, dann immer rascher, die Kräfte des zerschneidenden Intellekts über in die Hände der Religionsverächter, der Alleszermalmer. Klüger wäre wohl gewesen, die Erscheinungsformen des vorreformatorischen Glaubens neu mit der Bibel zu erden, statt sie auszureißen und wegzuwerfen. Ein neuer Zugang wäre besser gewesen als ein neues Bekenntnis. Doch Leidenschaften lassen sich selten kanalisieren – und noch heute spricht die Leidenschaft aus jeder Zeile des so furchtlosen »Sturmbocks« aus Zürich.

Ein Lehrer räumt auf:
Reimarus und seine »Schutzschrift
für die vernünftigen Verehrer Gottes«

Wer einen Hang zum Pathetischen in sich spürt (wozu mir leider jedes Talent fehlt), der könnte kühn behaupten: Aus der blutgetränkten Erde bei Kappel erwuchsen die Agnostiker des 18. Jahrhunderts. Der innerschweizerische Religionskrieg schien einen doppelten Beweis erbracht zu haben. Auch im Herzen Europas waren die Christen offenbar bereit, sich gegenseitig um einer wahren Lehre willen (und aus politischer Ranküne) ins Jenseits zu schicken. Und die militärisch unterlegene, dank Zwinglis Nachfahren Heinrich Bullinger aber theologisch schließlich siegreiche Partei schien ganz aus jenem Holz geschnitzt, aus dem die Helden des Fortschritts gemacht sein müssen. Zwingli, nicht seine katholischen Gegner, hatte schließlich der Vernunft wieder Heimatrecht gegeben im Kernbezirk des Glaubens. War es also nicht dringend nötig, das unvollendete Werk fortzusetzen und mit der Vernunft über den Offenbarungsglauben hinauszugelangen? Wie hätte sie denn auszusehen, die rein vernünftige, praktische Religion, für die die Reformationszeit noch nicht reif war?

Dieser Aufgabe stellte sich ein Mann, der ganz lammfromme Sätze schreiben konnte. Der Mann, ein gebürtiger Hamburger, zweifelte nicht an der Notwendigkeit des Glaubens: »Wir werden durch die Vernunft getrieben, ein selbständiges, ewiges, notwendiges Wesen zu erkennen, dessen Vollkommenheiten [...] ohne Schranken oder unendlich sind und von dem alles, was einen Ursprung und Schranken hat, das ist alles in der Welt, abhanget. Die Vernunft treibt uns demnach, einen Gott zu erkennen.« Der Hamburger Gelehrte schrieb weiter, die Religion bringe »unsere sonst ausschweifenden Begierden in Ordnung, durch die Einsicht des Guten und Bösen«; sie mache uns »willig zur Tugend und liebreich gegen andere«, ja auch »für uns selbst zufrieden, ruhig und bei allen menschlichen Zufällen getrost«. Jesus von Nazareth habe eine »reine, erhabene und heilige Moral« gepredigt, eine Sittenlehre von »höchster Vollkommenheit des Gemüts, welche eine gesunde Vernunft ersinnen [...] kann«. Jesu Reden nennt er heilsam und herrlich. »Wollte Gott, wir könnten diesen Vorschriften in allen Stücken Folge leisten: so würden wir miteinander einig, friedlich, liebreich, fromm, gottesfürchtig und glückselig sein können.«

So schrieb und dachte ein Hamburger Gymnasiallehrer für Hebräisch und orientalische Sprachen, geboren 1694, gestorben 1768, beides ebenda. Sein Gegenspieler jedoch, als Hamburger Hauptpastor nicht minder belesen in den biblischen Schriften, urteilte schroff: »Früchte der Finsternis und der Bosheit« habe der schreibwütige Lehrer hinterlassen. Auf über zweitausend Seiten, in einem Hauptwerk und vielen Aufsätzen, hatte Hermann Samuel Reimarus von etwa 1735 an eine »vernünftige und natürliche Religion« entworfen. Heute berufen sich auf ihn jedoch österreichische Freidenker, die zum Wohl des Atheismus eine Zeitschrift namens »Jessasmaria« herausgeben. Reimarus habe mutig »Erkenntnisse der modernen kritischen Theologie« vorweggenommen. An dieser Einschätzung ist die Blickrichtung zwar falsch – Reimarus war ein Nachfahre des Celsus, eher Nostalgiker denn Avantgardist –, richtig aber die Traditionsreihe. Ganz offenbar liefert »moderne kritische Theologie«, wie alt sie auch sein mag, Ergebnisse, die dem Religionshass in die Hände spielen.

Ein Kupferstich zeigt Hermann Samuel Reimarus vor einer Bücherwand, ein Buch in Händen. Die weiße Perücke rahmt ein ovales Gesicht mit hoher Stirn und sehr langer, über dem Mund knollig verdickter Nase. Ohne Zweifel blicken wir in das Antlitz eines neugierigen, schlauen Menschen. Sein gewaltiges Opus magnum, die »Schutzschrift für die vernünftigen Verehrer Gottes«, nennt der Philosoph Hans Blumenberg ein »Meisterwerk der deutschen Aufklärung«. Reimarus' Sohn kennzeichnet den Vater als »ernsthaft und nachdenkend«. Die »Schutzschrift« sei einzig zu des Vaters »eigener Beruhigung« entstanden, »keineswegs wollte er den Glauben [...] anderer stören, auch wollte er nicht, dass sie bei seinem Leben bekannt werden sollte, sondern nur, dass sie etwa künftig, wenn die Welt zu einer vernünftigen Gottesverehrung vorbereitet wäre, andern gewissenhaften Selbstdenkern dienen möchte«. Auch im gegenteiligen Falle, so der Sohn, »wenn Schwärmer der Menschheit wieder in den Katholizismus zu stürzen drohen sollten«, könne dieses »Panier der Freiheit« nützlich sein.

Die samt und sonders vor den Augen der Öffentlichkeit geschützten Manuskriptseiten gelangten bald nach Reimarus' Tod auszugsweise in die Hände Gotthold Ephraim Lessings. Eine frühe Fassung der »Schutzschrift« überreichten die Kinder dem Wolfenbütteler Bibliothekar. Dieser veröffentlichte diverse Fragmente in rascher Folge zwischen Januar 1777 und Mai 1778 und löste so die gewaltigste theologische Debatte des 18. Jahrhunderts aus, den sogenannten Fragmentenstreit. Die Sache des verstorbenen Reimarus verfocht Lessing selbst, dessen »Meinung über Bibel und christliches Dogma« laut seinem Biographen Willi Jasper »nicht weniger radikal war als die von Reimarus«.

Die mächtigste Gegenstimme stammte von besagtem Hamburger Hauptpastor namens Johann Melchior Goeze. Lessing setzte ihm in der Gestalt des Patriarchen von Jerusalem ein unfreundliches Denkmal im zeitgleich entstandenen »Nathan dem Weisen«.

Reimarus, wir haben es gehört, wollte der Vernunft eine Schneise schlagen, mitten hinein ins Herz des christlichen Glaubens. Was verstand er unter Vernunft? Auskunft gibt eine Vorarbeit zur »Schutzschrift«, der Aufsatz »Was Vernunft und vernünftig sei«. Die Vernunft ist demnach »ein Vermögen oder eine Kraft des menschlichen Verstands, wodurch wir vornehmlich uns von den Tieren unterscheiden; das ist, wodurch wir der allgemeinen Begriffe und Wahrheiten, einer verständlichen Sprache, einer Freiheit, der Religion, der Gesetze und der Tugend fähig werden«. Auch für Reimarus bestand kein Zweifel: Freiheit und Religion sind beides Gebote der Vernunft und unterscheiden als solche den Menschen vom Tier.

Damit aber ist es für Reimarus nicht getan. Nun gelte es, einen vernünftigen Gebrauch von der Religion zu machen. Vernünftig sei es, zwei Regeln zu befolgen, die Regel des Widerspruchs und die Regel der Einstimmung. Erstere besage, ein Ding könne nicht zugleich sein Gegenteil, könne etwa nicht zugleich süß und sauer sein. Die zweite Regel besage, ein Ding »ist das, was es ist, oder ist mit sich selbst einerlei«. Vernunft bestehe »in nichts anderem als in der natürlichen Einsicht der Regeln des Widerspruchs und der Einstimmung«. Eine vernünftige Aussage darf ergo weder sich selbst widersprechen, noch darf sie gegen die Bedingungen ihrer eigenen Existenz verstoßen.

Da es dem Menschen unmöglich ist, alle Aussagen selbst zu

überprüfen, ist er auf den Glauben angewiesen. Interessanterweise definiert Reimarus den Glauben rein innerweltlich. »Weil wir Menschen weder alles selbst erfahren noch auch durch Wissenschaft und Schlüsse herausbringen können, so müssen wir den Glauben zu Hilfe nehmen, das ist, wir müssen unsern Beifall einem Satze darum geben, weil es ein anderer sagt, der die Wahrheit hat wissen können und sagen wollen.« Die Existenz Gottes, die Reimarus für erwiesen hält aufgrund der »Übereinstimmung, Ordnung, Schönheit« der Schöpfung, ist demnach keine Frage des Glaubens. Sie bleibt außen vor, jenseits des Glaubensgesprächs. Ganz ähnlich argumentiert fast zur selben Zeit der ungleich größere Glaubensverächter und Religionsspötter Voltaire. In dessen »Philosophischem Wörterbuch« von 1764 heißt es: »Es leuchtet mir ein, dass es ein notwendiges, ewiges, höchstes und vernunftbegabtes Wesen gibt, aber das hat nichts mit dem Glauben zu tun, das sagt mir die Vernunft.« Beide, Reimarus wie Voltaire, entkoppeln Schöpfung und Schöpfer, Vernunft und Glauben.

Vernünftig sind für Reimarus nicht überprüfbare Aussagen nur dann, wenn sie sich auf glaubwürdige Zeugen stützen können. Dabei schwinde die Glaubwürdigkeit »stufenweise nach Maßgabe der Entfernung der Örter oder Zeiten«. Je länger eine Begebenheit zurückliegt und je weiter entfernt sie sich zutrug, desto höhere Anforderungen seien an die Zeugen zu stellen. Die Formel könnte lauten, dass mit jedem Kilometer und jedem Jahr die Zahl der unbestechlichen Zeugen um den Faktor X zunehmen muss. Sonst kann es Reimarus nicht glauben. Die Zeugenfrage aber spreche leider gegen das Christentum. Reimarus denkt da in den Bahnen des Celsus, der verkündet hatte, der christlichen »Betrügerverbindung« mangele es an unvoreingenommenen Zeugen.

Lang ist die Liste der Einwände und Vorwürfe auch bei Reimarus. Wenig hat Bestand vor den »Schranken einer vernünftigen Verehrung Gottes« – von Christus ist die Rede nicht.

Jesus wird zwar ob seiner praktischen und allgemeinen Religion, der »Religion aller Menschen«, geschätzt; kein Gottessohn aber und kein Heiland sei er gewesen. »Sohn Gottes« meine nur, er rechne zu den »bei Gott besonders beliebten Personen«. Paulus erst habe den »verblümten Sinn des Ausdrucks« in einen buchstäblichen und so aus einem gottgefälligen Menschen einen Gott gemacht, »ganz und gar wild und wider alle Regel«.

Überhaupt stößt Reimarus der uneinheitliche, regellose Charakter der Bibel bitter auf. »Wie kommt es denn, da das allerweiseste und gütigste Wesen uns eine seligmachend Erkenntnis offenbaren wollte, dass die Heils-Lehren nicht auch so ordentlich, deutlich und bestimmt vorgetragen sind? Warum ist alles, was zu einerlei Glaubens-Lehren oder Lebens-Pflichten gehört, nicht an einem Orte zusammengestellt, sondern durcheinandergeworfen, zerrissen und zerstreut, dass man es aus so vielen Winkeln der Schrift erst mühsam aufsuchen [...] muss?« Reimarus' Sehnsucht nach deutscher Gründlichkeit und hanseatischer Systematik macht auch vor den Zehn Geboten nicht halt. Diese seien »kurz und unvollkommen«. Außerdem werden die »Beweisgründe [...] nicht vorangeschickt«. Hundert Paragraphen und noch mehr Fußnoten wären wohl eher nach dem Geschmack des Hamburger Gymnasiallehrers gewesen. Schade, dass Hermann Samuel Reimarus nicht dabei war am Sinai. Er hätte den Allgewaltigen in ein Gespräch verwickelt, das bis heute kein Ende fände.

Von welchem Standpunkt aus übt Reimarus teils hellsichtig, teils kindisch Kritik? Die viel beschworene Vernünftigkeit allein zwingt nicht zu solchen Skurrilitäten. An zwei Stellen seines Riesenwerks verplappert er sich. Einmal spricht er von der »körperlichen Maschine« des Menschen, ein andermal charakterisiert er Jesus, halbironisch, als Wissenschaftsflüchtling. Der Auferstandene habe die Menschen gemieden, »als wenn er sich der Wissenschaft der ganzen Welt in dem

Zustande hätte entziehen wollen«. Gemeint ist natürlich – ganz im Sinne Celsus' –, einzig klug wäre gewesen, vor möglichst vielen »fremden Zeugen« triumphal Einzug zu halten. Dies aber unterblieb. Reimarus gelangt zum grimmigen Fazit: Die Jünger müssen den Leichnam Jesu gestohlen haben. Schließlich sei »einen Körper, den man in seiner Macht und Verwahrung hat, woandershin bringen und verbergen eine natürliche Handlung: aber vom Tode auferstehen oder erweckt werden ist übernatürlich«, und »desto stärkere Beweise wird man billig von dem Übernatürlichen fordern, und wenn die nicht da sind, so bekommt die Wahrscheinlichkeit des Natürlichen ein unendliches Übergewicht«. Mangels ausreichender und zuverlässiger Zeugen sei die ganze Auferstehungsgeschichte »falsch und erdichtet«.

Die Wortwahl ist verräterisch. Für Reimarus sind Menschen zumindest inwendig Maschinen, und die bevorzugte Instanz, die über Wahrheit oder Lüge befinden kann, heißt Wissenschaft – daher die Formulierung, Jesus habe vor der »Wissenschaft der ganzen Welt« Reißaus genommen. Anders, als es Reimarus meint, stimmt der Satz. Der jesuanischen Botschaft gemäß ist der Mensch weit mehr als seine physischen Bestandteile, ja ereignet das Eigentliche, Individuelle sich im nichtkörperlichen, der Wissenschaft unzugänglichen Bereich, in der Seele. Und zweitens kann die Wissenschaft nicht prinzipiell über Wahrheit befinden, sondern nur über die Korrektheit eines Verfahrens: Die Wahrheit der Wissenschaft ist die Wahrheit ihrer Methoden; die Zwecke setzen andere Kräfte, gute wie böse. Die Kluft zwischen dem Jesus des Reimarus und dem Jesus des christlichen Glaubens ist somit die Kluft zwischen einem säkularen und einem gläubigen Weltzugang.

Vollends deutlich wird dieser Zusammenhang bei Reimarus' Kritik am Alten Testament. Streng wissenschaftlich soll die Unmöglichkeit des Zugs durchs Rote Meer erwiesen werden. Reimarus rechnet und schätzt und gelangt zu beeindruckenden Zahlen. Der Tross der Israeliten müsse aus drei Millionen Menschen, 900 000 Tieren, 60 000 Zelten und 10 000 Wagen bestanden haben. Seine Länge wären mindestens 490 000 Schritte gewesen. Der Zug hätte folglich selbst dann 73,5 Stunden gebraucht, sofern »lauter erwachsene Kerls und gute Fußgänger« und nicht auch »Krüppel, Lahme, Blinde« beteiligt gewesen wären; wohlgemerkt: 73,5 Stunden, »wenn die letzteren Reihen nur bis an die Fußstapfen der ersten Reihe kommen sollen«. Insgesamt seien »drei oder vier Meilen« zurückzulegen, noch dazu auf dem Meeresgrund, wo »der Boden mit vielem Moose, Schilf und Grünigkeiten bedeckt ist«. Was aber behauptet der Chronist der Bibel? In einer einzigen Nachtwache, in drei bis vier Stunden, seien die Israeliten ans andere Ufer gelangt.

Für Reimarus handelt es sich um einen klaren Verstoß gegen die »Regel der Einstimmung«. Dieses Wunder kann nicht »mit sich selbst bestehen«. Das Urteil ist folgerichtig entwickelt aus dem Gerüst seiner Bedingungen. Die, wie Gerhard Freund feststellte, für Reimarus typische »Affinität der Versuchsanordnung zur experimentellen Naturwissenschaft« kann nur ein Ja oder Nein als Ergebnis liefern, ein Richtig oder Falsch.

Und da die Frage lautete, ob Menschen schnell genug auf dem Meeresboden laufen können, um die Strecke s in der Zeitspanne t zurückzulegen, kann die Erzählung nicht bestehen.

Über die Wahrheit des Ereignisses ist damit aber nichts entschieden. Reimarus' vernünftiger Glaube sondert das Nicht-Messbare, das Wundersame, die vielleicht bewusst widervernünftige Intervention höherer Mächte aus. Deshalb sind ihm auch Jesu diskretere Wunder »zweideutig und verdächtig« – »ein einziges überzeugliches Wunder zum Beweise seiner Sendung vor dem Hohen Rat [...] wäre genug gewesen, dem Unglauben zu wehren«; deshalb ist die Auferstehung ihm ein

Leichenraub, ist Moses ein mit allen ägyptischen Wassern gewaschener Feuerwerkskünstler. Am Sinai zündelte der Ahnherr, um seiner »unstatthaften Erdichtung«, den Zehn Geboten, Nachdruck zu verleihen. Im Exil hatte Moses von Magiern gelernt, wie man ordentlich Krach macht und Feuer.

Voltaire liebt die Aufklärung und verachtet die Juden

Reimarus notiert die Enttarnung von Donner, Blitz und Wolke sehr kühl. Ihn wundert es nicht, dass Moses zu billigen Tricks griff. Der Patriarch kannte eben seine Pappenheimer, die Juden, laut Reimarus »die lasterhaftesten Leute und ärgsten Bösewichter«, leichtgläubig obendrein, »durch lauter Schandtaten und Bosheiten bezeichnet«. Der ganze Wunderglaube konnte nur »bei einem noch überaus dummen und abergläubischen Volke Eingang und Glauben finden«. Dass die Juden »noch dumm« gewesen seien, ist ein aufklärerisches Klischee allererster Güte: Stets muss der Brachialaufklärer die Vergangenheit als unaufgeklärt, dumm brandmarken, um den Geist der eigenen Zeit (und die eigene intellektuelle Leistung) pompös davon abheben zu können. Wahre Aufklärung hingegen wäre nicht blind für die Folgerung eines solchen Aktualitätsdünkels: die fortwährende Tilgung der eigenen Erkenntnisse, die eben morgen selbst in die vermeintlich finstere Vergangenheit abgleiten. Wahr bleibt leider immer: Morgen ist heute schon gestern.

Derlei Selbstrelativierung ist nicht Reimarus' Sache. Ich kann seine Wut verstehen auf eine lutherische Orthodoxie, die jeden Zweifel als Gotteslästerung empfand. Ich kann ihm nur zustimmen, wenn er mahnt, »harter Zwang schafft dem Christentum keinen Vorteil«, wenn er alle Religion und alle

Sittlichkeit auf Vernunft gegründet sehen will. Aber leider ist die Verbindung von Aufklärungspathos und Judenhass nicht zufällig. Reimarus steht in einer unguten Tradition, wenn er immer und immer wieder die »Bosheit des israelitischen Volkes« herausstellt. Selbst die, wie er meint, posthume Umdeutung Jesu vom Propheten zum Messias rechnet er einem »falschen jüdischen Wahn« zu. Die düstere Traditionslinie ist die Nachtseite der Aufklärung. Sie führt von Celsus über Reimarus, Voltaire und Schiller hin zum »Spiegel« von Weihnachten 2006. Eine Zwischenstation markiert der Rassenhass mancher nationalsozialistischer Vordenker, die ihre verbrecherische Bewegung als Speerspitze wissenschaftlicher Aufklärung verstanden – man denke etwa an die »Judenforschung« im Dritten Reich.

Voltaire hielt sein Bekenntnis zum »notwendigen, ewigen, höchsten und vernunftbegabten Wesen« nicht davon ab, derb gegen das Judentum (wie auch gegen den Islam) zu Felde zu ziehen. Die noch heute idealisierte »Sonne der Aufklärung« aus Paris warf tiefe Schatten auf das Volk des alten Bundes. Den Juden unterstellte Voltaire Kannibalismus und Aberglauben, ihre Sprache sei ein bloßes Plagiat, ihre Leidenschaft für Massaker legendär. Sie trügen keine Unterwäsche und nähmen keine Bäder. Die Literaturwissenschaftlerin Gudrun Hentges resümiert: »Unterhalb der Ebene seines Eintretens gegen das Verbrennen der Juden auf dem Scheiterhaufen der Inquisition eröffnet sich ein ganzes Panorama der Judenfeindschaft. [...] Seine Bibelrezeption ist darauf ausgerichtet, das angeblich Verachtenswerte der Hebräer/Israeliten/Juden in den Vordergrund zu stellen. [...] Voltaire hat dazu beigetragen, dass sich die rassistische Rhetorik aus der religiösen herauszuschälen begann.« Der bis heute wegen seines Einsatzes gegen Knechtungen jedweder Art hochgeschätzte Philosoph konnte es den Juden nicht verzeihen, dass sie die Herrschaft der Philosophie verschmähten. »Die Philosophie«, schreibt er,

»bewirkt die Ruhe der Seele« und »läutert die Sitten der Menschen«. Religion hingegen sei die Vorstufe zum Fanatismus. Glaube bedeute, »dass man glaubt, was dem Verstand falsch erscheint«. Seltsam nur, dass Voltaire dann alle Ruhe fahren ließ und recht ungeläutert auf die Juden eindrosch. Sie hatten es gewagt, an ihren Riten und Traditionen festzuhalten, und so den philosophischen Kopf arg gekränkt.

Darum ist es kein Wunder, dass auch in der Enzyklopädie der Herren Diderot und d'Alembert von 1751 an, diesem »Manifest des menschlichen Fortschritts auf allen Gebieten« (Hentges), die Juden an den Rand der Menschheitsfamilie gedrängt werden. Diderot, nicht minder gut beleumundet wie Voltaire, erklärt im Artikel »Judentum«: Selbiges zu bekämpfen sei im Namen der Aufklärung erforderlich. Das Judentum lehre nämlich blinden Respekt gegenüber Autorität und Tradition, verquicke undurchdringlich Vernunft und Offenbarung; kurz gefasst: es entspreche nicht den Anforderungen an eine aufgeklärte Weltanschauung.

Dass ausgerechnet die Protagonisten einer Denkrichtung, die mit Bildung die Unvernunft besiegen wollte, derart töricht faseln, ist traurig, aber unvermeidlich. Hier, am Judentum, prallten all ihre Appelle an die Einheit des Glaubens, die Einheit der Vernunft, die Einheit der Umgangsformen ab. Der bereits von Celsus und heute von Dawkins gescholtene jüdische »Separatismus« war der größte anzunehmende Angriff auf die Alternativlosigkeit des säkularen Denkens. Darum endete hier die Toleranz der Rationalisten. Im Gewand der Aufklärung kehrten die trübsinnigsten Ressentiments des Erzfeindes wider, der Kirche. Reimarus kann sich seitenlang auslassen über ein »so halsstarrig verkehrtes Volk« und im nächsten Atemzug den »ungehinderten Gebrauch der gesunden Vernunft und ihrer Regeln« einklagen. Er sah da keinen Widerspruch. Das Ende des Judentums wäre in dieser Sicht ein Sieg der Vernunft über den Aberglauben.

Einen weiteren Verstoß gegen die »Regel des Widerspruchs« übersah Regelfreund Reimarus. Wie allen Aufklärern ist ihm die Erbsünde ein Dorn im Auge. Weil er im Gegensatz zu Zwingli nicht an Christus glaubt, kann er nicht wie jener lapidar aussprechen: »Die Erbsünde ist durch Christus gesühnt worden.« Reimarus erhitzt sich: »Wie kann eine Sünde erblich werden? Wie können wir alle in Adam gesündigt haben? Das wirft allen Begriff von einer Sünde über den Haufen, sofern sie eine willkürliche Handlung wider das Gesetz ist und unser Wille doch im Adam nicht gesteckt hat. [...] Die natürliche Vorstellung ist, [...] dass der Mensch [...] in der Vernunft ein vorzügliches Vermögen bekommen hat, durch dessen richtigen Gebrauch er [...] viel Böses verhüten und eine höhere Vollkommenheit und Glückseligkeit erwerben kann.« Man müsse sich fragen, »was hat denn doch die einzige Vernunft bei den Herren Theologis verschuldet, dass sie bei Adams Nachkommen von Natur verdorben sein soll?«

Etwa 135 Jahre nach Reimarus gelangt Gilbert Keith Chesterton zu einer anderen Deutung. Bei ihm verdirbt die Sünde nicht die Vernunft, sondern die Seele. Reimarus glaubt an die geistige Vervollkommnung des Menschen, Chesterton an dessen seelische Verführbarkeit. Chesterton ist Realist und ergo skeptisch, Reimarus ist Aufklärer und ergo schwärmerisch. Chesterton schrieb 1905, das Dogma von der Erbsünde »könnte zusätzlich das Dogma von der Gleichheit der Menschen heißen. Das Wesentliche daran ist einfach dies: Alle elementaren und folgenschweren moralischen Gefahren, die jeden Beliebigen bedrohen, bedrohen alle Menschen. Alle Menschen können Verbrecher sein, wenn sie in Versuchung geraten; alle können Helden sein, wenn ihnen die Erleuchtung zuteil wird.«

Reimarus kann eine solche Weiterung ins Menschenfreundliche, ja Demokratische nicht denken. Für ihn definiert sich der Mensch als Intellektwesen in Abgrenzung zu anderen; Schuld und Sünde sind individuelle Taten des Verstands. Chesterton sieht im Sündenfall hingegen das die Menschheit seelisch einende Band.

Obwohl er Erbsünde und Erbschuld doch kategorisch ablehnt, konstruiert Reimarus gewaltige Schicksalsketten – und darin liegt ein Verstoß gegen seine eigene »Regel des Widerspruchs«. Er wehrt sich gegen die Zumutung, die Menschenvernunft könnte von Beginn an verdorben sein. Faktisch aber unterstellt er einen solchen Geburtsfehler den Juden und den strenggläubigen Christen. Beide Gruppen haben laut Reimarus aus ihrer Geschichte nichts gelernt, blieben unvernünftig bis auf den heutigen Tag. Den Urchristen traut er jede Schandtat zu, von der Lüge bis zum Leichenraub, ewig währt sein »großer Verdacht gegen die Aufrichtigkeit der Apostel«. Schon alle Handlungen Abrahams gingen »ja dahin, sich einen bessern Wohnsitz und Reichtümer zu erwerben«. Er zog nach Ägypten, wo er beides sich »durch Lügen, Betrug und schändliches Gewerbe« verschaffte. Moses, ein machtgieriger Lügenbold, tut es ihm gleich: Er fingiert ein Gespräch mit Gott, etabliert daraufhin neue Kulte, einzig »zu der Priester Vorteil und Wohlleben«. Sein Bruder Aron, ein Priester, sollte von Moses' Eingebungen profitieren.

Reimarus glaubt an das Gute im Menschen, nämlich die Vernunft, hält aber das Personal des Alten und Neuen Testaments für fast ausnahmslos böse, tückisch, dumm. Die schlimmsten Absichten verstehen sich da von selbst, die guten müssen umständlich begründet werden. Die Niedertracht ist die Regel, die Lauterkeit die Ausnahme. Die Vernunftsvermutung gilt für Autoren und Protagonisten der Bibel nicht. Wie geht das zusammen? Gar nicht geht das zusammen. Der wunde Punkt an Reimarus' bienenfleißiger Gesamtschau ist diese Inkongruenz. Das Menschenbild, das er seinen Ausführungen als unveränderlich zugrunde legt, ist das Gegenteil jenes Menschenbildes, das er beschreibt. Er geht von einem immer schon vernunftgeleiteten Wesen namens Homo sapiens aus, sieht sich aber umstellt von der blanken Unvernunft. Wenn die Menschen wirklich so gemein und töricht sind, wie er sie anhand der Bibel vorführt, dann muss die Erbsünde ein Faktum sein, dann ist die Erde längst ein Fegefeuer. Wenn das Gegenteil wahr ist und die Menschen wirklich so redlich und so weise sind, wie er selbst sich in seinen Schriften präsentiert, dann muss die Erde übermorgen zum Paradies werden.

Darf man den Glauben kritisieren? Lessing und der Fragmentenstreit

Man braucht wenig Phantasie, um sich die Tumulte auszumalen, die Lessing mit den, wie er sie bezeichnete,»Fragmenten eines Ungenannten« hervorrief. Reimarus' Absage an eine »Religion, die auf Facta, und zwar solche, die in einem Winkel des Erdbodens geschehen sein sollen, gegründet ist«, war ein Totalangriff auf das Christentum. Der Jesus, zu dem Reimarus sich bekannte, war – ähnlich wie bei Voltaire – ein »Lehrer aller Menschen«, sein Gott – ähnlich wie bei Giordano Bruno – ein unpersönlicher Geist, »eine Seele der Welt«. Keine Wunder ließ er gelten, keine Auferstehung, keine Trinität. Mit einem Wort: Reimarus wäre der perfekte Talkshow-Gast zum Thema »Wie ich einen neuen Glauben fand«. Er würde Everybody's Darling im Reich der bunten Bilder, vielleicht gar Referent für Weltreligionen in einer norddeutschen Landeskirche oder einem mitteldeutschen Bistum.

In seinem »Buch der Ketzer« kennzeichnet Walter Nigg Lessing als eine »ausgeprägte Häretikergestalt der Neuzeit«. Dennoch sei Lessings »Toleranz aus dem Glauben und nicht aus einer Indifferenz heraus gesprochen«. Daran aber zweifelte Widerpart Johann Melchior Goeze aus Hamburg. Er attackierte in zahlreichen Aufsätzen, die ebenso viele, ebenso Mal um Mal schärfere Repliken nach sich zogen, den »Pflegevater der Fragmente«. Seine vermeintlich schärfste Waffe wäre heute stumpf. Goeze witterte Staatsverrat: »Man wird über die närrischen Einfälle eines Witzlings lachen: und ich lache auch über ihn; allein fehlt es denn in der Geschichte an Beispielen, dass der Same der Rebellion, wenn er auch durch die Hände eines Gecken ausgestreut worden, Wurzel geschlagen und verderbliche Früchte getragen hat?« Lasse man Lessing und dessen mehrdeutiger »Theaterlogik« freien Lauf, könnten bald »auch Offizier und Soldaten von einem Brutussinne angesteckt werden«. Goeze fragt sein Publikum rhetorisch, ob »nicht mit der Ehrerbietung gegen die Heilige Schrift und Religion auch zugleich die Bereitwilligkeit, ihren Oberherren den schuldigen Gehorsam zu leisten, und der Abscheu gegen Rebellion in ihren Herzen ausgelöscht werden«. Um dem »unsinnigen Unfuge ein Ende zu machen«, ruft Goeze nach Zensur. Diese beendet dann in Gestalt des Braunschweiger Herzogs nach gut anderthalb Jahren im Herbst 1778 den Schlagabtausch.

Lessing hatte noch 1753 in »Das Christentum der Vernunft« die Dreieinigkeit verteidigt. In »Wie die Alten den Tod gebildet« von 1769 kritisierte er dann den Sünden- und Jenseitsbegriff des Christentums. Zeitlich dazwischen lag »Über die Entstehung der geoffenbarten Religion«. Dort lobt er bereits die natürliche zu Lasten der positiven Religion. »Die *beste* geoffenbarte oder positive Religion« sei jene, »welche die wenigsten konventionellen Zusätze zur natürlichen Religion enthält, die guten Wirkungen der natürlichen Religion am wenigsten einschränkt«. Das heißt: Jeder Mensch trägt in sich von Natur aus die Fähigkeit und das Bedürfnis, »einen Gott zu erkennen, sich die würdigsten Begriffe von ihm zu machen, auf diese würdigsten Begriffe bei allen unsern Handlungen und Gedanken Rücksicht zu nehmen«. Dieses naturgegebene Empfinden muss sodann eine spezifische Form finden, und allein zu diesem Zweck treten Religionsstifter auf den Plan. Folglich seien »alle positiven und geoffenbarten Religionen gleich wahr und gleich falsch«; sie sind eben die jeweiligen Einkleidungen, Aktualisierungen, Anpassungen der einzig unveränderlichen »natürlichen Religion«. Mit diesem Schluss wäre Reimarus, der 1754 seinerseits »Die vornehmsten Wahrheiten der natürlichen Religion« darlegte, sehr einverstanden – und nicht minder die Mehrzahl der Heutigen, die in Lessings »Ringparabel« ihr Sehnen nach der einen Weltreligion ausgedrückt meinen.

Den fünf zum Auftakt im Januar 1777 en bloc veröffentlichten Fragmenten fügte Lessing die »Gegensätze des Herausgebers« bei. Es handelt sich dabei um die ersten 53 Paragraphen seiner Ende April 1780 gewissermaßen als Fazit komplett veröffentlichten Schrift »Die Erziehung des Menschengeschlechts«. Den größten Raum nimmt die Entwicklung des jüdischen Monotheismus ein. Im babylonischen Exil hätten die Juden »in ihrem Jehova nicht bloß den größten aller Nationalgötter, sondern Gott« erkannt. Als solchen fanden sie ihn in »ihren wieder hervorgesuchten heiligen Schriften«. Zurück in der Heimat, erschienen nach geraumer Zeit jedoch die alten Schriften wie ein »Elementarbuch sowohl für Kinder als für ein kindisches Volk. [...] Aber jedes Elementarbuch ist nur für ein gewisses Alter. Das ihm entwachsene Kind länger, als die Meinung gewesen, dabei zu verweilen, ist schädlich. Ein bessrer Pädagog muss kommen und dem Kinde das erschöpfte Elementarbuch aus den Händen reißen. – Christus kam.«

Auf die harsche Kritik Reimarus' am jüdischen Volk ging Lessing nicht direkt ein. Klar wurde immerhin, dass er dessen Polemik nicht teilt. Immerhin behandelten die Fragmente u. a. den »Durchgang der Israeliten durchs Rote Meer« und postulierten, »dass die Bücher des Alten Testaments nicht geschrieben worden, eine Religion zu offenbaren«. Im Dezember 1777 wandte sich Goeze erstmals gegen Lessing, im Januar 1778 ein zweites Mal. Nun erst, im März 1778, schoss Lessing zurück: mit einer Parabel und einem Gleichnis. Zudem erklärte der »Aufseher von Bücherschätzen«, er habe nur pflichtschuldig neue Archivfunde der Öffentlichkeit präsentiert – was durchaus geflunkert ist, denn schon 1769 hatte er die »Schutzschrift« von Reimarus' Kindern persönlich erhalten.

Bibliothekar Lessing fährt fort, er wolle von Goeze nicht »als der Mann verschrien werden, der es mit der Lutherischen Kirche weniger gut meinet als Sie«. Er verwahrt sich gegen »jede pflichtschuldige Pastoralverhetzung der weltlichen Obrigkeit, womit Sie gegen mich von nun an Ihre freiwilligen Beiträge spicken und würzen werden«, und bekundet, er könne »Ihren Stolz« nicht aushalten, »der einem Jeden Vernunft und Gelehrsamkeit abspricht, welcher Vernunft und Gelehrsamkeit anders braucht als Sie«. Der von Goeze so übel angegangene »Ungenannte«, Reimarus, sei und bleibe »*des* Gewichts, dass in aller Art von Gelehrsamkeit sieben *Goeze* nicht ein Siebenteil von ihm aufzuwägen vermögend sind«.

Lessings Aufschrei mündet in ein protestantisches Gebet: »Luther, du! Großer, verkannter Mann! Und von niemandem mehr verkannt als von den kurzsichtigen Starrköpfen, die, deine Pantoffeln in der Hand, den von dir gebahnten Weg, schreiend, aber gleichgültig daherschlendern! Du hast uns von dem Joche der Tradition erlöset: wer erlöset uns von dem unerträglichern Joche des Buchstabens! Wer bringt uns endlich ein Christentum, wie du es *itzt* lehren würdest; wie es Christus selbst lehren würde! Wer?« Goeze also, für den die gesamte Bibel unhinterfragbar gilt, sie nicht in historisch erwiesene, umstrittene und widerlegte Bereiche unterteilt werden kann, Goeze also verleugne die lutherische Freiheit eines Christenmenschen und verleumde Lessing. Darum greift der Bibliothekar zu Parabel und Gleichnis.

Lessings Gleichnis handelt von einem »Fuhrmann, der in einem grundlosen Wege mit seinem schwerbeladenen Wagen festgefahren, nach mancherlei vergeblichen Versuchen, sich loszuarbeiten, endlich sagt, *so muss ich abladen:* wäre es billig, aus dieser seiner Rede zu schließen, dass er gern abladen *wollen*, dass er mit Fleiß die schwächsten, mürbesten Stränge vorgebunden, um mit guter Art abladen zu dürfen? Wäre der Befrachter nicht ungerecht, der aus diesem Grunde die Vergütung alles Schadens [...], an welchem eben sowohl der Einpacker Schuld könnte gehabt haben, von dem Fuhrmanne verlangen wollte? Dieser Fuhrmann bin ich: dieser Befrachter sind Sie, ehrwürdiger Mann. Ich habe gesagt, *wenn* man auch nicht im Stande sein sollte, alle die Einwürfe zu heben, welche die Vernunft gegen die *Bibel* zu machen so geschäftig ist: so bliebe dennoch die *Religion* in den Herzen derjenigen Christen unverrückt und unverkümmert, welche ein inneres Gefühl von den wesentlichen Wahrheiten derselben erlangt haben.«

Lessing will nicht gescholten werden dafür, dass er mit Reimarus den Einwänden Raum gab, die die Vernunft gegenüber der Religion vorbringen kann. Er will nicht als ungläubiger Mann gebrandmarkt werden. Schließlich halte er den Kern aller positiven Religion, den Kern auch des Christentums folglich, die universale natürliche Religion, für immun gegen solche Einwände. Das »innere Gefühl von den wesentlichen Wahrheiten« werde nicht tangiert, wenn man sich von bestimmten Glaubenssätzen verabschiede. Damit aber kann Lessing Goeze nicht beeindrucken, im Gegenteil. Goeze läuft Sturm gegen die von Lessing bereits in »Über die Entstehung der geoffenbarten Religion« favorisierten »inneren Wahrheiten«. Für ihn liegt die ganze Wahrheit in der ganz wahren Bibel – und nicht im Gefühl des Glaubenden.

Die Parabel, ebenfalls für Goeze geschrieben, klingt märchenhaft. In ihr ist die Rede vom »weisen tätigen König eines großen großen Reiches«. Dort gibt der königliche Palast Rätsel auf. Er hat vollkommen unterschiedliche Fenster und viele Türen. Niemand versteht die Architektur. Man hielte ein einziges großes Tor und ebenmäßige Fenster für angemessen, »denn dass durch die mehreren kleinen Eingänge ein jeder, der in den Palast gerufen würde, auf dem kürzesten und unfehlbarsten Wege gerade dahin gelangen solle, wo man seiner bedürfe, wollte den wenigsten zu Sinne«. Das Rätsel des Palasts lösen zu können, sind sich jedoch viele gewiss. »Man glaubte nämlich, verschiedne alte Grundrisse zu haben, die sich von den ersten Baumeistern des Palastes herschreiben sollten.« Streit aber herrscht unter den Grundrissbesitzern. Jeder übersetzt den verschlüsselten Ur-Bauplan anders. Als der Palast eines Tages brennt, rennen stolze Männer mit ihren Grundrissen auf die Straße, »wo, anstatt dem Palaste zu Hülfe zu eilen, einer dem andern es vorher in seinem Grundrisse zeigen wollte, wo der Palast vermutlich brenne«. Der Palast wäre so abgebrannt – hätte das vermeintliche Feuer sich nicht als Nordlicht herausgestellt.

Der Palast steht für den einen Glauben, zu dem es viele Zugänge gibt. Die keifenden Grundrissbesitzer sind die verschiedenen Glaubenseiferer, Goeze und Konsorten. Die Avantgarde vom Schlage eines Reimarus oder Lessing ist die kleine Minderheit, die sagt: »Was gehen uns eure Grundrisse an? Dieser oder ein andrer: sie sind uns alle gleich. Genug, dass wir jeden Augenblick erfahren, dass die gütigste Weisheit den ganzen Palast erfüllet und dass sich aus ihm nichts als Schönheit und Ordnung und Wohlstand auf das ganze Land verbreitet.« Die Formulierung finden wir fast identisch bei Reimarus. Der »Ungenannte« glaubt an einen Gott als Weltseele, weil eben die Welt so voller »Übereinstimmung, Ordnung, Schönheit« sei.

Theologen rechnen deshalb beide den Deisten zu. Eine Schöpfung durch eine höhere Macht erkennen die Deisten an, aber seither schlummert das körperlose göttliche Wesen. Der französische Aphoristiker und Landedelmann Louis de Bonald (1754–1840) schreibt: »Ein Deist ist ein Mann, der während seiner kurzen Lebenszeit keine Zeit findet, um Atheist zu werden.« Voltaire war an guten Tagen ein Deist, ebenso sind es die Freimaurer in ihrem Bekenntnis zum »Allmächtigen Baumeister aller Welten«. Und dem Freimaurertum, dem Hans Küng so außerordentlich zugetan ist, setzte wiederum Lessing anno 1778 während des Fragmentenstreits ein Denkmal: in den fiktiven Gesprächen des Freimaurers Falk mit Herrn Ernst. Freimaurer sind laut Falk »Männer, die dem Vorurteile ihrer angebornen Religion nicht unterlägen; nicht glaubten, dass alles notwendig gut und wahr sein müsse, was sie für gut und wahr erkennen«. Das »gemeinschaftliche Gefühl sympathisierender Geister« lasse die Freimaurerei gedeihen, zum Wohle der Menschheit, denn Freimaurer »haben alles Gute getan, was noch in der Welt ist – merke wohl: in der Welt! Und fahren fort, an all dem Guten zu arbeiten, was noch in der Welt werden wird – merke wohl: in der Welt!«

Das Trennende abschleifen, die Unterschiede hinwegargumentieren, gemeinsam der Zukunft entgegen: Noch heute hat dieser Refrain seinen Reiz, wenn er auch jeglichen Wagemut eingebüßt hat, mit dem Reimarus und Lessing für ihre Positionen kämpfen mussten. Ein erfrischender Kampf war die Kontroverse allemal. Nicht nur Thomas Mann schwärmt von Lessings elfteiligem »Anti-Goeze« als einem Höhepunkt deutscher Publizistik. So schwungvoll, beißend, treffsicher wurden davor nicht und danach nur höchst selten die Klingen gekreuzt. Geradezu jovial begann Lessing mit dem ersten der elf Stücke Anfang April 1778: *»Lieber Herr Pastor,* poltern Sie doch nicht so in den Tag hinein: ich bitte Sie.« Munter setzte er nach: »Herr Pastor, wenn Sie es dahin bringen, dass unsere Lutherschen Pastores unsere Päpste werden; – dass diese uns vorschreiben können, wo wir aufhören sollen, in der Schrift zu forschen; – dass diese unserem Forschen [...] Schranken setzen dürfen: so bin ich der Erste, der die Päpstchen wieder mit dem Papste vertauscht.« Für erwiesen hält Lessing die Unangemessenheit sämtlicher Kritikpunkte: »Die Vorteile, welche die Religion *objektiv* aus den Zweifeln und Einwürfen ziehet, mit welchen die noch unterjochte Vernunft gegen sie angeht, sind so wesentlich und groß, dass aller *subjektive* Nachteil, der [...] daraus entstehe, in keine Betrachtung zu kommen verdienet.« Gestärkt, nicht geschwächt sieht Lessing die Religion durch Reimarus' radikale Bibelkritik.

Hatte der tapfere Pfarrer überhaupt eine Chance? Lessing wird zu Recht die abschließende Verkörperung der deutschen Aufklärung genannt, voll »männlicher Sicherheit, freier Heiterkeit und Klarheit, streitbarer Versöhnlichkeit [...], dazu eine unerschöpfliche Vitalität und geistige Sprungbereitschaft, eine hinreißende Jungenhaftigkeit« (Alexander Rüstow). Mit alldem konnte Johann Melchior Goeze, der um zwölf Jahre Ältere, kaum dienen. Doch er schlug sich wacker. Obwohl er, so der Historiker Klaus Epstein, »bar jeden Humors und jeder Distanz [...] sich für den Wachhund der deutschen Religion hielt«, spreche für Goezes Position »viel mehr, als die späten Erben der Aufklärung und die zahllosen Verehrer Lessings wahrhaben wollen«.

Klug und tief empfunden ist Goezes Einwand gegen die Relativierbarkeit sämtlicher Religion zugunsten der jeweils praktizierten Moral – der Einwand also gegen die »Ringparabel«: »Heiden, Juden und Türken«, wusste Reimarus, »beschämen oft manche Christen, aber keine *wahren* Christen.« Ein Christ sollte in der Tat durchdrungen sein von der Bereitschaft, dem Vorbild Jesu jeden Tag besser nachzufolgen. Dass aufrechte oder fromme oder menschenfreundliche Nichtchristen keine schlechteren Menschen sind, versteht sich von selbst; dass Christen aber mit der Botschaft von Altem und Neuem Testament einen einzigen, einen unüberbietbaren

Schatz ihr Eigen nennen, darf für Christen nicht zur Debatte stehen. Genau darüber aber will Lessing debattieren, und genau deshalb stellt Goeze ihm die entscheidende Frage: Sind Sie ein Christ?

Lessing weicht aus. Er macht sich den Umstand zunutze, dass Goeze ihn fragte, »was für eine Religion er durch die christliche Religion verstehe und was für eine Religion er selbst als die wahre erkenne und annehme«. Lessing erklärt knapp, unter christlicher Religion verstehe er die christlichen Glaubenslehren der ersten vier Jahrhunderte. Seine Einstellung hierzu teilt er nicht mit; und was eine »wahre Religion« sei, veranlasst ihn zu keiner Erwiderung. Das Schweigen kann nicht überraschen, lehnt er doch Wahrheit als Kategorie einer bestimmten, historisch gewachsenen und insofern positiven Religion ab. Diese Unangleichbarkeit – hier Goezes Wahrheit der Bibel, dort Lessings innere, auf der natürlichen Religion fußende Wahrheit – machte den Streit zunehmend fruchtlos.

In einer sehr bekannten Passage schreibt Lessing: »Nicht die Wahrheit, in deren Besitz irgendein Mensch ist oder zu sein vermeinet, sondern die aufrichtige Mühe, die er angewandt hat, hinter die Wahrheit zu kommen, macht den Wert des Menschen.« Hielte Gott in der einen Hand die Wahrheit, in der anderen den »einzigen immer regen Trieb nach Wahrheit«, so entschied sich Lessing für den Wahrheitstrieb mit den Worten: »Vater, gib! Die reine Wahrheit ist ja doch nur für dich allein.« Diese Moral erinnert ein wenig an das Goethesche »Wer immer strebend sich bemüht ...«, und sie erinnert sehr an die Indifferenz unserer Tage gegenüber den letzten Fragen, ja gegenüber fast allem, was das Tagesgeschäft übersteigt. Nobel klingt Lessings Moral, tolerant und aufgeklärt – und das war sie auch, als sie 1778 ausgesprochen wurde, doch das ist sie längst nicht mehr. Kaum eine anspruchslosere, bequemere Weise ist denkbar, sich aus den Anforderungen der

Gegenwart herauszustehlen, als der wohlfeile Hinweis: Tja, es gebe nun einmal keine letzten Gewissheiten; was gut oder böse, falsch oder wahr sei, müsse jeder für sich selbst beantworten.

Goeze erscheint vor diesem Hintergrund als damals unzeitgemäßer, aber sehr hellsichtiger Widerpart. Nicht sein humorloser Ruf nach der Obrigkeit, nicht sein »völliger Mangel an Selbstkritik« (Klaus Epstein), nicht sein »blinder Stolz« (Gerhard Freund) bürgen dafür – wohl aber diese Sätze in Richtung Lessing: »Was kann ungereimter und widersprechender sein als dieser Satz: ›Unsere immer wachsende Vollkommenheit besteht in Erweiterung unserer Kräfte‹? Wozu sind uns diese Kräfte verliehen? [...] Sie sollen Mittel sein, den uns vorgesteckten Zweck zu erreichen. Welches ist dieser Zweck? Die Erlangung und der Besitz der Wahrheit. Unglücklich ist der, sagt Herr L., der diesen Zweck erreicht. Er wird dadurch untätig, träge und stolz. Begnüget euch also damit, o Menschen!, dass ihr euch mit dem Tantalus in gleichen Umständen befindet. Dieser erweiterte seine Kräfte durch unaufhörliches Bemühen, die schönen Früchte zu erreichen, die ihm vor dem Munde hingen, [...] aber vergeblich: indessen war er doch glücklich, denn er genoss die Vollkommenheit, die in einer immer größeren Erweiterung seiner Kräfte bestehet. [...] Wenn Gott mir in seiner Rechten den einzigen immer regen Trieb nach Wahrheit, aber mit dem Zusatze: mich immer und ewig zu irren, und in der Linken das allerschrecklichste Schicksal, vernichtet zu werden, vorhielte, [...] so würde ich sagen: Vater, vernichte mich! Denn gehört die reine Wahrheit allein für Gott, bin ich in ewiger Gefahr zu irren.«

Der Pastor schrieb diese Sätze auch darum, weil er die Wahrheit in der buchstabengetreuen, lutherisch-orthodoxen Auslegung der Bibel meinte gefunden zu haben. Und er schrieb sie, weil er den Zweifel, der doch das Ferment des Glaubens ist, nicht aushielt. In beiden Punkten ist Goeze mir sehr fremd.

Richtig aber bleibt die Konsequenz seines Argumentierens. Die bloße Suche nach der Wahrheit vermag entgegen anders lautenden Meldungen kein Menschenherz ganz auszufüllen. So wie unser alltägliches Leben auf der Unterscheidbarkeit falscher von richtigen Entscheidungen gegründet ist, so kann unser Denken nicht auf der Unerkennbarkeit von Wahrheit beruhen. Dass letzte Wahrheiten nicht im strengen Sinne beweisbar sind, spricht keineswegs gegen diesen Zusammenhang. Sie erkennen und danach handeln können wir sehr wohl. Alles andere führt putzmunter in die Leere.

Ähnlich wie Goeze denkt 220 Jahre später Johannes Paul II. In seiner letzten Enzyklika »Fides et ratio«, »Glaube und Vernunft«, heißt es, »man kann den Menschen als den definieren, der nach der Wahrheit sucht. Es ist undenkbar, dass eine so tief in der menschlichen Natur verwurzelte Suche völlig nutzlos und vergeblich sein könnte. [...] Der Mensch würde gar nicht anfangen, etwas zu suchen, von dem er überhaupt nichts wüsste oder das er für absolut unerreichbar hielte. Erst die Aussicht, zu einer Antwort gelangen zu können, kann ihn veranlassen, den ersten Schritt zu tun.« Der Mensch hingegen, den Lessing als Muster eines aufgeklärten Zeitgenossen begreift, strebt mit buddhistischem Gleichmut und freimaurerischer Wissbegier nach dem prinzipiell Unerreichbaren. Eine solche Lebenshaltung ist bewundernswert, doch sie verlangt eine Frustrationstoleranz von galaktischen Ausmaßen. Sie macht, auf lange Sicht, eher mürbe und grimmig. Denselben zwiespältigen Eindruck hinterlässt die Ringparabel.

Nathan im Irrtum:
Das Märchen von der Ringparabel

Lessing lässt sein 1779 abgeschlossenes Schauspiel »unter stummer Wiederholung allseitiger Umarmungen« enden. Nathan, der weise Jude, und der christliche Tempelherr und Sultan Saladin sind ein Herz und eine Seele, ja sie sind auf abenteuerlichen Wegen sogar miteinander verwandt. Vergessen ist der böse Spruch des Patriarchen von Jerusalem, mit dem Lessing seinen Intimfeind Reimarus literarisch verewigte: »Tut nichts! Der Jude wird verbrannt.« Dreimal versteigt der Patriarch sich zu dieser Aussage. Brennen müsse ein Jude, der – wie es Nathan tat – ein »Christenkind« bei sich aufziehe, und sei es unwissentlich. Es wäre auf jeden Fall »mit dem Juden fördersamst die Strafe zu vollzieh'n, die päpstliches und kaiserliches Recht so einem Frevel, so einer Lastertat bestimmen«. Dies gelte laut dem Patriarchen umso mehr, als der Jude, wie der Tempelherr berichtet, »das Mädchen nicht sowohl in seinem, als vielmehr in keinem Glauben auferzogen und sie von Gott nicht mehr, nicht weniger gelehrt, als der Vernunft genügt«. Nathan hat demnach Lessings Absichten aus der »Erziehung des Menschengeschlechts« verwirklicht. Dort hieß es ja, die religiöse Offenbarung gebe »dem Menschengeschlechte nichts, worauf die menschliche Vernunft, sich selbst überlassen, nicht auch kommen würde«.

Auch Lessings Weigerung aus dem Fragmentenstreit, »etwas zu glauben, wogegen sich meine Vernunft sträubet«, setzt der weise Jude in die Tat um – ob er damit eher Abraham und Moses oder Voltaire und Reimarus nachfolgt, steht auf einem anderen Blatt. Goeze muss es sich gefallen lassen, dass Lessing dem Patriarchen von Jerusalem auch diese schlichte Lehre in den Mund legt: Die »Vernunft, die Gott ihm gab«, müsse der Mensch nicht überall anwenden. Wenn ein Engel, ein Gottesbote, erscheine, »wer darf sich da noch untersteh'n, die Willkür des, der die Vernunft erschaffen, nach Vernunft zu untersuchen? Und das ewige Gesetz der Herrlichkeit des Himmels nach den kleinen Regeln einer eitlen Ehre zu prüfen?« Mit dieser lutherischen Pointe soll der Patriarch als voraufgeklärt charakterisiert werden. Der Refrain »Tut nichts! Der Jude wird verbrannt« soll die Konsequenz sein eines borniertes Denkens, das sich im Besitz der alleinigen Wahrheit wähnt. An solcher Borniertheit aber kann kein Geringerer als Voltaire es mit Goeze locker aufnehmen. »Nathan der Weise« ist schließlich auch ein Protest gegen »Voltaires abfällige Darstellung des Judentums« (Willi Jasper) im Theaterstück »Candide«.

Heutige Inszenierungen des »Nathan« tun sich schwer mit den »allseitigen Umarmungen«. Wie soll man eine solche Menschheitsutopie darstellen, ohne dass das Jungvolk im Parterre zu kichern beginnt? Der leicht ins Opernhafte abdriftende Schluss ist, mit Reimarus zu reden, der »Grund- und Prüfestein« spätmoderner Selbstvergewisserung. Nur als ironisches Zitat scheint er tragbar, als Erinnerung an eine idealistische Hoch-Zeit, da das Wünschen noch zu helfen schien. Mancher Regisseur überlagert die Verbrüderung deshalb mit aktuellen Fotos aus der Krisenregion Nahost. Bomben explodieren, Frauen schreien, Männer zetern. Oft fällt das Umarmen ganz aus. Die Figuren verharren stumm, frieren ein in unrettbarer Distanz. Hier wird deutlich, dass »Nathan« Staub angesetzt hat und dass er vermutlich im Ganzen jener Gattung zurechnet, zu der die »Ringparabel« ausdrücklich gezählt wird: dem Märchen.

Ein sonderbares Ding ist und bleibt jener dramatische Höhepunkt, den Lessing aus Giovanni Boccaccios Novellensammlung »Decamerone« (um 1350) entlehnt hat. Wenn es stimmt, dass des Freimaurers Lessing freimaurerisches Glaubensbekenntnis der »Nathan« ist, dann muss die »Ringparabel« dessen Kurzform sein. Saladins einleuchtende Vermutung, von den drei monotheistischen Religionen könne nur eine die wahre sein, wischt Nathan in der Schlüsselszene des dritten Aktes beiseite. Es verhalte sich mit den drei Religionen so wie mit den drei Ringen, die drei Söhne vom Vater zum Erbe erhielten mit der Auskunft, ein jeder besitze nun das ursprüngliche Schmuckstück, jenen einmaligen Opal mit der »geheimen Kraft, vor Gott und Menschen angenehm zu machen«. Die Brüder verklagen sich nach Vaters Tod gegenseitig auf Betrug. Jeder will mit dem Ring in der Hand das Alleinerbe antreten. Der Richter gibt ihnen den Ratschlag, »hat von Euch jeder seinen Ring von seinem Vater: So glaube jeder sicher seinen Ring den echten. Wohlan! Es eifre jeder seiner unbestochnen, von Vorurteilen freien Liebe nach! Es strebe von euch jeder um die Wette, die Kraft des Steins in seinem Ring' an Tag zu legen! Komme dieser Kraft mit Sanftmut, mit herzlicher Verträglichkeit, mit Wohltun, mit innigster Ergebenheit in Gott, zu Hilf'!«

Lessing wünscht sich einen humanistischen Wettstreit der Juden mit den Christen und den Muslimen. Jeder soll den anderen an Liebe, Sanftmut, Friedlichkeit und Gottergebenheit zu übertrumpfen suchen. Die letztgenannte Eigenschaft jedoch – darauf weist der Literaturwissenschaftler Wolfgang Braungart hin – wird eigentlich nicht mehr gebraucht: Gott ist überflüssig, »Religion wird tendenziell zu einem sozialen Stimulus«. Mit Offenbarung und mit Wahrheit hat der Nathan-Kodex nichts zu schaffen. Warum die drei Erben sich an des Richters Empfehlung halten sollen, ist unerfindlich – wenn es denn nicht die Gier nach der Macht im Haus des Vaters ist. Und eben deshalb ist die Ringparabel ebenso unrealistisch wie das allverbrüdernde Schlusstableau. Natürlich wäre es wunderbar, wenn die Menschen sich allein aus Einsicht, allein nach Überlegung einer »von Vorurteilen freien Liebe« bedienten. So aber ist die Welt nicht eingerichtet.

Der religiös verbrämte »soziale Stimulus« verkümmert,

wenn er letztlich ein Appell ans Eigeninteresse ist. Glaubensgespräche sind sinnlos, wenn ihnen eilfertig (und ein wenig unernst) vorausgeschickt wird, im Kern gebe es keine Differenzen: Eben doch, gerade im theologischen Kern, gerade in der Wahrheitsfrage gibt es gravierende Unterschiede zwischen Judentum, Christentum, Islam. Darüber friedlich zu streiten, ist ein größerer Beitrag zum gegenseitigen Verständnis als jedes noch so wohlmeinende und in seiner Wohlmeinung schrecklich vorschnelle Konsenspathos. Und andererseits stürzen ohne die ganz untheologische Überzeugung, das Richtige tun und das Gute befördern und das Wahre aussprechen zu können, die Fundamente jeder Gesellschaft in sich zusammen wie Streichholzpaläste im Küstenwind. Davon weiß Heinrich von Kleist ein traurig' Lied zu singen.

Weshalb Kleist an Kant verzweifelt

Der rätselhafteste Dichter deutscher Zeuge, der traumwandlerische Zergliederer seiner selbst, Heinrich von Kleist, berichtet in einem berühmten Brief vom 22. März 1801, er sei »mit der neueren sogenannten Kantischen Philosophie bekannt« gemacht worden. Seitdem lasse ihn ein erschütternder Gedanke nicht los: »Wenn alle Menschen statt der Augen grüne Gläser hätten, so würden sie urteilen müssen, die Gegenstände, welche sie erblicken, *sind* grün – und nie würden sie entscheiden können, ob ihr Auge ihnen die Dinge zeigt, wie sie sind, oder ob es nicht etwas zu ihnen hinzutut, was nicht ihnen, sondern dem Auge gehört. So ist es mit dem Verstande. Wir können nicht entscheiden, ob das, was wir Wahrheit nennen, wahrhaft Wahrheit ist, oder ob es nur so scheint. […] Seit diese Überzeugung, nämlich, dass hienieden keine Wahrheit zu finden ist, vor meine Seele trat, habe ich nicht wieder ein

Buch angerührt. Ich bin untätig in meinem Zimmer umhergegangen, ich habe mich an das offene Fenster gesetzt, ich bin hinausgelaufen ins Freie ...«.

Kleist leidet, und in seinem Leiden ist er wie jeder Patient schrecklich unmodern. Armer Tropf, mag man da als Nachfahre Lessings sagen, was mühst du dich ab, »wahrhaft Wahrheit« zu suchen? Weißt du nicht, dass es nur viele Ringe gibt und keine Wahrheit, nur vorurteilsfreie Liebe und keine Wahrheit, nur allseitige Umarmungen und keine Wahrheit? Freue dich, sei heiter, schreibe Bücher über das Glück der Vergeblichkeit, werde Philosoph. So mag man reden und redete unendlich grob. Kleist ist im Innersten getroffen, ist verwundet angesichts einer frisch entdeckten Unmöglichkeit. Er wird melancholisch, vielleicht gar depressiv, weil ihm sein einziger Halt genommen ist. Die Forschung streitet, ob er Kants »Kritik der Urteilskraft« oder Bücher von Johann Gottlieb Fichte oder Karl Leonhard Reinhold gelesen hat. Einerlei: Die fragliche Lektüre hatte Kleists »Vertrauen in eine sinnvoll gelenkte, erkenn-, ja berechenbare Welt zerstört, hatte ihn gelehrt, dass der Aspekt eines Dinges oder eines Menschen nicht das Ding oder der Mensch selbst ist und dass Gestalten und Ereignisse, die uns sinnvoll erscheinen, trotzdem keinerlei Rückschluss auf einen sinngebenden Gott erlauben«. (Klaus Müller-Salget)

Der Schock ist bei Kleists empfindlicher Natur verständlich. Auch robustere Seelen aber sind nicht unbedingt auf Lessings und auf Kants Seite. Der Königsberger Philosoph hatte schon 1781 in seiner »Kritik der reinen Vernunft« die Wirklichkeit als Ergebnis unserer Sinneseindrücke dargestellt. Jede Einsicht in das Wesen der Dinge, ins »Ding an sich«, sei dem Menschen verwehrt. An der Idee Gottes hielt er aus praktischen und insofern vernünftigen Erwägungen fest. Gott wurde ein Postulat. Man müsse »alle Anordnung in der Welt so ansehen, als ob sie aus der Absicht einer allerhöchsten Vernunft entsprossen wäre«. (Zu einem Als-ob jedoch lassen sich die Wahrheitssucher im Sinne Kleists nicht überreden.) Anderenfalls wären laut Kant die »herrlichen Ideen der Sittlichkeit« nicht länger »Triebfedern des Vorsatzes und der Ausübung«. Die Religion habe sich indes der Kritik und der »freien und öffentlichen Prüfung« durch die Vernunft zu stellen. In der Vorrede zur Zweitauflage der »Kritik der reinen Vernunft« von 1787 legte Kant dann den berühmten Satz nieder, er »musste [...] das Wissen aufheben, um zum Glauben Platz zu bekommen«. Wer einen solchen aber rundherum ablehne, wer wie die atheistischen Freigeister statt des Vernunftglaubens nur einen Vernunftunglauben kenne, den empfahl Kant ganz humorlos der Zensur.

Im Oktober 1786 schrieb Kant, Freigeisterei bedeute den »Grundsatz, gar keine Pflicht mehr zu erkennen«. Sie werde von der Obrigkeit verboten, da der Vernunftunglaube »den moralischen Gesetzen [...] alle Kraft der Triebfedern auf das Herz [...] benimmt«. Man liest und staunt nicht wenig: In jenen Oktobertagen war Kant nicht weit entfernt von einem Pastor Goeze, der gegen Lessing und Reimarus die Zensur zu Hilfe rief. In jenen Oktobertagen dachte Kant fast so wie Lessings Jerusalemer Patriarch, demzufolge es »gefährlich selber für den Staat ist, nichts zu glauben! Alle bürgerlichen Bande sind aufgelöset, sind zerrissen, wenn der Mensch nichts glauben darf.«

Es war nur eine Phase. Bald reihte sich Kant in die Reihen derer ein, die wie Lessing dem Christentum betont kritisch gegenüberstehen. Der historische Glaube sei »Vehikel für den reinen Religionsglauben«, heißt es 1793 in »Die Religion innerhalb der Grenzen der bloßen Vernunft«. Kant knüpft an Lessings Loblied auf die natürliche Religion an. Letztlich sollen so die Kirchen erübrigt werden und ersetzt durch die »allgemeine Einhelligkeit« aller über ihr Gewissen verbundenen autonomen Menschen. Dieser Gedanke findet sich auch

1798 im »Streit der Fakultäten«. Da die kirchenlose allgemeine Religion identisch ist mit der Sittenlehre der reinen praktischen Vernunft, mit den Maximen also und Imperativen des Immanuel Kant, wird der Philosoph zum Normengeber einer nachchristlichen Lebensordnung.

Kant spricht es klar aus: »Nicht der Inbegriff gewisser Lehren als göttlicher Offenbarung, sondern der [Inbegriff] aller unserer Pflichten überhaupt als göttlicher Gebote [...] ist Religion.« Wer seinen moralischen Pflichten nachkommt, ist demnach religiös. So vollzieht sich ein Platzhaltertausch, ein verblüffend plumpes Sprachspiel. Der Glaube, dessen Ernst bereits abgemildert war zur Religion, ist nun nur ein Fleißkärtchen für tadelloses Betragen, eine Urkunde bei einwandfreier Führung. Von Gott oder dem Jenseits (oder Christus gar) ist keine Rede mehr. Und eine Blackbox bleibt der Pflichtenkatalog, wird er doch rein funktional verstanden, hat er keine Quelle, keinen Anker außerhalb. Darum ist es vielleicht weniger verwunderlich, als es scheinen mag, dass Immanuel Kant – im Gegensatz zu Lessing – vor antijudaistischen Versuchungen nicht gefeit war. Er nannte die Juden, ebenfalls 1798, eine »Nation von Betrügern«, die den »Menschenhass« auf die Spitze getrieben hätten.

Kants blinder Fleck war der Zorn auf die trotz aller Aufklärung im Abseits verharrenden Juden. Dass diese einem sehr alten Gott und sehr alten Riten die Treue hielten, war ein Misstrauensvotum gegen die »allgemeine Einhelligkeit«. Aus ähnlich trüben Beweggründen ließ John Locke, Aufklärer und fromm, in seinem berühmten »Brief über Toleranz« von 1689 die Toleranz für Katholiken nicht gelten. Rund siebzig Jahre später, zu Kants und Lessings und Reimarus' Lebzeiten, verschärften in Frankreich die Enzyklopädisten die Tonart. Nun zeigte sich, dass im Zuge der Aufklärung »die Forderung nach Toleranz aggressiv wird. Sie richtet sich gegen das Christentum selber« – schreibt der Historiker Reinhart Koselleck, der hinter aller Aufklärung einen »penetranten moralischen Despotismus« lauern sieht. Im Artikel »Toleranz« der aufklärerischen Enzyklopädie von Diderot und d'Alembert heißt es umstandslos: Die Christen seien Feinde des Menschengeschlechts, da sie es unter dem Vorwand der Religion unterjochen wollten. Folglich sei es die pure Notwendigkeit, ja ein Gebot der Vernunft, die Christen rigoros zu unterdrücken.

Im heute kursierenden Spruch »Keine Toleranz den Feinden der Toleranz« steckt ein Rest dieses eliminatorischen Toleranzbegriffes. Eine Instanz, damals der Regent, heute vielleicht die veröffentlichte Meinung, muss demnach entscheiden, welches Verhalten toleranzwürdig ist, welches nicht. Im Gewand der Toleranz kehrt so mitunter finsterste Intoleranz zurück, finsterer als in den meisten voraufgeklärten Zeiten. So wichtig es ist, intolerant zu sein gegenüber Gewalt und Unterdrückung, gegenüber stolzer Dummheit und einem dummen Stolz, so falsch ist es, die militante Ablehnung konkurrierender Weltanschauungen für Toleranz zu halten. Heute nämlich halten aggressive Atheisten, etwa die Herren Korff und Kahl und Dawkins, Schmidt-Salomon und Deschner, die Aufklärung der Christen für ein aussichtsloses Unterfangen. So aber muss es sein, denn die Aufklärung, die sie meinen, ist die Abtötung des Glaubens. Und dazu soll ein Gläubiger die Hand reichen?

Ein aufmüpfiger Mönch fordert von den Katholiken Toleranz und wird sehr innerlich

Bisher konnte der Eindruck entstehen, im mühsamen und – trotz mancher Einseitigkeit – geschichtsnotwendigen Kampf um mehr weltliche Freiheit für das Individuum seien die Fronten reinlich gezogen gewesen: hier die Philosophen, die

die Theologen in ihrer Deutungsmacht über das Dasein beerben wollten, dort die Gläubigen, verunsichert, ängstlich, defensiv. Pastor Goeze war ein famoses Beispiel für eine solche Stoppschild-Mentalität. Die Grenzen aber waren im Allgemeinen verschwommen, und sie verschwammen Jahr um Jahr mehr. Innerhalb der Kirchen regten sich Stimmen, man müsse die Kritik der Aufklärer ernst nehmen, man müsse im Licht der neuentdeckten Vernünftigkeit theologischen Ballast abwerfen, Frieden schließen mit der Moderne. Nur so bleibe man Teil der einen Gesellschaft. Im selben Jahr, da Kant die Programmschrift schlechthin zur deutschen Aufklärung schrieb, deren Credo »Sapere aude!« fortan unhintergehbar war – »Habe Mut, dich deines eigenen Verstandes zu bedienen!« –, in diesem Jahr 1784 schrieb ein Mönch der Abtei Neresheim, 39 Jahre jung, eine christliche Parallelschrift. Ein Meilenstein wurde sein Buch »Über die christliche Toleranz«. In welchem Maß aber war diese Meile gemessen?

Das hat es tatsächlich einmal gegeben, katholische Aufklärung. Benedikt Maria Leonhard von Werkmeister war einer ihrer Vorkämpfer. Der Metzgersohn aus Füssen trat 1765 in das Benediktinerkloster Neresheim bei Aalen ein. Nach dem Studium ebendort wurde er in rascher Folge Novizenmeister, Philosophielehrer, Archivar, Sekretär des Abtes, von 1780 an Studienleiter. Während eines zweijährigen Intermezzos als Philosophiedozent in Freising trat er dem 1776 gegründeten Illuminatenorden bei. Diesem radikal aufklärerischen und kirchenfeindlichen Geheimbund dürften nicht allzu viele Mönche angehört haben. Die »Erleuchteten« sammelten sich unter dem Banner der Eule der Minerva, um eine herrschaftsfreie, dogmenlose Gesellschaft ins Werk zu setzen. Von Werkmeister war ein mutiger Freund des Neuen – und ein nicht ganz so gehorsamer Sohn seiner Kirche.

Sein Buch, das er aus Gründen des Selbstschutzes anonym veröffentlichte, richtet sich an seinesgleichen, an Priester und

Mönche. Bei ihnen will er werben für einen neuen Begriff von Toleranz und Religion. Seinen Auffassungen ist die Lektüre Kants deutlich anzumerken. Religion ist für von Werkmeister »eine Triebfeder der Moral«, ein Werkzeug also, ein Mittel und kein Zweck. Sie soll »das Herz bessern«. Sie dient der »moralischen Vervollkommnung des Menschen und Beförderung jener Tugenden, die ihn in sein wahres Verhältnis gegen Gott und Menschen versetzen«. Die »Leitung des Herzens zum wahren Guten« ist Inhalt der Religion, und darum kann von Werkmeister ausrufen: »Die Schätze der Religion sind die Tugenden ihrer Bekenner.«

Wie wahr, liegt es mir da auf den Lippen. Wie klug hat dieser Mönch das Wesen der Religion erfasst, wie weitherzig ist sein Glaube – stammt nicht auch von ihm das Bonmot, die Intoleranz sei die erste Feindin des Evangeliums? Spricht es nicht unendlich für ihn, dass er schon 1784 das Recht auf Religionsfreiheit aus der Bibel ableitete, während seine Kirche sich erst hundertachtzig Jahre später zu diesem Prinzip bekannte? Was soll an diesem prophetischen Geist tadelnswert sein? Auffällig ist, dass von Werkmeister in seinem Plädoyer für die »innerlichen Triebfedern der Rechtschaffenheit« vom Glauben kaum redet. Jesus ist bei ihm gesandt, »Religion in die Welt zu bringen«, und Religion ist eben ein Sammelbegriff für Tugenden – für durchaus löbliche Tugenden, versteht sich, für »Sanftmut, Menschen- und Bruderliebe«, aber eben für ausschließlich diesseitige Verhaltensnormen.

Ein großer Humanist war demnach Jesus von Nazareth, ein Religionspädagoge mit Charisma. Das Dumme an diesem Jesus-Bild ist: Es hat keine Konturen. Denn kann ein Glaube bestehen, wenn er sich im zwischenmenschlichen Umgang erschöpft? Von Werkmeisters Religion, wie er sie hier ausbreitet, ist eine weltliche Veranstaltung, eine Verabredung unter Menschen, fast ohne Transzendenzbezug, ohne Erlösung, ohne ewiges Leben, ohne Schuld und Sühne. Er nennt sie ein

»öffentliches Bekenntnis« zu jenen Überzeugungen, die man für wahr hält – und die folglich irrtumsanfällig sind. Für die Reformation hat er darum größtes Verständnis. Diese »unglückliche, aber mögliche Revolution unseres Denk- und Empfindungssystems« sei der »Aufrichtigkeit und Geradheit des Herzens zu Gott« entsprungen. Die Reformatoren wechselten das Bekenntnis, um ihrem Gewissen treu zu bleiben.

Nichts kann der Mönch demnach einzuwenden haben, wenn dereinst derselbe Tugendkanon aus anderen Quellen sich speist. Mit dem Segen des Illuminaten und Benediktiners könnte ein Kult der Kürbisse ebenso rechnen wie die Verehrung der Vernunft; sofern sie zu lauterem Handeln motivieren. Das Christentum, das »nicht im Treibhause des Gewissenszwanges, sondern an der offnen Sonne der Überzeugung« gedeihen soll, ist vom Humanismus eines Voltaire kaum zu unterscheiden. Ein solcher Humanismus aber, das haben wir gesehen, ist nie für die Menschheit insgesamt, immer nur für eine kluge Gruppe gedacht. Mal sind es die Juden, mal die Katholiken, mal die Glaubensspötter und mal die Orthodoxen, die ausgenommen sind von den Segnungen einer je nach Definitionslage zugerichteten Toleranz. Unteilbar aber ist die Menschenwürde nur, wenn kein Mensch über sie entscheidet, ja wenn sie allem Menschenwerk vorausgeht. Freiheit und Gleichheit und Brüderlichkeit kann nur ein Glaube verbürgen, der unterschiedslos jeden Menschen betrifft.

Von Werkmeisters aufgeklärtes Christentum führt, von heute aus betrachtet, direkt in die Sackgasse des Unglaubens. Dennoch markiert es tatsächlich einen Meilenstein. Von Werkmeister formuliert lange vor seiner Zeit den heute päpstliches Lehrgut gewordenen Satz, Glaube und Zwang seien Widersprüche. Nur in Freiheit, aus der Kraft der Argumente und des gelebten Beispiels wachse der Glaube. Ebenfalls ganz auf der Linie Benedikts XVI. liegt von Werkmeister, wenn er die Verquickung von Kirche und weltlicher Macht anprangert.

»Beinahe unverträglich« sei »der Fürst mit dem Bischof«. Sein Hauptaugenmerk gilt der Inquisition, die abzuschaffen er den Papst flehentlich bittet: »Ein neuer Herkules, wage dich zuerst an den Drachen Inquisition, welcher seine blutigen Flügel über so viele Staaten ausgebreitet hält; zermalme sein Haupt, und rette eine halbe Welt! [...] Der Gewissenszwang höre auf!«

Die Inquisition verkörpert für von Werkmeister die Intoleranz und damit den »Dämon des Christentums«. Toleranz, also Duldsamkeit, fordert er im Umgang mit Anders-, Irr- und Ungläubigen. Sie ist, anders als heute, kein Abnicken einer beliebigen Markt- oder Sexualmoral, sondern eine christliche Bringschuld auf religiösem Feld. Was Jesus getan habe, müsse die Kirche praktizieren: »Es herrscht in seinem ganzen Lehramt, in dem ganzen Zusammenhang seiner Predigten und Taten ein gewisser Plan der Toleranz.« Das stimmt und unterschlägt zugleich – als wär's ein Stück der heutigen Kirchenkritik – die andere Seite Jesu, seine Droh- und Gerichtsworte, das ganze »Weh über euch ...«. Anders als der Staat darf die Kirche von Werkmeister zufolge nicht zu weltlichen Mitteln greifen und schon gar nicht zur körperlichen Bestrafung. Mit »Duldung, Bruderliebe und Langmut«, äußerstenfalls mit der »Abschneidung von dem Körper der Kirche« habe sie den Irrenden zu begegnen. Gerade die Priester seien jedoch »alle weniger oder mehr unduldsam«. Pathetisch heißt es: »O ihr Priester! Niemand hat der Verbreitung des Christentums in aufgeklärten Tagen mehr Hindernisse gelegt als euer Orden selbst.«

Starker Tobak, doch von Werkmeister, über fünfzig Jahre lang Priester, wird sich auf eigene Erfahrungen berufen haben. Und sein Christentum wäre spätestens anno 2008 ganz nach dem Geschmack der religiös Unmusikalischen. Dies gälte umso mehr, hätten sich seine weiteren Forderungen allesamt durchgesetzt. Im Jahr der Veröffentlichung von »Über die christliche Toleranz« trat von Werkmeister in den Dienst des württembergischen Herzogs Karl Eugen. An ihn wird er gedacht haben, als er »die Aufgeklärtheit oder natürliche Güte der Monarchen« lobte. Von Werkmeister wurde Mitglied des Stuttgarter Hofpredigerkollegiums, das als Sammelbecken katholischer Aufklärer galt. Dort forderte er deutschsprachige Gottesdienste. Nach seinem Abschied aus dem Benediktinerorden 1791 schaffte er als Pfarrer von Steinbach bei Kirchheim/Teck die bildlichen Darstellungen von Christi Himmelfahrt und Pfingsten ab, ferner die Reiterprozessionen, das Heilige Grab und die lateinische Sonntagsvesper. Auch die Priesterehe und die Möglichkeit zur Ehescheidung befürwortete er. Mit einem Wort: Er suchte die katholische Kirche zu protestantisieren.

Sein Losungswort »Hier ist alles innerlich« – gemeint ist die Religion – erinnert denn an die lutherische Aufwertung von Subjektivität und Gefühl. Eine reformatorische Versuchung ist auch die starke Anbindung an den Landesherrn. Von Werkmeister stand in engem Kontakt mit dem Konstanzer Generalvikar Wessenberg, der von einer deutschen Nationalkirche träumte. Die entsprechende Bewegung in Frankreich, der Gallikanismus, faszinierte ihn. Von Werkmeister schwärmte geradezu für Kaiser Joseph II., dessen »josephinische Aufklärung« Adel und Klerus gleichermaßen in die Schranken wies. Joseph ließ kontemplative Orden aufheben; die Benediktiner fielen dank ihres Mottos »Ora et labora«, »Bete und arbeite«, nicht darunter. Bis zu seinem Lebensende anno 1823 verstand Benedikt Maria von Werkmeister sich als Katholik und Streiter für seine Kirche.

Diese aber hatte in Gestalt von Papst Pius VI. ihm nicht den größten Gefallen getan, den er erbeten hatte – obwohl er dem Pontifex nachrühmte, er habe »die Pflanze der Duldung begossen und gepflegt«: Die Inquisition blieb bestehen. Auch wurde kein Toleranzfest an Karfreitag eingeführt. Mit diesem Appell nämlich an Pius VI. schloss das 230 Seiten starke Buch aus mönchischer Feder: »Vor allem verordne ein jährliches Duldungsfest am Tage des sterbenden Jesu! Ein eigentümliches Fest für Priester! Da sollen sie die Denkmale ihrer Liebe, ihrer Verträglichkeit gegen Irrende namhaft machen, da sollen sie von ihrem Eifer in Bekämpfung der Laster und Irrtümer den Vätern der Kirche Rechenschaft ablegen; und findet man Gall und Unduldsamkeit, politische Anschläge und Triebfedern gegen Ketzer und freimütige Christen unter ihren priesterlichen Eifer gemischt, so sollen sie am Fuße des Kreuzes öffentliche Abbitte tun und den Namen Jesu durch ihre Reue über so unchristliche Maßregeln ehren.«

Ein solches öffentliches Bußritual wäre gewiss zum Publikumsmagnet geworden. Man kann es sich ausmalen: Priester in Soutane laufen mit zerknirschtem Blick auf ein großes Kruzifix zu, womöglich mitten auf dem Marktplatz. Sie schlagen sich an die Brust, rufen immer wieder »Mea culpa, mea magna culpa« und bekennen, dass sie Ohrfeigen verteilt, Pamphlete geschrieben, mit dem Fegefeuer gedroht haben. Sie sinken zu Boden, küssen das Kreuz, geloben Besserung. Der Hintermann drängelt schon. Keine Frage, ein solches Schauspiel ließe sich problemlos in den katholischen Jahreskreis integrieren – und ebenso leicht könnte es zur Folklore herabsinken. Insofern denkt von Werkmeister in strikt katholischen *und* in typisch aufklärerischen Bahnen. Er sucht das Heil in Prozessionen *und* in der Gesellschaft als Diskursgemeinschaft. Auf dem Marktplatz, nicht in Beichtstühlen soll der Wahrheit innerhalb der Religion eine Gasse gebahnt werden.

Goethe trinkt viel Wein in Bingen und erfindet das Kulturchristentum

Hätte von Werkmeister sich mit seinem Vorschlag durchgesetzt und wäre der karfreitäglichen Feier des Leidens und Sterbens Jesu ein »Duldungsfest« gefolgt, wäre Johann Wolfgang von Goethe nicht ferngeblieben. Der reisefreudige Dichter hätte sich seitab einen Platz gesucht und staunend zur Feder gegriffen. Gemäß seinem Leitspruch aus den »Xenien«: »Wer Wissenschaft und Kunst besitzt, hat auch Religion«, sah er im aktiv gelebten Glauben ein Phänomen für Kulturwissenschaftler. Mit der Neugier eines Insektenforschers konnte er christliches Brauchtum beschreiben, geschmeidig, launig, distanziert. Deshalb ist sein Name untrennbar verbunden mit dem nächsten Schritt auf dem Weg vom Vernunftglauben eines Kant zum unvernünftigen Unglauben unserer Tage: der Entstehung des Kulturchristentums.

Der 15. August im Jahre 1814 ist's, als der Geheimrat hinüberfährt von Wiesbaden nach Bingen. Die Sonne strahlt, man ist heiter gestimmt. Wein und Rhein verfehlen ihre Wirkung nicht. Die Pferde sind gut in Form. Oberhalb von Bingen erscheint bald »eine Kapelle, dem heiligen Rochus gewidmet, welche soeben vom Kriegsverderben wiederhergestellt wird«. Zum ersten Mal seit vierundzwanzig Jahren soll dort morgen wieder das Fest zu Ehren des Rochus stattfinden. Nach einem kurzen, aber tiefen Schlaf erkundet Goethe die Gegend. »Mit geologischer Vorliebe« entdeckt er »am Fuße des Hügels wundersame Felsen«. Kleine Gesteinsproben nimmt der Gast persönlich. Er hofft dereinst auf Aufklärung aus berufenerem Mund: »Möge bald ein reisender Naturforscher diese Felsen näher untersuchen, ihr Verhältnis zu den älteren Gebirgsmassen unterwärts bestimmen, mir davon gefälligst Nachricht nebst einigen belehrenden Musterstücken zukommen lassen! Dankbar würde ich es erkennen.«

Als Naturforscher wird Goethe sodann Zeuge von Wallfahrt und Messe und allerlei Volk. Er klassifiziert in dem autobiographischen Erinnerungsstück »Das Sankt-Rochus-Fest zu Bingen«: »Die Kinder schön, die Jugend nicht, die alten Gesichter sehr ausgearbeitet, mancher Greis befand sich darunter.« Der Bischof trägt das Allerheiligste, »von österreichischen Kriegern begleitet, gefolgt von zeitigen Autoritäten«. Schließlich diene dies »politisch-religiöse Fest« auch der Freude über das »wiedergewonnene linke Rheinufer«. Sogleich wohl fühlt Goethe sich bei »fetter dampfender Speise nebst frischem trefflichem Brot«, besonders wohl aber bei den »braunen Krüglein« Wein, die schnell gefüllt, schneller noch geleert werden. Derart gut bedient, lässt er sich die »anmutige Legende« von Sankt Rochus erzählen, der in Rom und Florenz Kranke heilte. Als Rochus selbst von der Pest befallen war, wurde er »durch eine Stimme vom Himmel völlig wiederhergestellt«. Er starb am 16. August 1327. Seine Brust zierte von Geburt an ein rotes Kreuz.

Im Notizbuch vermerkt Goethe »verschiedene Bauernregeln und sprichwörtliche Wetterprophezeiungen«, die bei Tisch die Runde machen: »Trockener April ist nicht der Bauern Will. Wenn die Grasmücke singt, ehe der Weinstock sprosst, so verkündet es ein gutes Jahr.« Die lange Festpredigt wird ebenfalls mitgeschrieben und wiedergegeben. Zuvor sorgt sich Goethe um »eine große neue Anpflanzung junger Nussbäume« – »Möge jeder Wallfahrende die zarten Bäume schonen« –, und rasch nach der Predigt zieht er »mit der ruhigen und ernsten Binger Prozession hinab«. Er baut auf »frommen Geist und redlichen Kunstsinn«, damit die talwärts führenden Kreuzwegstationen wieder errichtet werden können. Kaum in Bingen angekommen, regnet es »erquickend«, und so »hatte der heilige Rochus, wahrscheinlich auf andere Nothelfer wirkend, seinen Segen auch außer seiner eigentlichen Obliegenheiten reichlich erwiesen«. So endet für Goethe das titelgebende

»Sankt-Rochus-Fest zu Bingen« im Jahr 1814. Was war dessen Ertrag? Reich an Sinneseindrücken und Gesteinsproben kehrt man zurück. Auch Sinnsprüche entstanden, wie jener: »Wer sich des Guten nicht erinnert, hofft nicht.« Nicht ohne Sympathie und mit einem großen Augenzwinkern berichtet Goethe. Meilenweit entfernt ist er vom Religionsspott früherer und späterer Zeiten, doch das Glaubensfest ist ganz und gar nicht seine Welt. Dem pantheistisch orientierten Protestanten daraus einen Vorwurf zu machen, wäre frivol. Niemand muss sein Gefallen finden an Wallfahrten. Das 19. Jahrhundert ist jedoch die Wiege einer heute allgegenwärtig gewordenen Einstellung: Nur noch ironisch meint man sich dem Glauben öffentlich nähern zu können. Anders wagt die aufgeklärte Öffentlichkeit nicht umzugehen mit dem Wahrheitsbegriff des Glaubens, der mit dem einzig akzeptierten Wahrheitsbegriff der Naturwissenschaften inkompatibel ist. Dort ist wahr, was identifiziert werden kann. Die Wahrheit des Glaubens ist, um es kurz zu fassen, die Bereitschaft zur Treue und zum Vertrauen in das Nichtbeweisbare, aber Offenbarte.

Das Kulturchristentum ist ebenso wie die Vernunftreligion eine glaubensferne Lebenshaltung, die von vielen Gläubigen fälschlich für eine aufgeklärte Variante des Glaubens gehalten wird. So ist es aber nicht. Wo sich der Glaube dem experimentellen Wahrheitsbegriff unterordnet, gibt er sein Innerstes preis. Wo der Ehrgeiz darin besteht, aus der Bibel alles hinauszukomplimentieren, was dem »gesunden Menschenverstand« zu widersprechen scheint, da ist das Resultat kein geläuterter Glaube, sondern ein religiös verwässerter Unglaube. Keinen aufrechten Atheisten wird man durch ein solches Entgegenkommen überzeugen, wohl aber manchen religiös Interessierten dauerhaft enttäuschen. Wieder einmal zeigt sich: Die Globalisierung der Werte bedeutet faktisch leider meist eine Nivellierung ihrer Ansprüche, eine moralische Kernschmelze.

Schleiermacher spielt Theater in Berlin und verwandelt Weihnachten in ein Familienfest

Besonders sinnfällig wird der Wandel an Weihnachten. Es ist fast nur noch bekannt als »Fest der Familie« und »Winterschenkefest« und gerade so ein Exportschlager des Westens geworden. Auch in Asien verströmen Weihnachtsmänner Gemütlichkeit, ohne dass man sich um den Anlass des Festes zu scheren bräuchte, um jene mirakulöse Geburt im Stall zu Bethlehem. Ebenso verhält es sich im Osten der Republik und in den weitgehend entchristlichten Ländern Ungarn, Slowakei, Tschechien, Holland und Belgien. Keineswegs ist die Übermacht einer atheistischen Funktionselite der hauptsächliche Grund hierfür. Vielmehr haben die Christen selbst in ihrem Entmythologisierungs- und Säkularisierungseifer das Kind mit der Krippe ausgeschüttet. Man war stolz darauf, die neuen Instrumentarien der aufgeklärten Vernunft – Sapere aude! – auf den Glauben anwenden, mit Kant und Lessing die Bibel verschlanken zu können. Menschlich sehr verständlich, fast sympathisch ist dieser Stolz; aber eben wie jeder Stolz eine Todsünde.

Dieser Rationalisierungsschub ist untrennbar verknüpft mit dem zweiten Gründungsdokument des Kulturchristentums, der Erzählung »Die Weihnachtsfeier«. Ihr Autor ist kein glaubensskeptischer Weltbürger aus Hessen, sondern ein evangelischer Theologe von hoher Prominenz: Friedrich Schleiermacher. Acht Jahre vor Goethes Bingener Erlebnis veröffentlichte er seine »Gespräch« genannte Geschichte einer Berliner Festivität im Dezember. Weihnachten sei »recht eigentlich das Kinderfest«, und so steht denn die kleine Sofie im Mittelpunkt. Ihr zu Ehren wird die »Geschichte des Tages«, werden »viele wichtige Momente aus der äußeren Geschichte des Christentums« auf einem Miniaturtheater nachgestellt. Das Äußere aber, wissen wir dank von Werkmeister, ist neuerdings das Unwesentliche am Christentum. »Hier ist alles innerlich«, lautet das gemeinsame Credo von Benediktiner von Werkmeister und Protestant Schleiermacher.

Das Weihnachtsereignis wird bei Schleiermacher zu einer erbaulichen Fabel, an die nur Kinder glauben können und der, wie auf der Pappbühne, mit einem »einfältigen Mechanismus« nachgeholfen werden muss: alles Masche, Zauber und Zinnober. Ein Erwachsener sagt, das Fest sei »die Verkündigung eines neuen Lebens für die Welt«. Deshalb deutet bei den Geschenken für die Kinder »alles auf Fortschritt und schöne Ereignisse«, das »Reisegerät« vor allem und die Schulbücher. Sofies Vater Eduard ergänzt, es gebe »gar nichts Förmliches, Religiöses in unserm Kreise, kein Gebet zu bestimmten Zeiten, keine eignen Andachtsstunden, sondern alles nur, wenn es uns so zumut ist«. Ein weiterer Mann, der ausdrücklich zu den Aufklärern und den Gebildeten gerechnet wird, gesteht immerhin, »dass ich das Schöne der Religiosität ehre und liebe, aber sie muss ein Innerliches sein und bleiben«. Er tadelt Sofies Interesse für die Bibel: »Wahrlich, zu einer Zeit, wo sich die Prediger sogar rühmlich beeifern, auf der Kanzel die Bibel möglichst entbehrlich zu machen, sie den Kindern wieder in die Hände geben, für die sie niemals gemacht war, dies ist das Ärgste.«

Vater Eduard hat Verständnis, wenn Ernst und Scherz gemischt werden. Er mag deshalb die freche Rede von der Entbehrlichkeit der Bibel nicht tadeln. Stattdessen lobt er »die schöne Sitte der Wechselgeschenke […] als reine Darstellung der religiösen Freude, die sich […] in ungesuchtem Wohlmeinen, Geben und Dienen äußert«. Auch die weihnachtliche Musik preist er, denn »gerade dem religiösen Gefühl ist die Musik am nächsten verwandt«. Flugs wird Klavier gespielt, Sofie singt dazu das bekannte Mariengedicht von Novalis: »Ich sehe dich in tausend Bildern …« Weiter gibt ein Wort das nächste. Ob das Fest nicht nur gestiftet worden sei, um »eine gewisse Gemütsstimmung und Gesinnung in den Menschen« hervorzubringen, nämlich die Freude? »Was wir sonach feiern«, sagt Eduard, »ist nichts anderes als wir selbst, wie wir insgesamt sind, oder die menschliche Natur. [...] Jeder von uns schaut in der Geburt Christi seine eigene höhere Geburt an.« Die Erzählung klingt aus mit dem Appell eines »lang erwarteten Freundes«. Dieser heißt Josef. Er ruft dazu auf: »Lasst uns heiter sein und etwas Frommes und Fröhliches singen.«

Gern wäre ich dabei gewesen beim Berliner Weihnachtsfest von 1806. Kultivierte Leute plaudern in schönen Räumen, an Geschenken wird nicht gespart, kein Kirchgang stört die Harmonie. Man streitet ein wenig, aber nicht zu viel, und stets zur rechten Zeit stellt ein heitres Lied sich ein. Herz, was willst du mehr? Grundsätzlich vielleicht nicht viel mehr, an Weihnachten aber noch sehr viel mehr will das Herz; will zumindest jenes Herz, das der Geburt Jesu eine Bedeutung beimisst, die über großstädtisches Großbürgertum hinausgeht. Die Damen und Herren und Kinder schotten sich bei Schleiermacher vielleicht auch deshalb in den luxuriösen vier Wänden ab, um der Realität aus dem Weg zu gehen. Wieder einmal, wie bei den Freimaurern und den übrigen Herolden der humanistischen Avantgarde, lassen sich vermeintlich hehrste Ideale nur unter Ausschluss eines großen Teils der Wirklichkeit behaupten.

Draußen, selbst in den gemiedenen Kirchenbänken, lauern Schmutz und Armut. Durch diese hindurchzusehen auf den unzerstörbaren Grund eines jeden Menschen, die Würde, gelingt Diesseitseuphorikern selten. »Wechselgeschenke« deuten laut Eduard auf »Geben und Dienen« – wenn man denn genug zu schenken hat und wenn man bildungssatt genug ist, um diesen Wissenstransfer, diesen Überstieg vom Dinglichen ins Religiöse leisten zu können. Man muss die Bibel gründlich kennen, damit man sie entbehrlich machen kann. Wo das breite Wissen und die tiefen Taschen fehlen (und beides fehlt heute epidemisch, oft ohne eigenes Zutun), da sind kluge Gespräche über die bezweifelte Bibel nur ein Nebengeräusch bei der Jagd nach Geld, der Abkehr vom Geist. Mit Weihnachten ging darum mehr verloren als ein Traditionsgut. Die Unfähigkeit, Weihnachten als Glaubensfest ernst zu nehmen, ob in Zustimmung oder Ablehnung – diese Unfähigkeit entspringt der Weigerung, etwas anderes als den Intellekt zum Lebenskompass, etwas anderes als das Ich zum Lebensziel zu erklären. Wie aber soll man sich selbst einnorden?

Weil Machtvollkommenheit von eigenen Gnaden ein Ding der Unmöglichkeit ist, eine Münchhausiade, der traurige Versuch, sich selbst aus dem Sumpf der Vergänglichkeit zu ziehen, eben darum blieb Widerspruch nicht aus. Theologie lässt sich nicht rückstandslos in Philosophie überführen. Wo heute dieser Eindruck erweckt wird, da argumentiert man unter der Hand gerade nicht philosophisch, sondern theologisch. Das Gespräch etwa, das am Ostersonntag des Jahres 2007 von dem Kulturkanal 3sat ausgestrahlt wurde und das zwei Moderatoren mit dem Atheistenaktivisten Michael Schmidt-Salomon führten, hatte diese verschwiegene Mitte. Knapp zur Hälfte der »Sternstunde Philosophie« sagte der philosophierende Aktivist, auf alle letzten Fragen gebe es auch eine philosophische Antwort. Der moderierende Philosoph fiel ihm eilfertig ins Wort: »Genau!« Und setzte hinzu: »Wäre es das Ziel unserer Zeit, die Theologie durch die Philosophie abzulösen?« Der Aktivist stimmte freudig zu, der moderierende Philosoph lächelte beglückt, die Moderatorenkollegin nickte zart. Die drei waren sich einig. Sie spürten nicht die Anmaßung. Wer das »Ziel unserer Zeit« meint bestimmen zu können, der denkt nicht, der hält sich für erleuchtet.

Es mag die Hoffnung der drei sein, dass die Theologie verstummt und eine antitheologische Spielart von Philosophie noch lauter um sich schreit; »unsere Zeit« aber hat, wie jede

Zeit vor und nach ihr, überhaupt keine Ziele. Zeit vergeht. Das ist alles, was sie tut. Menschen können dieses oder jenes für heute oder morgen fordern oder verhindern. Menschen haben ihr eigenes Zeitempfinden und ihre eigenen Bedürfnisse, die sie von den übrigen Menschen trennen. Das eine »Ziel unserer Zeit« kann man nur mit diktatorischer Vollmacht ausgeben. Die Fünf-Jahres-Pläne in der Sowjetunion waren »Ziele unserer Zeit«. Oder aber man redet theologisch, dann ist das Ziel aller Zeit das Weltgericht. Zwischen diesen beiden Polen bewegten sich der Atheistenaktivist und die Moderatoren: Sie träumten am Ostersonntag von Allmacht, und sie redeten religiös. Beides aber taten sie im irrigen Bewusstsein, machtkritisch und antireligiös sich zu gebärden. Nicht die handzahm gewordenen Theologen, sondern glaubensverachtende Philosophen sind die letzten Autokraten »unserer Zeit«.

Die Kirche, die Hysterie und der Baldrian

Antimodernismus im 19. Jahrhundert I:
Chateaubriand, Papst Gregor XVI.
und der »Schmutzkanal«

Widerspruch blieb nicht aus: Selbst im nutzenversessenen 19. Jahrhundert war die Messe längst nicht gesungen. Ein Jahr nach Schleiermachers »Weihnachtsfest« erschien im revolutionswunden Frankreich ein Manifest des traditionellen Glaubens. Der ehemals atheistische Graf François-René de Chateaubriand veröffentlichte »Geist des Christentums«. Das achthundert Seiten dicke Buch war das Dokument einer Rückkehr zum Katholizismus – und eine Kampfansage an die säkularen Kräfte. Der Lebemann nannte sich einerseits »tugendhaft ohne Genugtuung«. Er kultivierte seine Melancholie, war »enttäuscht, ohne genossen zu haben. [...] Man wohnt mit einem vollen Herzen in einer leeren Welt, und ohne sich an etwas gewöhnt zu haben, ist man bereits alles Möglichen entwöhnt.« Andererseits hielt er gerade deshalb das Christentum für die einzig denkbare Religion: »Die Griechen und Römer, die [...] keine Freuden erwarteten, die vollkommener als die irdischen sind, waren nicht wie wir zum Nachdenken und zur Sehnsucht veranlagt, durch den besonderen Charakter ihrer Religion. Dagegen bietet das Christentum [...] uns unaufhörlich das doppelte Bild der irdischen Trübsale und der himmlischen Freuden.«

Die Kombination aus Nachdenken und Sehnsucht zeichne den christlichen Glauben aus. »Fürchtet unsere Religion das Licht?«, fragt Chateaubriand. »Einer der stärksten Beweise für ihren himmlischen Ursprung liegt darin, dass sie die strengste und gewissenhafteste Prüfung der Vernunft erträgt.« An anderer Stelle heißt es, »die Wahrheiten des Christentums, weit entfernt, eine blinde Unterwerfung der Vernunft zu verlangen, nehmen den erhabensten Gebrauch der Vernunft in Anspruch. [...] Die christliche Religion, die man für die Religion der Ungebildeten hat ausgeben wollen, ist so sehr die Religion der Philosophen, dass man sagen kann, Plato habe sie beinahe erraten«. Justin hätte da gern zugestimmt, Celsus sich zornig abgewandt, Reimarus mit den Achseln gezuckt, doch der Atheistenaktivist vom Schlage eines Schmidt-Salomon schürzt bei solchen Sätzen spöttischer als ohnehin die Lippen. Ihm ist jeder Glaube ein Anschlag auf das Denkvermögen. Welche Vermutung aber ist vernünftiger: Dass die Welt vollständig begreifbar ist unter Ausblendung all dessen, was weder im Experiment bestätigt noch im Dreisatz errechnet werden kann, unter Verzicht also auch auf den Wahrheitsgehalt von Liebe, Treue, Opfer? Oder ist es vernünftiger, mit Chateaubriand zu vermuten, kein Zufall habe »einen so ungeordneten und widerstrebenden Stoff zu bewältigen vermocht, dass er einer so vollkommenen Ordnung sich fügte?«

Ein strenger Rationalist war François-René de Chateaubriand nicht, eher ein Dandy denn ein Denker. An seiner Leidenschaft und seinem Einfallsreichtum aber prallen viele Klügeleien aus dem Hause Reimarus und Co. ab: »Wer es dahin bringen konnte, dass man ein Kreuz anbetet, wer die leidende Menschheit und die verfolgte Tugend zu einem Gegenstand der Verehrung für die Menschen gemacht hat, der ist – wir schwören drauf – unmöglich etwas anderes als ein Gott.« Trotz allen Entdeckerstolzes trägt Chateaubriand, zumindest in »Geist des Christentums«, das Echtheitssiegel des wahrhaft Gläubigen auf seiner Brust, den Beelzebub aller Gottlosen: den Zweifel, der Demut Frucht. Er weiß, dass der Mensch ein Selbstwiderspruch ist und bleibt, »ein umgestürzter und mit den Steinen seiner Trümmer wieder aufgebauter Palast, worin man großartige Teile neben widrigen erblickt, prachtvolle Gänge, die nirgends hinführen, hohe Säulen neben verschütteten Hallen, starke Lichter neben dem tiefsten Dunkel: mit einem Wort, eine Verwirrung und Unordnung auf allen Seiten«.

Wenn aber der Mensch tatsächlich ein so vielfach gemischtes Wesen ist (und mir fällt partout kein Gegenargument ein), so lässt das Menschenbild vieler Aufklärer eine gefährliche Lücke. Laut Voltaire besteht der Mensch vor allem aus »Vernunft, geschickten Händen, einem Kopf, der fähig ist, abstrakte Begriffe zu finden, einer Zunge, behende, sie auszusprechen«. Böse werde er nur durch »unsere Sitten und Gebräuche«. So sahen es auch die sozialistischen Materialisten, weshalb sie Umerziehungsmaßnahmen, Planwirtschaft, Ausgangssperre verordneten. Weit realistischer scheint mir die Position Chestertons. Ihm zufolge gibt es immer einen Menschen, der »mit innigem Vergnügen einer Katze bei lebendigem Leib das Fell über die Ohren zu ziehen vermag«. Voltaire und seine Nachfahren bis heute, die Freidenker und Rationalisten, manövrieren den Homo sapiens in die permanente Überforderung und also in die Aggressivität.

Wenn nämlich die Vernunft das hervorstechende Merkmal des Menschen ist, wie beantworte ich dann all die vielen unvernünftigen Handlungen? Mit immerwährender Rede, mit Zucht, mit Zwang? Wenn seine Hände geschickt sind, was mache ich dann mit jenen Menschen, die von Geburt an ungeschickt sind? Wenn sein Kopf abstrakte Begriffe finden soll, wohin sende ich dann jene Köpfe, die für abstrakte Begriffe zu langsam sind? Wenn die Zunge abstrakte Begriffe behende aussprechen soll, was bleibt dann dem redeunkundigen Menschen übrig zu tun?

Und welches Recht auf Kundgabe hat die Zunge, die keine abstrakten Begriffe, sondern nur Dinge auszusprechen vermag? Sobald der Mensch primär als »körperliche Maschine« (Reimarus) verstanden wird, deren Leistung im zweckvollen Denken besteht, kann ihm bei mangelnder Leistung das Schicksal defekter Maschinen drohen: die Verschrottung, zumindest der Entzug der Vollmitgliedschaft im Menschenklub. Manche Pioniere der Aufklärung sind auch Pioniere der Ausgrenzung.

Die Debatten des 18. und 19. Jahrhunderts, deren Wiederholung Gegenwart heißt, »unsere Zeit«, behandelten die scheinbar abstrakte Frage, wie viel Menschenvernunft der Glaube aushalte, wie viel er brauche, um nicht unterzugehen. Innerhalb wie außerhalb des Glaubens waren die Agenten einer säkularen Vernunft auf dem Vormarsch. Nach Jahrhunderten, in denen das Denken ein »sentire cum ecclesia« war, ein Denken mit der Kirche, war diese Revolution unvermeidlich. Ohne einen solchen Paradigmenwechsel wären die Errungenschaften des liberalen Verfassungsstaates viel zäher Wirklichkeit geworden. Insofern sind wir alle, bin auch ich dankbar für diese Beschleunigung, Vervielfältigung, Demokratisierung des Denkens.

Damit jedoch wurden wichtige Fragen übersprungen, deren Wucht uns heute trifft. Wovon der Mensch sich befreien wollte, war schnell ausgemacht: von den Bevormundungen durch Hierarchie und Tradition. Wohin aber zielte die Befreiung? Welchen Gebrauch galt es von den Freiheiten zu machen? Welche abstrakten Begriffe sollten sich in der Praxis als menschenfreundlich erweisen, welche als verknechtend? War die Ahnung Chateaubriands von 1802 begründet? Er schrieb: »Wenn der Mensch auf der höchsten Stufe der Zivilisation anlangt, steht er auf der untersten Stufe der Moral. Ist er frei, so ist er roh; glättet er seine Sitten, so schmiedet er sich Ketten. [...] Sein Herz gewinnt auf Kosten seines Kopfes und sein Kopf auf Kosten seines Herzens.«

Liest man unter diesem Blickwinkel die Verurteilungen der

Moderne, mit denen die Päpste im 19. Jahrhundert heftig mitschrieben an der Kollisionsgeschichte von Vernunft und Glauben, so lassen sich diesen grimmigen Einsprüchen bleibende Einsichten abgewinnen. Damals, in den knapp fünfzig Jahren zwischen 1832 und 1879, zwischen den Enzykliken »Mirari vos« und »Aeterni patris«, war noch nicht entschieden, ob die Freiheit, schrankenlos zu denken, dem Menschen mehr nützt oder mehr schadet. Natürlich, es waren streckenweise sehr hilflose, rührend untaugliche Versuche, den Geist zu vertreiben, der der Büchse der Pandora entwichen schien, den Geist der Liberalität und der Emanzipation. Die Moderne hinwegargumentieren zu wollen, hat ebenso große Erfolgsaussichten wie der Ehrgeiz, Wolken zu Sonnenschein und Winterstürme zu Sommerwinden zu erklären. Gerade deshalb aber, weil wir hier auf Dokumente eines totalen Scheiterns blicken, ist es an der Zeit zu fragen: Trägt dieses Scheitern einen noch lebensfähigen Keim in sich? Liegt unter einem Berg voller Ressentiments vielleicht ein Wissen verborgen, das auszugraben sich lohnt? Denn dass nicht alles Vergangene zu Recht verging, gilt auch heute.

Der Mönch Bartolomeo Cappellari macht es uns da nicht leicht. In jungen Jahren, anno 1799, schrieb er das Manifest »Der Triumph des Heiligen Stuhles und der Kirche«. Damit bezog er, vollkommen anders als Mönch von Werkmeister, der diesen Zusammenhang entschieden bezweifelte, klar Position zugunsten der päpstlichen Unfehlbarkeit. In Deutschland hatte zuvor der Trierer Weihbischof Johann Nikolaus von Hontheim unter dem Pseudonym Febronius die flammende Reformschrift »Über den Zustand der Kirche und die rechtmäßige Gewalt des Pontifex« verfasst. Der sogenannte Febronianismus fand, obwohl von Hontheim 1778 offiziell widerrufen musste, bis ins 19. Jahrhundert hinein viele Anhänger, die wie er eine Eindämmung der päpstlichen Machtfülle und eine Aufwertung der Laien forderten. Als Papst Gregor XVI. setzte

Cappellari dann seine harte Linie fort. Unter der Überschrift »Mirari vos arbitramur« verurteilte er am 15. August 1832 fast sämtliche Errungenschaften der Moderne.

Die Enzyklika verdammt viele Prinzipien, auf die unser Zusammenleben längst und fest gegründet ist. Weder mit der Gewissens-, noch mit der Meinungs-, geschweige denn mit der Pressefreiheit kann Gregor XVI. sich anfreunden. Er tadelt wie zu Luthers Zeiten die Buchdruckerkunst, er verteidigt die in der Apostelgeschichte, Kapitel 19, Vers 19 beschriebene Bücherverbrennung, preist den Index als deren zeitgemäße Fortsetzung. Um keinen Preis der Welt sollen weiterhin »unrechte, dreiste Wissenschaften und zügellose Freiheit freche Siege erringen«. Nicht länger sollen »nichtswürdige Menschen« die Verehrung Gottes schmähen, schänden, verhöhnen. Den »verderblichsten Philosophen unserer Zeit« will der Papst das Handwerk legen. Eine solche Philippika würde heute nur im Selbstverlag erscheinen können. Sie wäre ein Fall für den Verfassungsschutz.

Maßlos ist Gregor XVI. in seinem Zorn. Kein einziger Satz von »Mirari vos arbitramur« fände heute ungeteilte Zustimmung. Auch anno 1832 war die Enzyklika nicht gerade das, was man eine geschickte Werbemaßnahme für den katholischen Glauben nennt. Dieses Urteil sollte uns aber nicht verleiten, einer entscheidenden Frage aus dem Weg zu gehen: Was hat den päpstlichen Zorn erregt? Und wenn schon nicht die Maßnahmen unser Einverständnis erzielen, tun es vielleicht die Beweggründe?

Zweierlei trieb Gregor zur Weißglut. Er hielt mit dem Apostel Paulus daran fest, dass es »keine Gewalt gibt außer durch Gott«. Ergo könne ein Christ sich nicht der Obrigkeit entgegenstellen, ohne gegen Gott zu rebellieren. Gewiss dachte er bei dieser Mahnung an die innenpolitisch unruhige Lage. Die Pariser Juli-Revolution von 1830 hatte auch in Italien für Aufstände gesorgt. Kirche und Staat zu trennen schien ihm widersinnig. Gewahrt werden müsse die »gegenseitige Einigkeit zwischen der weltlichen Macht und der geistlichen Obrigkeit«. Noch 1920 dachte der Dichter Hugo Ball ganz ähnlich: »Solange der Staat die überlegene Autorität einer unfehlbaren Kirche nicht anerkennt [...], so lange muss man mit einem latenten Zustand der Rebellion rechnen; denn es ist nicht einzusehen, weshalb die Gesamtheit solle gegen die geistige Autorität rebellieren dürfen, der Einzelne aber nicht gegen den Generalverband der Interessen.«

Damit ist nun heute in der Tat und buchstäblich kein Staat mehr zu machen. Die mit der Französischen Revolution einsetzende, gewissermaßen hinter die Reformation zurückfallende Scheidung der Sphären tat dem Glauben auf lange Sicht gut. Die Kirche hat mit dieser Säkularisierung, diesem enormen Machtverlust Frieden geschlossen. Bischöfe, die zugleich Abgaben kassierten und Beichten abnahmen, zugleich Heere finanzierten und Kirchenbauten, waren stets in der Versuchung, als weltliche Politiker zu agieren; viele erlagen dieser Versuchung. Heute erklärt Gregors Nachfolger Benedikt XVI. in seinem Buch »Jesus von Nazareth« (2007): »Der Preis für die Verschmelzung von Glauben und politischer Macht besteht zuletzt immer darin, dass der Glaube in den Dienst der Macht tritt und sich ihren Maßstäben beugen muss. [...] Das christliche Kaisertum oder die weltliche Papstmacht sind heute keine Versuchungen mehr.« Benedikt rechnet diese gar den satanischen Versuchungen zu – und hat damit einen Großteil der Kirchengeschichte gegen sich.

Das zweite Feld des päpstlichen Zorns von 1832 führt direkt in die Gegenwart. Gregor trieb die Sorge um, Wahrheit und Lüge könnten auf derselben Ebene, sozusagen wertneutral, verhandelt werden. Dabei sei es doch unvernünftig, dass »Gifte frei verbreitet sowie öffentlich verkauft und angeboten werden dürfen«. Man müsse »das Gift des Irrtums« vernichten, vor allem die Lehre des sogenannten Indifferentismus.

Dieser besage, »man könne mit jedem beliebigen Glaubensbekenntnis das ewige Seelenheil erwerben, wenn man den Lebenswandel an der Norm des Rechten und sittlich Guten ausrichte«.

Gregor wandte sich gegen Thesen, wie sie damals etwa Felicité de Lamennais vertrat, dessen Hauptwerk er 1834 förmlich verurteilte. Der Pontifex hielt daran fest, dass sein Glaube, der Glaube der Kirche, wahr sei und insofern konkurrenzlos. Er wollte sich nicht mit der Gegenthese anfreunden, die auf dem Zweiten Vatikanischen Konzil dann zur Doktrin erhoben wurde. Auch in den anderen Religionen, hieß es 1962, finde sich ein »Strahl jener Wahrheit, die alle Menschen erleuchtet«. Die Kirche lehne nichts von dem ab, was in den anderen Religionen »wahr und heilig« sei. Mit Gregor XVI. und dessen Nachfolgern wurde damit radikal gebrochen. Die Päpste des 19. Jahrhunderts beharrten auf der Unüberbietbarkeit der in Jesus offenbarten Wahrheit. Sie hielten die Jesus widerstreitenden Lehren für unwahr, und sie wollten diesen Unwahrheiten nicht dasselbe Existenzrecht einräumen.

Unter der Voraussetzung, dass Gregor theologisch und nicht politisch argumentiert, ist seine Position schlüssig. Er sagt, wenn wir das Getöse abziehen: Die Bibel und die Tradition definieren, was wahr ist. Die Kirche kann sich in ihrem Verkündigen nur von dieser Wahrheit leiten lassen. Es ist nicht ihre Aufgabe, die Verbreitung anderer Lehren zu dulden. Das moralische Tun genügt nicht; es muss im Geiste Christi erfolgen, damit es zum Heil führt. Die Praxis ersetzt nicht das Bekenntnis.

Auch in dieser zahmeren Form machte sich Bartolomeo Cappellari im ökumenischen oder interreligiösen Dialog keine Freunde mit seiner Enzyklika. Aber nehmen wir sie als Ausdruck eines Glaubens, nicht als Machtdemonstration, die sie eben auch war, dann ist dieser Glaube kompromisslos authentisch. Und erscheinen gegenwärtig nicht manche medialen Produkte unter dem Banner von Unterhaltung und Zerstreuung wie jener halböffentliche »Schmutzkanal«, gegen den Gregor in seiner Enzyklika ausdrücklich giftete?

Drei Jahre nach »Mirari vos« wurden die »Irrtümer des Georg Hermes« verurteilt, eines schon 1831 verstorbenen Theologieprofessors aus Münster. Gregor XVI. schrieb, Hermes habe irrigerweise im Zweifel die Grundlage jeder theologischen Forschung gesehen und die Vernunft zur Hauptnorm der »Erkenntnis der übernatürlichen Wahrheiten« erhoben. Hermes war ein kluger Interpret Kants, und Kant und Katholizismus schlossen sich anno 1835 weitestgehend aus. Hermes' Lehren »schmeckten nach Häresie«, weil der Glaube sich durch Kant in den zweiten Rang zurückgesetzt wähnte. Der Versuch der Hermes-Schule, einen vernünftigen Glauben zu konstituieren, prallte am Vatikan ab. Gregor sah die Gefahr einer Selbstsäkularisierung à la Lessing.

Bis heute umstritten ist, ob Hermes aufgrund korrekter oder allzu missgünstiger Lektüre der Bannstrahl traf. Zumindest mit dessen Anliegen hätte auch ein Papst sympathisieren können. Hermes bekannte in seiner »Christkatholischen Dogmatik«, er wolle »das Christentum gegen philosophische Anfechtungen, die in unserer Zeit alltäglich sind, verteidigen«. Doch keine Apologetik nach Justins Art entstand, sondern eher eine »Schutzschrift«, eine deutlich abgemilderte Variante der Selbstbefragung des Reimarus. Wie bei diesem war auch Hermes' Ausgangspunkt die eigene innere Unruhe. Er schrieb und lehrte, weil in ihm »eine Menge Fragen und Zweifel« entstanden waren einschließlich jener, »ob denn auch wirklich ein Gott sei«. Überzeugende Antworten fand er in der Fachliteratur keine, und so »kehrte ich nun in mich selbst zurück, fest entschlossen, zu studieren und nicht zu ruhen, bis ich eine Antwort auf meine Fragen gefunden, die mich überzeugte«.

In der Tat also ist hier der Zweifel der Ausgangspunkt eines strikt subjektiv aufgefassten theologischen Nachdenkens. Seine Fragen will Hermes nach seiner Methode so lange stellen, bis sie auf für ihn einsichtige Weise beantwortet sind. Der Zweifel ist hier, wie der Theologe Thomas Fliethmann schreibt, »Motor der Problemanalyse«. Hermes selbst bekannte sich zu einem Vorgehen mit naturwissenschaftlicher Leidenschaftslosigkeit; »alles Erkennen ist kalt«. Auf diesem Weg gelangte er zu jener Scheidung, die, weit radikaler, vor ihm Lessing vollzogen hatte. Er schrieb als Gymnasiallehrer am Münsteraner Paulinum 1805 eine »Untersuchung über die innere Wahrheit des Christentums«.

Dass eine solche innere Wahrheit spontan anziehender wirkt als das Beharren der Orthodoxie auf Form und Tradition, also auf Geschichtlichkeit, verwundert nicht. Darum war es auch ein Zug der institutionenkritischen Zeit, dass Hermes' »Untersuchung« 1967 und seine »Dogmatik« 1968 neu aufgelegt wurden.

Hermes gibt als Resultat seines vernünftigen Fragens an: »Gott ist der einzige, ewige, absolute und unveränderliche Schöpfer der veränderlichen Welt.« Für Hermes, resümiert Fliethmann, »bleibt im Dunkeln, wie Gott ist, aber das ›Dass‹ der Existenz gilt als unumstößlich bewiesen.« Vom persönlichen, trinitarischen Gott ist hier die Rede nicht. Kaum anders hätte Kant argumentiert, mit dem Hermes die Überzeugung von der Notwendigkeit des »moralischen Glaubens« oder »Vernunftglaubens« für einen Lebenswandel gemäß dem allgemeinen Sittengesetz teilt. Im Gegensatz zu Kant aber und fast so stark wie Zwingli betont Hermes die »Genugtuung« durch Christus; der Gottmensch habe den Menschen gerechtfertigt vor aller eigenen Tat.

Nicht an der Erbsünde, sondern an deren Folgen laborierten die Menschen. Einer solchen Sichtweise, die dem Protestantismus ebenso nahe kommt wie der pragmatischen Umdeutung der Theologie in Philosophie, des Glaubens in

Moral, konnte Gregor XVI. nicht zustimmen. Und wahrlich beunruhigend erschien ihm die tendenzielle Grenzenlosigkeit des Zweifels: Würden die Hermes-Schüler nicht an einem ganz anderen Punkt haltmachen, vielleicht bei Gott als dem unbewegten Beweger?

Weitere fünf Jahre später musste ein anderer Theologe, Louis-Eugène-Marie Bautain aus Straßburg, Abbitte leisten. Bautain war in Verdacht geraten, dem Fideismus das Wort zu reden, gewissermaßen der Gegenposition zu Kant. Fideisten denken von Gott so groß, dass sie die Vernunft kaum mehr brauchen. Öffentlich bekräftigte daraufhin Bautain am 8. September 1840, dass die Vernunft trotz der »Ursünde [...] genügend Klarheit und Kraft« besitze, »um uns mit Gewissheit zur Existenz Gottes, zur Offenbarung zu führen«. Er distanzierte sich sozusagen von einer Lutherschen Ansicht: Verderbt sei des Menschen Vernunft, nur Gnade führe zur Wahrheit.

Historisch einigermaßen schlecht beleumundet ist Gregor XVI. heute. Das katholische »Lexikon für Theologie und Kirche« nennt ihn in der dritten Auflage von 2001 »politisch unerfahren und weltfremd. [...] Das ausgeprägte Bewusstsein der päpstlichen Vollgewalt und mittelalterliche Wunschbilder bestimmten die gesamte Kirchenpolitik.« Er aber sah sich selbst wohl im Einsatz für eine *middle of the road policy*. Weder sollte der Glaube sich vor den Richterstuhl der Vernunft zerren lassen, noch sollte die Vernunft brav dem Glauben hinterhertappen. Ob diese Alternativen mit den Namen Lamennais und Hermes auf der einen, Bautain auf der anderen Seite stimmig bezeichnet sind, ist eine andere Frage. Nicht bezweifelt werden kann aber, dass diese beiden Möglichkeiten reale Gefahren für eine traditionsbewusste Volkskirche bedeuten.

Sekten ist es ein Leichtes, sich in die Gefühlsreligion (etwa der Charismatiker) oder den Vernunftkult (etwa der Freimaurer) zu verabschieden. Wer sich als Anwalt einer fast zweitausendjährigen Geschichte begreift, die ein Gott gründete, der kann sich kein argumentatives Laisser-faire leisten nach dem Motto der Agnostiker »Jeder nach seiner Fasson«, und der muss gegenüber dem als falsch Erkannten intolerant sein – ohne deshalb zu Geißel oder Peitsche zu greifen. Das Desinteresse vieler am heute existierenden Christentum, das nur Atheisten als Trutzburg einer Wahrheit erscheint, rührt von diesem Eindruck her: Christen, sind das nicht die Damen und Herren, die alles verstehen, das meiste entschuldigen? Die, wie es von einem amerikanischen Romanhelden heißt, Verständnis verströmen wie Mozart Musik?

Antimodernismus im 19. Jahrhundert II: Papst Pius IX., der Syllabus und ein »schauderhaftes System«

Solche Überlegungen waren Papst Pius' IX. Sache nicht. Er war von wenig Zweifel angekränkelt in seinem Pontifikat, dem längsten überhaupt. Es währte zweiunddreißig Jahre. Untrennbar und wenig schmeichelhaft ist sein Name verbunden mit dem »Syllabus errorum«. Die 1864 veröffentlichte Liste enthält achtzig Irrtümer, die dem katholischen Glauben zuwiderliefen. Zusammengestellt worden war der »Syllabus« aus verschiedenen Dokumenten Pius' IX. Er war gewissermaßen eine Zusammenfassung seiner Lehre, wie sie sich bereits im Jahr der Wahl 1846 herauszuschälen begann.

Die Enzyklika »Qui pluribus« urteilte damals sehr hart. »Sicherlich nichts Unsinnigeres, Gottloseres, nichts, was mit der Vernunft selbst in größerem Widerspruch stünde«, könne erdacht werden als die Behauptung, der Glaube an Christus widerspreche der menschlichen Vernunft. »Denn wenn auch der Glaube über der Vernunft steht, so kann dennoch niemals eine wahre Unstimmigkeit oder eine Gegensätzlichkeit zwischen ihnen angetroffen werden; denn beide stammen von ein und derselben Quelle der unveränderlichen und ewigen Wahrheit, dem unendlich guten und großen Gott, und leisten sich so wechselseitig Hilfe, dass die rechte Vernunft die Wahrheit des Glaubens beweist, schützt und verteidigt, der Glaube aber die Vernunft von allen Irrtümern befreit und sie durch die Erkenntnis der göttlichen Dinge wunderbarerweise erleuchtet, stärkt und vollendet.«

Im Sinne des Thomas von Aquin sollen Vernunft und Glaube sich ergänzen. Dieser aber steht hier so turmhoch über jener, dass die Vernunft letztlich nur die vom Papst vorgegebenen Leitlinien bestätigen kann. Ungläubige werden die »strahlendsten und ebenso äußerst sichersten Beweise, dass Gott der Urheber dieses Glaubens ist«, nicht beeindrucken. Pius kennt »nichts Gewisseres, nichts Sichereres, nichts Heiligeres […] als unseren Glauben« und verweist auf Jesu Wunderzeichen und Auferstehung, auf »die Standfestigkeit so vieler Märtyrer und den Ruhm so vieler Heiliger« und die weltweite Ausbreitung des Christentums. Dessen Feinde sind »erbärmlich Daherfaselnde«, die sich Philosophen nennen, oder »äußerst verschlagene Bibelgesellschaften«, die Volksbibeln »sogar ungebildeten« Menschen »austeilen, ja aufdrängen«, oder Befürworter des »schauderhaften Systems von der Unterschiedslosigkeit jedweder Religion«, das schon Lamennais zum Verhängnis wurde, oder schlicht Kommunisten.

Zeter und Mordio ruft Pius IX. Von großem Misstrauen sind seine Einwände geprägt. Weder den Menschen noch dem Staat traut er so recht über den Weg. Während die Adepten der Französischen Revolution die Menschen heillos überfordern, indem sie ihnen ihre Perfektionierbarkeit vorbeten und so »ein immanentes Eiferertum« freisetzen, »das – aufgrund seiner Unfähigkeit zur Gnade – dem religiösen an Strenge, Wut und Gewaltsamkeit den Rang abläuft« (Peter Sloterdijk), wird hier der Mensch systematisch unterfordert. Ohne kirchliche Anleitung, so scheint es, ist er nicht lebenstüchtig. Diese Tendenz kulminiert im »Syllabus«. Die achtzig verworfenen Sätze lesen sich heute wie ein ethisches Grundsatzprogramm für das 21. Jahrhundert. Man bekäme große Mehrheiten weltweit, spräche man sich für die von Pius IX. als irrig zurückgewiesenen Ansichten aus. Diese klingen in spätmodernen Ohren geradezu wie eine Gebrauchsanweisung für ein schönes Leben. Das Verworfene wurde Realität.

Nicht falsch, sondern gut und richtig, vernünftig und weise dünkt heute die als Kanon des Schreckens angelegte Liste von 1864. Nämlich: dass Gott dasselbe ist wie die Natur; dass Gott in der Welt nicht handelt; dass allein die menschliche Vernunft Richter ist über Gut und Böse; dass die Wunder der Bibel erdichtete Märchen sind; dass der Vatikan den Fortschritt der Wissenschaft behindert; dass Fragen der Offenbarung in der Philosophie nichts zu suchen haben; dass jede Religion ein Weg zum Heil ist; dass die Kirche vom Staat und der Staat von der Kirche zu trennen sei; dass nur die Kräfte der Materie anerkannt werden können; dass die Ehe ein Vertrag ist und kein Sakrament; dass jeder Kult und jede Meinung dasselbe Recht haben auf Öffentlichkeit; dass – und damit endete die Liste – »der römische Bischof sich mit dem Fortschritt, mit dem Liberalismus und mit der modernen Kultur versöhnen und anfreunden kann und soll«.

Der letzte Satz ist die Summe aller vorherigen. Die »moderne Kultur« wird komplett abgelehnt. Eben deshalb ist der Kirche der »Syllabus« peinlich. Er verdammt all das, woran sie heute auch Anteil haben will und woran sie endlich Anschluss gefunden hat. Für fast jeden der achtzig Punkte finden sich Theologen aus dem Herzen der Kirche, die das einst Bekämpfte willkommen heißen. In vielen Punkten ist eine solche Umarmung der Moderne tatsächlich alternativlos. Heute ernsthaft zu behaupten, die Trennung von Staat und Kirche sei ein großer Fehler und der katholische Glaube der einzig wahre, würde mit der Roten Karte und dem Verweis vom Debattenspielfeld Bundesrepublik belohnt.

Kein Geringerer als Joseph Ratzinger rühmte 1975 das Schlüsseldokument des Zweiten Vatikanums, »Über die Kirche in der Welt von heute«, als »eine Art Gegensyllabus«. Damit sei 1965 der »Getto-Komplex« überwunden worden: »Es kann keine Rückkehr zum Syllabus geben, der eine erste Markierung in der Auseinandersetzung mit dem Liberalismus und dem heraufsteigenden Marxismus sein mochte, aber kein letztes Wort sein kann.« Ratzinger kritisierte die »situationsbedingten Einseitigkeiten an den durch Pius IX. und X. vollzogenen Positionsbestimmungen der Kirche gegenüber der mit der Französischen Revolution eröffneten neuen Geschichtsphase«. Das Konzilsdokument von 1965 hingegen stelle »den Versuch einer offiziellen Versöhnung der Kirche mit der seit 1789 gewordenen neuen Zeit dar«.

In der Tat wurde der Syllabus mit dem Zweiten Vatikanum auf den Schrotthaufen der Kirchengeschichte geworfen. Das zeigt sich, wie wir gesehen haben, deutlich an der gewandelten Einstellung zu den Religionen. Pius IX. benannte als Irrtum Nummer 15 und 16: »Es steht jedem Menschen frei, diejenige Religion anzunehmen und zu bekennen, die man, vom Lichte der Vernunft geführt, für wahr erachtet. Die Menschen können im Kult jedweder Religion den Weg zum ewigen Heil finden und das ewige Heil erlangen.« In der »Erklärung über das Verhältnis der Kirche zu den nichtchristlichen Religionen« von 1965 hingegen heißt es positiv: »Die katholische Kirche lehnt nichts von alledem ab, was in diesen Religionen wahr und heilig ist. Mit aufrichtigem Ernst betrachtet sie jene Handlungs- und Lebensweisen, jene Vorschriften und Lehren, die zwar in manchem von dem abweichen, was sie selber für wahr hält und lehrt, doch nicht selten einen Strahl jener Wahrheit erkennen lassen, die alle Menschen erleuchtet.« Für Pius IX. weist allein der katholische Glaube den Weg zum Heil, ist allein er die Wahrheit. Von Johannes XXIII. an haben die Päpste sich mit der Religionsfreiheit angefreundet. Sie glauben nicht mehr gar so fest an die Exklusivität ihrer Wahrheit.

So ist nun einmal die Realität, mag man da sagen. Weder gibt es geschlossene katholische Milieus, geschweige denn die Angst der Gläubigen vor dem Fegefeuer, noch lässt sich ein religiöser Exklusivitätsanspruch aufrechterhalten zu Zeiten, da die Geschäftsgrundlage sämtlicher sozialen Beziehungen die Wahlfreiheit ist (und damit das Umtauschrecht). Man könnte auch sagen: Die Vernunft innerhalb des Glaubens hat sich der Vernunft außerhalb des Glaubens angepasst. Jenseits des Glaubens zielt seit dem 18. Jahrhundert die Vernunft auf Bemeisterung der Welt; was man weiß, das will man anwenden, was man kennt, das will man besitzen. Ein Werkzeug ist diese Vernunft zu ganz verschiedenen Zwecken. Innerhalb des Glaubens hielt man bis ins 19. Jahrhundert daran fest, dass »die rechte Vernunft die Grundlagen des Glaubens beweist« – so wurde es auf dem Ersten Vatikanischen Konzil 1870 bekräftigt. Im 20. Jahrhundert haben Beweise im Binnenraum auch des katholischen Glaubens nichts mehr zu suchen, und das ist richtig so. Weniger richtig, ja desaströs ist aber der Verzicht auf den Wahrheitsanspruch. Dieser wird zwar hie und da hochgehalten von einsamen Bischöfen oder einflusslosen Theologen; in der Breite aber wollen die christlichen Kirchen nicht mehr damit belästigt werden. Man könnte ja dem anderen zu nahe treten, dem Agnostiker, dem Atheisten, dem Juden oder dem Muslim.

Leider ist das Zweite Vatikanische Konzil in dieser Hinsicht über das löbliche Ziel hinausgeschossen. Es hat – auch hierfür ist Joseph Ratzinger anno 1975 ein Kronzeuge – sich allzu sehr leiten lassen von dem »besorgten Bemühen, nicht neu am anderen schuldig zu werden, (...) nur das Gute an ihm zu suchen und zu sehen. Solche Radikalisierung der biblischen

Grundforderungen von Bekehrung und Nächstenliebe führte zu Unsicherheit über die eigene Identität, die rundum in Frage stand, besonders aber zu einem tief gebrochenen Verhältnis gegenüber der eigenen Geschichte, die um und um besudelt schien.«

Darum ist der allgemeine Tadel für Pius IX. ein wenig wohlfeil. Sein Bannspruch über die moderne Kultur wie auch dessen praktische Umsetzung überschreiten das Maß des gesellschaftlich Tolerablen. Ein Mann, der spürte, dass seine Botschaft mehr und mehr verhallt, schlug um sich. Es war ein verzweifelter, ein vergeblicher Kampf mit untauglichen Mitteln. Aber es war ein Kampf, geboren aus echter Leidenschaft und aus der Unerschütterlichkeit des Glaubens. Pius reformierte zudem den Kirchenstaat, setzte die Pressefreiheit durch, amnestierte politische Gegner, ermöglichte Laien den Zugang zur Verwaltung. Er sah sich dabei nicht nur umstellt von Feinden, er war es tatsächlich, auf politischem ebenso wie auf philosophischem Gebiet.

Die Novemberrevolutionäre von 1848, die ihn aus dem Vatikan vertrieben, sorgten für ein Revolutionstrauma. Schließlich »hatte nur mit Hilfe fremden Militärs der Pontifex maximus die Aufstände niederschlagen und seinen Staat und die Hauptstadt Rom mit den Apostelgräbern zurückerobern können. Nur im Schutz von dauerhaft stationierten französischen Besatzungstruppen konnte er seine Herrschaft über den Kirchenstaat in der Folgezeit wenigstens halbwegs stabilisieren« (Hubert Wolf). Die Truppen Garibaldis machten dem Kirchenstaat 1870 dennoch den Garaus, und auch Theologen in der Nachfolge Georg Hermes' oder im Umfeld Ignaz Döllingers und liberalistische Denker zuhauf erschütterten das kirchliche Weltbild.

Da konnte ein Papst nicht anders als: standhalten. Da konnte er nicht, wie es später à la mode gewesen wäre, zum runden Tisch laden und Konsenspapiere verabschieden. Unbequeme Zeiten bringen meist Glaubensstreiter hervor, bequeme Zeiten Bequemlinge. Pius IX. »sah sich verpflichtet, die Gläubigen vor dem absolut gesetzten Fortschrittsglauben und einer metaphysisch verklärten Moderne zu bewahren und den Liberalismus in seiner antikirchlichen und atheistischen Ausprägung als den Irrtum des Jahrhunderts zu brandmarken« (Christian Schaller). Dieser Umstand wird nämlich leicht übersehen: Pius wandte sich, wie es im Diktum der Zeit hieß, an »alle Söhne der katholischen Kirche«. Die Adressaten des »Syllabus«, der übrigens nie dogmatischen Charakter hatte, waren die Mitglieder seiner Kirche, die Katholiken. Zu ihnen sprach ihr Oberhaupt, drängte auf Einhaltung der Satzung. Die heute üblich gewordene Vermutung, das natürliche Publikum eines Papstes sei die Welt, ist Frucht jüngster Geschichte.

Gegen die Seligsprechung Pius' IX. durch Johannes Paul II. am 3. September 2000 gab es scharfen Protest. Die Arbeitsgemeinschaft der katholischen Kirchenhistoriker bemängelte den »völligen Verzicht auf nüchterne Zeitanalyse und geduldige Differenzierung: In einer oft groben Schwarz-Weiß-Malerei sah er überall nur Gott oder den Teufel [...] am Werke«. Pius habe »ein Zerrbild von Heiligkeit« abgegeben, das »menschlich unglaubwürdig« sei. Mit der Seligsprechung werde sich »die Spaltung innerkirchlich wie ökumenisch verfestigen«. So aber kam es keineswegs.

Die Hysterie von heute ist der Baldrian von morgen. »Nüchterne Zeitanalyse« ist schwer zu leisten, wenn feindliche Truppen das Haus belagern. »Geduldige Differenzierung« ehrt den Wissenschaftler, ist aber auch ein Allheilmittel gegen jede Anwandlung von Bekennermut. Wer »überall nur Gott oder den Teufel am Werke sieht«, der muss sich zumindest nicht vorwerfen lassen, das Wesentliche zu übersehen. Und da Pius selig-, nicht heiliggesprochen wurde, kann die Frage, welche Art von Zerrbild er möglicherweise abgab, weiterhin auf sich beruhen.

Das 19. Jahrhundert zeigt somit einen Abwehrkampf der katholischen Kirche gegen die Moderne, aber auch gegen den Protestantismus, der einerseits immer stärker kulturchristliche Züge annimmt, andererseits im Deutschen Reich zur Staatsreligion aufsteigt. Der antikatholische Kulturkampf Bismarcks und das überspannte Gottesgnadentum Kaiser Wilhelms II. waren die Höhepunkte eines langen Konflikts, der mit dem Canossagang 1077 begonnen hatte: Ein Deutscher, der etwas auf sich hielt, durfte nun einmal nicht »kuschen vor Rom«. Deutscher sein, bei sich sein hieß, gegen die »Papstkirche« zu rebellieren. Dass unter solchen Voraussetzungen keine liberalen Theologien gedeihen, versteht sich von selbst.

Nicht das Beharren auf Tradition und Orthodoxie kann man Gregor XVI. und Pius IX. vorwerfen, im Gegenteil. Das Gespür, das sich bei ihnen zum Bellen steigerte, ist heute fast ganz geschwunden: das Gespür, dass der Kern eines jeden Glaubens unverhandelbar ist und dass man sich nicht bei den Glaubensverächtern erkundigen darf, um Auskunft zu erhalten, was diesen Kern denn wohl ausmacht. Käme je ein Atheist auf die Idee, seine Programmschrift von einem strenggläubigen Konsistorium absegnen zu lassen? Umgekehrt jedoch werden viele Gläubige glückstrunken, wenn sie aus agnostischem oder atheistischem Mund ein Lob vernehmen. Da jedoch empfiehlt es sich, munter mit Vergil auszurufen: Timeo Daneos et dona ferentes – die Danaer gilt es zu fürchten, auch wenn sie Geschenke machen. Vergiftete Geschenke reichen Zyniker gern.

Wie man sich zum Affen macht

Der Glaube darf sich nicht prinzipiell im Gegenüber zur Vernunft positionieren, er darf nicht prinzipiell auf Philosophie und Naturwissenschaft herabblicken, darf deren Rang nicht prinzipiell danach beurteilen, ob sie dem religiös Offenbarten nachträglich Beweisgründe liefern oder nicht. Er muss aber selbstbewusst darauf beharren, dass die Würde seiner Einsichten auf streng säkulare Weise nicht beurteilt werden kann. Der Glaube muss neu die Gelassenheit erlernen, sich zur Beheimatung im Reich des nicht Beweisbaren zu bekennen. Im Gegensatz zur radikal aufklärenden Vernunft weiß er um diese seine Grenze.

Die Vernunft mag sich oft nicht eingestehen, dass sie, wie Chesterton wusste, letztlich auch »eine Sache des Glaubens ist. Davon auszugehen, dass unsere Gedanken überhaupt in einer Beziehung zur Wirklichkeit stehen, ist ein Glaubensakt«. Darum verhielt sich Johannes Paul II. in seiner Enzyklika »Fides et ratio« geschickter, klüger auch als seine Vorgänger im 19. Jahrhundert. Johannes Paul II. legte den Finger in diese Wunde und schrieb 1998 kühl und fast ebenso modernitätsskeptisch: »Wer wäre denn imstande, die unzähligen wissenschaftlichen Ergebnisse, auf die sich das moderne Leben stützt, kritisch zu prüfen? [...] Der Mensch, ein Wesen, das nach der Wahrheit sucht, ist also auch derjenige, der vom Glauben lebt. Im Glauben vertraut sich ein jeder den von anderen Personen erworbenen Erkenntnissen an.« Mal heißen diese Erkenntnisse Evolutions- oder Relativitätstheorie, mal Auferstehung oder Schöpfung.

Wahrheit schlägt Freiheit, die Vernunft ist unvollständig ohne Glaube: Zwischen diesen beiden Leitplanken bewegte sich das westliche Mehrheitschristentum im 19. Jahrhundert. Davon konnte im 20. Jahrhundert, dessen Epilog gerade begonnen hat, kaum Neues kommt nach, die Rede nicht sein. Verspätet, aber umso heftiger operierte der Glaube am offenen eigenen Herzen, am Glutkern namens Offenbarung. Bibel und Verkündigung wanderten jetzt vollends ins Stahlbad des Rationalismus. Gregor XVI. und Pius IX. glaubten nicht das Falsche, sie glaubten und bekräftigten das aus ihrer Warte Richtige zu rigide.

Alles besser machen wollten die Nachgeborenen, und so machte man sich die Anliegen der Aufklärung zu eigen. Dabei übersahen Theologen und Christgläubige jene Gefahren, die wache Zeitgenossen schon am Beginn der Epoche erkannt hatten. Im selben Jahr, da Immanuel Kant diese auf den Begriff brachte, erschien in derselben Zeitschrift, in der die Frage »Was ist Aufklärung?« mit Kants Wahlspruch »Sapere aude« beantwortet wurde, in der »Berlinischen Monatsschrift« also anno 1784, ein anonymes Spottgedicht vom Affen:

Ein Affe steckt' einst einen Hain
von Zedern nachts ins Brand
und freute sich dann ungemein,
als er's so helle fand.
»Kommt, Brüder, seht, was ich vermag:
Ich – ich verwandle Nacht in Tag!«
Die Brüder kamen groß und klein
bewunderten den Glanz,
und alle fingen an zu schrei'n:
»Hoch lebe Bruder Hans!«
Hans Affe ist des Nachruhms wert,
er hat die Gegend aufgeklärt.

Nicht nur aus metrischen Gründen macht der Mensch sich hier zum Affen und stammelt doppelt »ich« und »ich«. Hell dünkt vor allem er sich selbst. Das Wissen, die Erleuchtung, die Unabhängigkeit, jenes Licht, das er der Welt aufstecken will, ist seine eigene Person. Die Ichbezogenheit der Aufklärung ist nach Jahrhunderten, in denen kein Ich zu sehen war vor lauter Hierarchie, Ständewesen, Sippschaftszwang begreiflich. Nicht minder ist es die Sehnsucht, die lastenden Grenzen der Natur nicht länger akzeptieren, Nacht in Tag,

Unheil in Geborgenheit verwandeln zu wollen. Eine Explosion von Kräften war die Aufklärung, die sehr lange unter dem Deckel der Tradition gehalten worden waren.

Sie war aber auch – und das zeigt dieses frühe Dokument einer Dialektik der Aufklärung – die Entfesselung neuer, ungeahnter und darum schwer zu beherrschender Gewalten. Sie war eben auch eine Vervielfältigung der Todesarten. Plump wäre es, im Spottgedicht die Möglichkeiten und Gefahren der Kernspaltung vorweggenommen zu sehen. Hellsichtig jedoch ist der Zusammenhang von Entschlüsselung und Verheerung, von Entdeckung und Vernichtung erkannt. Um zu verhindern, dass die neuen Kräfte zum Bösen ausschlagen, braucht es Gegenkräfte der Besinnung und Eindämmung. Diese aber kann die Aufklärung selbst nicht hervorbringen.

Aufklärung meinte (und meint meist noch immer): Die Letztinstanz aller Entscheidungen ist das autonome Gewissen oder die zur Autonomie befähigende Vernunft; das Morgen ist besser als das Heute, Geschichte heißt Fortschritt zur Freiheit; alles Vorgegebene wird hinterfragt und in verschiedene Gegenstände des Wissens zerteilt; Glück ist Vorhersehbarkeit; Traditionen sind begründungspflichtig; der Zufall ist der Feind; neue Techniken bringen neue Ethiken hervor, und Technik ist der avancierte Zustand der Bildung; nicht länger das Alte ist erstrebenswert, sondern das Unbekannte; die perfekte Gesellschaft liegt in der Zukunft, nicht in einer mythisch gedachten Vergangenheit; Gott ist innen oder ist nicht; trau keinem Pfaffen. Ergo wäre es ein ziemlich robustes Wunder gewesen, hätten die Kräfte der Aufklärung und die Kräfte des Glaubens sich aufeinander einlassen können, ohne ihr Innerstes preiszugeben. Hier stand es Spitz auf Knopf. Zentrifugal oder zentripetal, das war die Frage, Zerspaltung oder Zusammenschau, Ich oder Wir.

Das Experiment, das dennoch begann, hatte wenig Aussicht auf Erfolg. Heute spricht fast alles dafür, dass es gescheitert ist. Heute ist aber auch die Stunde, da es nicht noch einmal misslingen darf, da es noch einmal versucht werden muss: das Experiment, aus den Verhärtungen des Glaubens und der Vernunft herauszufinden in eine menschliche Zukunft.

Ketzer, Atheisten, »dogmatischer Wahnsinn«: Von Karlheinz Deschner zu Michael Schmidt-Salomon

Schön hat's der Ketzer. Die Kirche sichert ihm ein auskömmliches Einkommen. Die Verachtung, mit der sie ihn straft, garantiert lebenslange, geldwerte Aufmerksamkeit. Er schart eine Gemeinde um sich, die wächst mit jedem kurialen Veto. Der Ketzer ist heute eine Ich-AG auf dem Wachstumsmarkt Glaube, Religion und Anverwandtes. So aber war es nicht immer. Einst lebte der Ketzer gefährlich, war er ein Abenteurer in heikler Mission, ein Freibeuter der Moral, ein wirklicher Selbst- und Frei- und Weiterdenker. Er löckte wider den Stachel der Hierarchie und tat so stellvertretend, was nur Außenseiter zustande bringen. Er drehte den Mächtigen eine Nase. Manchmal die Lacher, oft die Bewunderung hatte er auf seiner Seite. Er war über alle Zweifel erhaben, denn er musste jederzeit damit rechnen, verleugnet, vertrieben, verbrannt zu werden.

Jeder Glaube bringt Ketzer hervor, und in jedem Ketzer kündigt sich ein neuer Glaube an. Darum war traditionell des Ketzers Platz am Rande, aber doch innerhalb der jeweiligen Glaubensgemeinschaft. Für den reformierten Theologen Walter Nigg, einen Nachfahren Zwinglis, sind Ketzer die »großen Kämpfer im Hause der Christenheit«. Durch ihr »mutiges und oft heldenhaftes Eintreten für die andere Auffassung des Christentums sind die Ketzer zu den großen Wegbereitern neuer Ideen zu zählen. [...] Um ihrer brennenden religiösen

Sehnsucht willen, die sich im Bisherigen unbefriedigt fühlte und die sie veranlasste, sich der erstarrenden Tradition entgegenzustellen, wurden sie als kühne, waghalsige Neuerer empfunden. [...] Der Ketzer ist der sich nur von Gott abhängig wissende Mensch, der seinem Gewissen gehorsam sein muss, ein Standpunkt, der, christlich beurteilt, nicht missbilligt werden kann. [...] Das Ketzertum stellt die erhabene Geschichte der verfolgten Wahrheit dar und damit etwas vom Größten, was es auf Erden gibt.«

Mit einem Wort: Der klassische Ketzer war ein innerkirchlicher Aufklärer. Nicht Celsus, wohl aber Reimarus wäre demnach zu den Ketzern zu rechnen. Nigg selbst führt in seinem »Buch der Ketzer« unter anderem Irenäus von Lyon, Jan Hus, Martin Luther, Giordano Bruno, Blaise Pascal, Spinoza, Lessing und Tolstoi an. Ihnen gilt seine Sympathie. Sie nämlich betrieben »Christentum in denkbar stärkstem Maße« und erlitten deshalb Schiffbruch. Die Zeit war nicht reif für ihr »umwertendes Denken«. Zusammen bilden sie eine Partei der Unterlegenen. Ihre kirchenpolitische Niederlage spricht laut Nigg für die Wahrheit der ketzerischen Positionen. Er mahnt, die Kirchengeschichte dürfe nicht länger von den Siegern geschrieben werden. »Die Gleichsetzung der Niederlage mit der Unwahrheit ist eine kurzschlüssige Geschichtstheologie, die nicht aufrechterhalten werden kann.«

So konnte Walter Nigg 1949 schreiben, einen Weltkrieg und eine Shoah, an der sehr viele Christen mitleidlos mitgewirkt hatten, im Rücken. Frisch vor Augen stand ihm der vatikanische Pomp der Gegenwart, die segnende Geste Papst Pius' XII. etwa, der sich auf einer Sänfte in den Peterspalast tragen ließ, buchstäblich über den Köpfen der Gläubigen. Dennoch war es schon damals kurios, Giordano Bruno zu den ketzerischen Christen zu rechnen; der 1600 in Rom verbrannte Denker hatte vom christlichen Glaubensbekenntnis keine hohe Meinung. Dass Jesus von Nazareth Sohn des dreieinigen Gottes und Erlöser der Menschheit sei, lässt sich Giordano Brunos Schriften nicht entnehmen. Ebenso schwierig ist es, Martin Luther, wider Willen Gründer des Protestantismus, einen Streiter für die unterlegene Sache zu nennen. Und Baruch Spinoza war – Nigg schreibt es selbst – eine »urjüdische Gestalt«.

Nigg sprengt die eigenen Bestimmungen des Ketzertums durch die Galerie seiner Ketzer. Am Ende des Kapitels über Spinoza heißt es nur noch, ein Ketzer sei ein »Mensch, der eine andere religiöse Ansicht als die Mehrheit besitzt«. Solche Ketzer aber gab und gibt es zuhauf. Da die Mehrheiten auch in Glaubensfragen munter kommen und schwinden, wäre man selbst in einem einzigen Leben mehrfach Ketzer und dann wieder nicht und dann wieder doch. Die Minderheitenposition allein kann es also nicht sein, die Glanz und Elend des Ketzertums verbürgt. Ebenso wenig gültig sind heute die strengeren Kriterien, die Nigg zu Beginn aufstellte, als er die »kühnen, waghalsigen Neuerer« pries, die sich nur von Gott abhängig wissen.

Wer im 21. Jahrhundert die Lorbeeren des Ketzertums für sich reklamiert, ist in der Regel kein Ketzer mehr im eigentlichen Sinn, kein innerkirchlicher Aufklärer, sondern ein antikirchlicher Ungläubiger. Er agiert weit eher auf eigene Rechnung, selten im Namen von Wahrheit und Gewissen und Gott. Er spürt keine »erstarrende Tradition« gegen sich, selten eine »religiöse Sehnsucht« in sich. Traditionen sind heute nur als Ahnung zu greifen, und Ahnungen erstarren nicht, zwingen nicht, sind Angebote, nicht Verbote. Der spätmoderne öffentliche Ungläubige, der gern und irrig sich Ketzer nennen lässt, hält alle organisierte Religiosität für verzichtbar. Nimmt man hingegen die klassische Definition zum Maßstab, dann sind die Orthodoxen die letzten verbliebenen Ketzer. Sie haben die Dogmen einer traditionskritischen Mehrheit gegen sich.

Dennoch führt das Buch von Walter Nigg auf eine richtige Fährte. Der Ketzer – so viel steht fest – missachtet ebenso wie der Glaubensbekämpfer den Glauben, dem er sich entwand, den er in sich trug. Er kann demnach in einem relativistischen Umfeld nicht gedeihen. Er nährt sich vom Glauben, den er nicht hat. Er braucht das überwundene Bekenntnis wie die Mistel den Baum. Eine Gesellschaft der Ketzer oder gar der Antireligiösen ist undenkbar. Ketzertum kehrt sich letztlich gegen sich selbst. Hätte es durchschlagenden Erfolg, hielte es mit Glanz und Gloria Einzug in den Städten und Palästen und Kirchen, dann wäre es nämlich zur Religion geworden, zu jener Religion, die Nigg abschließend skizziert und an die er nicht glauben mag, die aber heute auf dem besten Weg ist, Wirklichkeit zu werden: die Religion des Rationalismus.

Die nächsten Jahre werden zeigen, ob der triumphierende Unglaube seine Religionwerdung vollendet, sich also verfestigt zur Instanz, die namens einer Mehrheit Bann und Acht verhängt und Platzverweis. Auf jeden Fall sind die Ingredienzien der spätmodernen Ketzerreligion, des Glaubens also an die Unhaltbarkeit allen Glaubens, bei Nigg schon versammelt. Das »moderne Lebensbewusstsein« ist für Nigg in all seiner Zwiespältigkeit eine »moderne Ketzerei«. Es setzt sich zusammen aus der »Auflehnung gegen die Autorität«, die ersetzt worden sei durch die Autonomie, plus der Freiheitsidee plus dem »Anliegen der Vernunft«: »Der Mensch der Gegenwart betrachtet die Ratio als den sichersten Führer im Leben, und vor einer Äußerung, die als widervernünftig ausgegeben wird, scheut er instinktiv zurück, mag der Irrationalismus ihm auch immer wieder einen Streich spielen.«

Damit beginnen die Schwierigkeiten. Nigg zufolge ist der Rationalismus »eines der Hauptprobleme der Neuzeit«. Er entwickele nämlich keine Gegenkräfte gegen die ihm innewohnende Tendenz, zum Nihilismus auszuschlagen. »Dieser aber«, so Nigg, »liegt weitab von allem Ketzertum, das immer von einem religiösen Anliegen erfüllt war. Der Nihilismus stellt einen geistigen Krankheitszustand dar, der in weltanschaulicher Beziehung keine Fragen mehr ernst genug nimmt und infolgedessen auf jede Antwort zum voraus verzichtet.« So pessimistisch wurde in den Nachkriegsjahren oft geschrieben. Der Weltenbrand, den die Nationalsozialisten entfacht hatten, die atomare Bedrohung und der Kalte Krieg ließen solche Düsternis geboten erscheinen. Das Undenkbare war schließlich machbar geworden, die Auslöschung des Menschengeschlechts durch sich selbst.

Heute kommt der Nihilismus leichtfüßig daher. Man muss kein Ketzer mehr gewesen sein, um weltanschauliche Fragen grundsätzlich mit einem süffisanten Lächeln zu parieren. Die »hasserfüllten Augen des Herrn Deschner« – so der Titel eines Dokumentarfilms über den vielgelesenen Autor der auf zehn Bände angelegten »Kriminalgeschichte des Christentums« – sind noch die Augen eines Ketzers aus altem Schrot und Korn. Deschner, Jahrgang 1924, konzediert gern, er müsse die »Frage nach Gott, nach Unsterblichkeit redlicherweise« offen lassen, »obwohl für mich ein Nein hochwahrscheinlich ist«. Denen aber, denen ein Ja wahrscheinlich scheint, wünscht er eine Abkehr von ihren »militanten Lügenreligionen«, und militant und lügnerisch seien alle drei monotheistischen Religionen.

Wenn Karlheinz Deschner das Auslaufmodell durch und durch freudloser Glaubenskritik ist, vorgetragen mit der inquisitorischen Inbrunst eines bei allem Religionshass selbst religiösen Mannes, eines Ketzers eben, dann stehen die Protagonisten der »Giordano-Bruno-Stiftung« und die selbsternannten »Hellen«, die »Brights«, für die spaßige, in ihren Ansprüchen radikalere Seite desselben Programms namens Verdiesseitigung und Ich-Erhöhung. Das Osterfest des Jahres 2007 bot das seltene Schauspiel, beide Flügel rasch hintereinander zu erleben und so den Übergang vom dogmatischen

Ketzertum zum aufgeklärten Nihilismus. Deschner lieferte an Gründonnerstag ein Defilee seiner Aversionen in der Züricher »Weltwoche«. Der Philosoph Michael Schmidt-Salomon, Vorstandssprecher der »Giordano-Bruno-Stiftung«, zog am Ostersonntag im Fernsehen, bei 3sat, nach.

Wir erinnern uns: Ostern gilt als »heiliges Triduum«, als Höhepunkt des Kirchenjahres, da die Christen des Tods und der Auferstehung ihres Religionsgründers gedenken. Deschner dürfte es gefreut haben, aus diesem Anlass bekennen zu dürfen: »Christentum, das ist die Liaison eines Gesangsvereins mit einer Feuersbrunst.« Es bestehe im Einzelnen aus einem »dogmatischen Wahnsinn [...], der missionieren, ausgreifen, erobern will«, aus einer »desaströsen Sexual- und Sozialmoral«, einem »Auserwähltheitsdünkel, der echte Toleranz von vornherein ausschließt«, aus Blutdurst und Kriegsgier. Nur die »relative Ohnmacht des Klerus« halte diesen davon ab, »niemand täusche sich, seine Gegner zu verbrennen«. Immer nämlich »geht es da [...] in Wahrheit nur um eines, um die Macht, die Macht, die Macht«.

Der Kinderreim, auf den sich trefflich antworten ließe mit »Gutnacht, Gutnacht, Gutnacht« oder »wer hätt's nicht eh' gedacht«, ist der Basso continuo des ganzen monotonen Œuvre. Dass Schmidt-Salomon Deschners rund fünfzig Bücher »gleichrangig etwa mit den Werken Nietzsches, Schopenhauers oder Heines« nennt, ist der mutige Versuch, mit einem Halbsatz gleich vier Autoren Unrecht anzutun. Freunde des Glaubens waren diese allesamt nicht, doch im Gegensatz zum Prediger aus Hassfurt verfügten Nietzsche, Schopenhauer, Heine über Humor und Selbstironie. Mildernd mag man anfügen, dass Deschner 1952 vom Würzburger Bischof wegen »Ungehorsams gegen das göttliche Gesetz« exkommuniziert wurde.

Er hatte die zuvor bereits geschiedene Elfi Tuch standesamtlich geheiratet. Drei Kinder gingen aus der Ehe hervor.

Doch hätte es da nicht eine flammende Philippika wider der Amtskirche anmaßendes Eherecht getan? Mussten es fünfzig Bücher sein und mehr mit der einzigen These, das Christentum sei »die Religion des Kreuzzuges gegen das Leben«? Ja, denn es predigt der Mensch, solange er strebt. Deschner will die Welt missionieren, wie es jeder will, der ganz durchdrungen ist von einer Wahrheit und sei es von jener, dass da keine Wahrheit sei, sondern immer und überall nur »Geschichte, ein Destillat aus Leichen und Lügen«.

Der Ekel als Weltzugang verletzt aber mehrere Voraussetzungen des Deschnerschen Denkens. Wenn Geschichte laut Deschner besagtes perverses Destillat »war und bleibt«, wie lässt sich dann den Glaubensgemeinschaften ein besonderer Vorwurf machen? Sie erfüllten dann lediglich ihren Part in einem Verhängnis, aus dem es kein Entrinnen gibt. Ohne Kirchen, ohne Glauben könnte die Welt keine bessere sein. Wenn, wie es bei Deschner weiterhin heißt, das Wort ›Unmensch‹ ein Pleonasmus, jeder Mensch also ein Unmensch ist, was vermöchte dann selbst der lauterste Glaube und die aufrichtigste Politik? Der Mensch ist bei Deschner grundsätzlich defizitär, grundsätzlich ein Schurke und Schwein, was also kann die niederträchtigste Religion da noch verschlimmern, was könnte ihre reinste Form verbessern? Und wenn drittens derart rüde, derart intolerant für Toleranz geworben, gefochten, gehauen, Aufklärung derart unaufgeklärt, da fatalistisch eingeklagt werden soll: Von welchem Standpunkt aus wäre ein solches unmögliches Unterfangen möglich?

Die Antwort kennen wir bereits. Der, der bekannte, es gebe »ein Schafott in mir«, urteilt von olympischer Warte. Deschner beteuert zwar, sich bei seinen Schilderungen zum Anwalt der Opfer zu machen, gewissermaßen also »live vor Ort« zu berichten, doch tatsächlich haben seine Sätze nur in extraterritorialer Position, jenseits der verderbten Menschen, oberhalb aller Schurkenstücke, einen Sinn. Deschner sieht unter sich, nicht neben sich die Menschlein, die Lug und Trug aufeinanderschichten, und rechnet ab mit ihnen als durch und durch Reiner. Wäre auch er ein Unmensch und Raubtier, könnte er zu keiner Sekunde beanspruchen, ernst genommen zu werden. Er wäre ja Teil des perversen Getriebes, selbst auch von finsteren Motiven geleitet, fähig zu allem Bösen. Die fünfzig Bücher und mehr des Karlheinz Deschner sind Nachrichten aus einer fernen Welt, sind Privatoffenbarungen, nicht Debattenbeiträge. Als Gott aber duldet Deschner keine anderen Götter neben sich. Ein eifernder Gott ist er, zürnend und allgewaltig. Er donnert und lässt die Welt erzittern, Wort um Wort, Seite um Seite. Zerfallen soll sie zu Staub.

Als Karlheinz Deschner am Gründonnerstag 2007 seine Wut im Interview repetierte, war es ein Abgesang, und wie bei jedem Abgesang wurde es traurig. Solche Naturen, zusammengehalten von einer einzigen – und sei es noch so destruktiven – Leidenschaft, sind die Letzten ihrer Art. Vergangen ist die Zeit, da ein Mensch egoman die Tasten seiner Reiseschreibmaschine, Modell »Carina 2«, malträtiert, um Winter für Winter, Sommer für Sommer auf dem Papierbogen durch Blutströme zu waten, damit Geschichte auch morgen noch und übermorgen wieder ein »großer Triumphzug des Elends und der Lüge« sei. Deschner ahnt wohl die Monstrosität seines Tuns. Könnte er sein Leben rückblickend anders gestalten, sagte er der »Weltwoche«, dann »hätte ich nicht gegen etwas gekämpft – so notwendig die Bekämpfung des Christentums ist –, sondern für etwas: für die Befreiung der Tiere. Denn was wir ihnen seit ungezählten Jahrtausenden angetan haben, Wesen, die so empfinden wie wir, so sich freuen, so leiden wie wir, […] ist das größte Verbrechen der Menschheitsgeschichte, unsagbar scheußlich.«

So endete auch der Nachruf in eigener Sache im Fahrwasser des Superlativischen. Gibt es im realen Schreiben des Karlheinz Deschner nichts Dümmeres, Brutaleres, Irrigeres als das Christentum – es habe mehr Millionen ermordete Menschen auf dem Gewissen als die übrigen Religionen zusammen, es sei »praktisch alles verschlingender Hass« –, so gäbe es im zweiten Leben des Karlheinz Deschner nichts Schlimmeres als Massentierhaltung, Schlachtung, Tierversuche. Dieses Unrecht sei sogar »seit ungezählten Jahrtausenden«, länger noch als Christi falsche Lehre, zu datieren. Vermutlich hätte ergo eine noch zu schreibende »Kriminalgeschichte der Mensch-Tier-Beziehung« mit der Misshandlung der Schlange durch Adam und Eva zu beginnen. Und ebendiese Geschichte zu erzählen bräuchte es abermals einen Gott. Nur ein Gott könnte das Unsagbare, das unsagbar Scheußliche, von dem Deschner künden will, benennen.

Solche Gelüste sind dem laut eigenem Bekenntnis einer »affenartigen Spezies« angehörigen postfamilialen Familienvater Michael Schmidt-Salomon (»zwei biologische und drei soziale Kinder und drei weitere Erwachsene«) fremd. Der freischaffende Philosoph aus Newel-Butzweiler in der Vordereifel erklärte am Ostersonntag 2007 ausführlich in der »Sternstunde Philosophie« auf 3sat, warum man keine Religion brauche, um sich in der Welt zurechtzufinden. Wer hat dergleichen behauptet? Das braucht man tatsächlich nicht. Aber eine Prise Glauben könnte davor bewahren, irrzugehen und jede Gegenwart als Richterin aller Zeiten zu missdeuten. Der Glaube könnte – vielleicht, vielleicht – ein Gran Selbstkritik beisteuern und jene Spitze Mut, deren es offenbar bedarf, um seine Lektüre über die auch hier von Schmidt-Salomon zitierten Deschner, Dawkins, Freud und Marx hinaus zu erweitern.

Schmidt-Salomon, geboren 1967, lobt an anderer Stelle Deschners »Kriminalgeschichte« als »Jahrhundertwerk« und »eminent wichtige Voraussetzung für die noch fällige Endabrechnung mit dem Christentum«. Hier, bei 3sat, ist er dann das, was man einen gelehrigen Schüler nennt. Er käut Deschner wieder. Der Stalinismus sei eine Religion gewesen (dann doch aber wohl eine Religion des Unglaubens), die katholische Kirche »sorgte dafür, dass Hitler an die Macht kam«, den Hinweis der Fragenstellerin schließlich, das Christentum habe die Nächstenliebe hervorgebracht, wandelt er zur (gar nicht gestellten) Frage nach den Menschenrechten um, weshalb er erwartbar replizieren kann, diese seien gegen das Christentum erkämpft worden. Ideengeschichtlich hat Schmidt-Salomon die Faktenlage wider sich. Im Christentum entstanden ist die Idee der universalen, unzerstörbaren Menschenwürde, deren weltliches Derivat die Menschenrechte sind. Dass diese nicht immer in den Kirchenvertretern ihre leidenschaftlichsten Anwälte fanden, entwertet den Ursprung nicht.

Zudem hat, in den Worten des französischen Politologen Philippe Nemo, »die jüdisch-christliche Moral der Liebe und des Mitgefühls [...] eine bisher unbekannte Sensibilität gegenüber dem menschlichen Leid« hervorgebracht, »einen Geist der Auflehnung gegen die Idee einer Normalität des Bösen, der in der Vorgeschichte seinesgleichen sucht«. Dass für Deschner das Böse das Normale ist, könnte somit auch Folge seiner Aversion gegen diese jüdisch-christliche Moral sein. Die Bibel war es laut Nemo auch, die die »Entheiligung der Macht« erst ermöglichte und so den Grundstein legte für alle Laizität, für die Trennung von Glaube und Politik, Kultus und Staat. Nemo folgert: »Genau darin liegt die eigentliche Triebfeder für die Geburt der Demokratie in der Neuzeit.«

Das sieht Schmidt-Salomon ganz anders. Für ihn wie für Deschner sind, modisch gesprochen, Religionsdiskurse immer und ausschließlich Machtdiskurse. In der von ihm als Koautor verantworteten »Enzyklopädie für freie Geister und solche, die es werden wollen« von Juni 2007 heißt es lapidar: »Die Ausbeutung der Angst vor dem Tod ist historisch die eigentliche Quelle der konfessionellen Macht über das Denken der Menschen.« In seinem »Manifest des evolutionären Humanismus« schreibt er in kindlicher Reinheit: »Der religiöse Zugang zur Welt ist gekoppelt an eine zutiefst autoritäre Denkstruktur. [...] Schon zaghafter Widerspruch gilt als Häresie und ist im höchsten Maße angstbesetzt. Während in der Wissenschaft [...] das Primat des besseren Arguments gilt, gilt in der Religion das Primat der Macht.«

Der Preis für eine solche Aussage ist die Ausblendung der Geschichtlichkeit. So wie die Glaubenskritiker im Namen einer unhistorisch gedachten, vor allen Zeiten schon gegebenen Vernunft das Wort zu ergreifen meinen, so konstruieren sie einen ewig unwandelbaren und damit ewig verdammenswerten Glauben. Dass jeder Scheiterhaufen, jede Folter, jede Ketzertötung ein Verrat war an der jesuanischen Botschaft, bestreitet niemand. Dass aber die Inquisition insofern einen Fortschritt bedeutete, als »sich damit die vorrationalen Mittel wie Wasser- oder Feuerprobe erledigten« (Arnold Angenendt), und dass Papst wie Inquisition die Hinrichtung von Hexen als Wahn verurteilten, während weltliche Richter sich an Grausamkeiten überboten, bestreiten nur jene, die ihre Dünkel über das Dokumentierte stellen. Um das Abgelehnte recht munter hassen zu können, verewigen sie die Verhärtungen des Glaubens (über die sich angesichts des fatalistischen Menschen- und Geschichtsbildes Deschners dessen Jünger weder wundern noch erregen dürften) zum Fetisch.

So kann es geschehen, dass in der »Enzyklopädie für freie Geister und solche, die es werden wollen« sehr zivile, sehr zögerliche Maßnahmen gegen den Glaubensabfall in eine Reihe gestellt werden mit den Ketzerprozessen des Mittelalters und der Frühen Neuzeit. Zum Vorgehen gegen die simulierte Priesterweihe von sieben katholischen Frauen anno 2002 und zur Relegation des Trierer Professors Hasenhüttl, der auf dem Ökumenischen Kirchentag 2000 auch Protestanten zur Eucharistie eingeladen hatte, lesen wir: »Heutzutage ist der Scheiterhaufen zwar aus der Mode gekommen, aber Strafen wie Exkommunikation, Entzug der Weihesakramente und Predigtverbot werden [...] immer noch gerne verhängt.« Schon die Seltenheit, mit der dies geschieht, spricht gegen das schmucke Adverb »gerne«. Übersehen wird auch, dass solche Maßnahmen äußerlich nachvollziehen, womit die Rebellen innerlich in Vorleistung gegangen sind: den Abschied vom Glauben ihrer Gemeinschaft. Gäbe es einen solchen überhaupt, wenn Maßstab der Toleranz die Vermeidung von Widerspruch und das totale Desinteresse am Ketzertum wäre?

Deshalb ist den Glaubensverächtern das oft verweltlichte westliche Christentum ein Dorn im Auge. Sie lieben alles Strenge, weil sie es hassen können und weil es kompromisslos ist wie sie. Aus Liberalismus verachten sie das Liberale, weil es ihnen wenig Widerstand entgegensetzt, wenig Raum bietet für Spiegelfechterei und Drohgebärde. Kummervoll notiert Schmidt-Salomon, in Deutschland herrsche seit Jahrzehnten eine »aufklärerisch gezähmte Form der Traditionsblindheit«, ein »Weichfilter-Christentum«. Es sei besonders in der evangelischen Kirche anzutreffen. Während der »Sternstunde Philosophie« auf 3sat warf er dem ehemaligen katholischen Theologen Eugen Drewermann vor, er habe den »christlichen Boden schon vollends verlassen« und bleibe nur sprachlich auf Tuchfühlung. Die Diagnose stimmt.

Statt sich nun aber zu freuen über den Fortschritt zur Freiheit, wird der Aufklärer missmutig. Wenn man Hölle, Teufel, Erbsünde durch Friede, Freude, Eierkuchen ersetze, »macht die sogenannte Erlösungstat des christlichen Messias keinerlei Sinn! Ein Weichfilter-Christentum [...] ist in etwa vergleichbar mit einem Elfmeterschießen, bei dem die gegnerische Mannschaft gar nicht antritt.« Da hat er abermals gut zugehört und ein Wesentliches der christlichen Hoffnung erfasst. Man könnte also, wenn man denn wollte, im anschwellenden Zorngesang der Atheisten eine göttliche List erblicken. Kaum haben die Theologen begonnen, vom Kern ihrer Botschaft, der Erlösungsbedürftigkeit des Menschen, zu schweigen, da übernehmen die Atheisten das theologische Kerngeschäft. Sie erinnern verzagte Verkündiger daran, dass Christentum ohne Transzendenz, Christentum ohne Endgericht ein Selbstbetrug ist.

Dennoch ist die Allgegenwart der Verblendung staunenswert. Die standfesten Christen gilt es demnach von der »prinzipiellen Unverträglichkeit von aufklärerischem und religiösem Denken« (Schmidt-Salomon) zu überzeugen. »Ich denke, also bin ich nicht Christ«, formuliert Deschner. »Denken statt beten« stand ebenso rührend auf einem Pappschild, mit dem im September 2007 der pensionierte Postbeamte Rudolf Schwarz gegen den Papstbesuch in Österreich demonstrierte. Wer hingegen nicht ganz so standfest den Katechismen und Bekenntnissen die Treue hält, der macht auch alles falsch, den zeiht man der Unredlichkeit und der Feigheit und rechnet ihn den nützlichen Idioten zu.

»Wer nicht für uns ist, der ist gegen uns« – diesem Motto gehorcht die Kampagne der aufrechten Reinen. Laut Richard Dawkins trägt gerade »eine sanftere, gemäßigte Religion zu dem Glaubensklima bei, in dem der Extremismus natürlich gedeiht«. Jeder »religiöse Glaube« nämlich »bringt rationale Berechnung besonders wirksam zum Schweigen und übertrifft darin meist alle anderen Motive. [...] Glaube ist genau deshalb bösartig, weil er keine Rechtfertigung braucht und keine Diskussion duldet.« Die Naturwissenschaften indes, in deren Namen der Evolutionsbiologe Dawkins den nicht naturwissenschaftlichen Glauben schilt, vertrauen darauf, dass sie selbst sich nicht rechtfertigen müssen, sofern sie nur eine »rationale Berechnung« anstellen. Der atheistische Journalist Christopher Hitchens etwa fordert in »Der Herr ist kein Hirte. Wie Religion die Welt vergiftet« mehrfach eine völlig unbehinderte, also diskussionslos akzeptierte Forschung. Jeder Zweck, jedes Ziel lässt sich so legitimieren.

Ein düsteres Fatum muss walten über der Welt. Nimmt man die Glaubensabräumer beim Wort, dann gibt es nicht Gott, wohl aber launische Götter, böse Einflüsterer, die mit dem Entsetzen Scherz treiben und nur einen winzigen Ausweg lassen aus der schuldhaften Verstricktheit aller Menschen: das Bekenntnis zum Unglauben, die restlos ungläubige Lebensweise. Sehr unaufgeklärt, sehr heidnisch ist dieses fatalistische und rundherum fatale Weltbild. Derart düster geht es zu auf der Nachtseite der Aufklärung, dass man die eigene Geschichte als gigantischen Misserfolg begreift. Leicht ist es, zu spotten über Adventisten, die vergebens auf die Wiederkehr Christi im Jahre 1844 warteten, oder über die mehrmals umdatierten Weltuntergangsberechnungen der Zeugen Jehovas. Was aber ist von einer Weltanschauung zu halten, die bannerhaft das Credo ihres immer wiederkehrenden Misslingens vor sich herträgt?

Einerseits nämlich soll es eine lineare Entwicklung in der Menschheitsgeschichte geben, einen unaufhaltsamen Fortschritt hin zur Freiheit. Dawkins feiert in seinem internationalen Bestseller »Der Gotteswahn« auf vielen Seiten die »erkennbare, immer gleiche«, die »einheitliche Richtung« des sogenannten »Fortschrittstrends«: Die »Welle des wechselnden ethischen Zeitgeistes [...] bewegt sich immer weiter«, hin zum Guten, zu mehr Bildung, mehr Gleichberechtigung, mehr Wissen, mehr Frieden. Man brauche sich nur ins Gedächtnis zu rufen, dass Adolf Hitler, »der die Grenzen des Bösen nach allgemeiner Ansicht in bis dahin unerforschtes Gelände ausweitete, zur Zeit eines Caligula oder Dschingis Khan nicht sonderlich aufgefallen wäre«. Andererseits wird die Geschichte dargestellt als ermüdende Aneinanderkettung von Katastrophen. Immer haben die Falschen gewonnen. Immer und immer wieder hat die Freiheit kapitulieren müssen vor der Herrschaft, die Emanzipation vor der Bindung, die Autonomie vor der Tradition, das Gewissen vor der Orthodoxie.

Deschner und Dawkins lassen mit dem Monotheismus eine dem »Fortschrittstrend« absolut widersprechende Unheilsgeschichte beginnen.

Jenseits aller Besessenheiten ihres Autors konnte nur ein sedierendes Mammutwerk wie die »Kriminalgeschichte des Christentums« zur Bibel für Atheisten werden. Nur Schmerz und noch mal Schmerz über so viele ungerechte Untergänge setzt Kräfte frei für einen lebenslangen Abwehrkampf. Und nur eine mindestens zweitausend Jahre alte, unzerstörbare Verschwörungsmaschinerie als Gegner kann zugleich den Schmerz lindern, den sie zufügt – den Schmerz, trotz vermeintlich unwiderlegbarer Gründe stets den Kürzeren gezogen zu haben. Ratlos gibt Schmidt-Salomon zu Protokoll: »Während wir technologisch im 21. Jahrhundert stehen, sind unsere Weltbilder noch von jahrtausendealten Legenden geprägt.« Natürlich meint das kuschelige »wir« die bösen anderen. Der Autor des »Manifests des evolutionären Humanismus« ist selbst ein glaubensfernes Ich, kein Wir, das noch dem »naivsten Kinderglauben« anhängt. Dieses feindliche »Wir«, also die Menschheit abzüglich der atheistischen Aktivisten, darf sich vom sozialpädagogisch gebildeten Ich aus Newel-Butzweiler sagen lassen: »Die traditionellen Religionen [...] sind nicht nur hinreichend theoretisch widerlegt, sie haben sich auch in ihrer Praxis als schlechte Ratgeber für die Menschheit erwiesen, wie nicht zuletzt der islamische Fundamentalismus oder die ›Kriminalgeschichte‹ des Christentums belegen.«

So schließt sich der Kreis – und dass die argumentativen Kreise sich schließen, wir uns hier in einem hermetischen Zirkel sich fortwährend selbst zitierender und im Zitieren sich wechselweise bestätigender Autoren bewegen, ist hervorstechendes Merkmal solcher Aufklärungsliteratur und ein Erbe jener Genres, die das heimliche Vorbild abgaben für »Manifest« und »Gotteswahn« und »Kriminalgeschichte«: Bannbulle, Enzyklika, Lehrverurteilung. Bewundernswürdig schön sind darum Tage wie der 12. Oktober 2007. Zu Frankfurt am Main verlieh die »Giordano-Bruno-Stiftung«, deren Vorstandssprecher Michael Schmidt-Salomon ist, erstmals den mit 10 000 Euro dotierten Deschner-Preis an Richard Dawkins. Keine Wetten empfehle ich darauf abzuschließen, dass nicht eines Tages der Hassfurter Prediger den Ehrenpreis der Richard-Dawkins-Stiftung für Vernunft und Wissenschaft an Michael Schmidt-Salomon und die »Giordano-Bruno-Stiftung« überreichen wird. Dawkins übrigens, heißt es in der Begründung, habe »vor allem auch« mit seinem Buch »Der Gotteswahn« »in herausragender Weise zur Stärkung des säkularen, wissenschaftlichen und humanistischen Denkens beigetragen«. Vergisst man für einen Moment, dass Humanismus mit Bildung und Toleranz zu tun haben sollte und Wissenschaftlichkeit mit Unvoreingenommenheit und Säkularität mit Kritikfähigkeit, dann mag das Lob am Platze sein. Vergisst man diese Verklammerungen nicht, dann kann man nur mit Hans Sachs den Herren D. und D. antworten: »Wahn! Wahn! Überall Wahn!«

Unheilige Patrone:
Ernst Haeckel und Giordano Bruno

Auch in der Wahl ihrer Patrone haben die wähnenden Streiter wider den Wahn nicht immer eine glückliche Hand. Dass der allseits verehrte Voltaire – ein Deist nebenbei, kein Atheist – auch Judenfeind und Rassist war, rückt kaum je in den Mittelpunkt des Interesses. Ähnlich dubios ist Ahnherr Ernst Haeckel (1834–1919), als dessen geistigen Nachfahren Schmidt-Salomon Dawkins in der »Sternstunde Philosophie« präsentierte. Haeckel schrieb den Bestseller »Die Welträtsel« (1899) und war Darwinist wie Dawkins. Ihm gelang, wovon mancher

Erbe heute träumt. Er wurde 1904 auf dem Internationalen Freidenkerkongress in Rom zum offiziellen Gegenpapst gekürt.

Ernst Haeckel gründete und leitete 1906 den »Deutschen Monistenbund«, in dem er »von Anfang an ein Instrument der Agitation gegen die Kirchen sieht, deren Einrichtungen und Rituale man kopieren und aus dem Feld schlagen will« (Hans-Volkmar Findeisen). Ein monistisches Kloster entsteht, eine Kirchenaustrittsbewegung wird gestartet. Haeckels rasch widerlegte Hypothese, wonach jedes einzelne Lebewesen die Geschichte seiner Gattung durchlaufe, gefiel aufgrund ihrer bunten, doch manipulativen Bebilderung. Haeckel hatte eine Frau und viele Geliebte, und er war ein Vorkämpfer der aktiven Sterbehilfe. Das hässliche Wort »lebensunwert« ist seine Prägung. Peter Watson fasst in seinem Standardwerk »Ideen« zusammen: Der Zoologe aus Jena, »dem der Sozialdarwinismus zur zweiten Natur wurde, erklärte den ›Kampf ums Dasein‹ zur Tagesparole. Leidenschaftlich vertrat er das Prinzip der Erblichkeit von erworbenen Merkmalen und favorisierte [...] einen starken Staat. Im Zusammenwirken mit seinem fanatischen Rassismus und Antisemitismus waren es diese Thesen, derentwegen man ihn später als prototypischen Nationalsozialisten einstufen sollte.«

Gewiss handelt es sich hier um eine größere Traditionsblindheit als jene, die Schmidt-Salomon den liberalen Christen vorwirft. Wenn Schmidt-Salomon in besagter Fernsehsendung rühmt, Haeckels Erkenntnisse aus den »Welträtseln« unterschieden sich »nicht so gravierend« von dem, »was Dawkins heute schreibt«, dann stimmt das in vielerlei Hinsicht, ist aber ein Grund des Jammers, kein Anlass zur Freude. Dawkins steckt demnach knietief im militanten Holzhammeratheismus des späten 19. Jahrhunderts, knietief im sich aufgeklärt wähnenden Manichäismus – die Bösen ins Kröpfchen, die Guten ins Töpfchen –, und was gut, was böse sei, weiß allein das Ich, das Ich, das Ich.

Ein schlechterer Gewährsmann für Emanzipation als der »prototypische Nationalsozialist« Haeckel ist kaum denkbar. Die Haeckel-Renaissance deutet nicht auf ein verschüttetes Freiheitspotenzial der Moderne, sondern belegt deren größte Versuchung, die Neigung zum Inhumanen. Der Direktor des Ernst-Haeckel-Hauses in Jena, Olaf Breidbach, sieht denn auch das »Remake« unter dem Schlagwort »naturalistische Ethik« kritisch. Die hundert Jahre alten »Vorstellungen einer zielgeleiteten Entwicklung der Menschheit zu immer höher technisch Machbarem«, die mit Haeckel verbunden sind, kehrten heute wieder – »das heißt also, konzeptionell hat sich nichts geändert. Es wäre zu fragen, ob unter diesen Voraussetzungen nicht der Verweis auf das Naturwissenschaftliche [...] eher ein Menetekel ist.«

Wenig falsch machen kann man hingegen mit der Galionsfigur der »Neuen Atheisten«, deutscher Zweig. Giordano Bruno starb nach siebenjähriger Kerkerhaft am 17. Februar 1600 auf dem Scheiterhaufen. Die Kirche darf sich nicht beschweren, dass sie mit der atheistischen Heiligsprechung Brunos die Quittung präsentiert bekommt für ihr damaliges Versagen, das die Auslöschung der Vernunft zugunsten einer herrischen Lehre bedeutete. Unentschuldbar auf ewig ist jedes Todesurteil, das im Namen des Glaubens verkündet und aus Gründen der Staatsräson vollstreckt wurde. Keine Theologie vom Seelenheil, keine Denkfigur von der Einheit von Gotteslästerung und Majestätsbeleidigung kann solche Exzesse rechtfertigen. Hier gilt das Wort des Johannes Chrysostomus: »Einen Ketzer zum Tod zu verurteilen ist ein Vergehen ohne mögliche Wiedergutmachung.«

Mit dem Tod Brunos begann laut dem Historiker Carl Heinz Ratschow der »abgrundtiefe Pessimismus« des Barockzeitalters. Bruno hatte einen »Zusammenbruch der natürlichen Weltvergewisserung« in Gang gesetzt, »wie er tiefer nicht gedacht werden kann«. Dem unsteten Philosophen aus Nola/Süditalien ist eine aus reinem Nachdenken entstandene »Vision der kosmischen Unendlichkeit« zu verdanken. Wenn der Kosmos aber keine Grenzen kennt, wenn Sonne auf Sonne, Planet auf Planet endlos einander folgen, bleibt kein Raum für einen Weltenschöpfer, wie die Bibel ihn kennt. Dann ist, so Ratschow, »das Ganze das Unendliche, das man im aristotelischen Weltbild als Transzendenz oder Gott dachte«. Bruno selbst nannte Gott die »unbegrenzte Grenze von Unbegrenztem« und verließ damit den Boden des christlichen und persönlichen, trinitarischen Gottesbildes.

Brunos Zeitgenosse Caspar Schoppe nennt einige der Thesen, die zum Todesurteil führten: »Dass es unzählige Welten gibt; dass die Seele von Körper zu Körper oder in eine andere Welt hinüberwandert; [...] dass die Magie nützlich und zulässig ist; dass der Heilige Geist nichts ist als die Weltseele; [...] dass Moses seine Wunder mit Hilfe der Magie vollbrachte, in der er besser bewandert war als die übrigen Ägypter; [...] dass die Heilige Schrift eine Täuschung ist; dass Teufel heilbringende Taten tun können; [...] dass Christus nicht Gott ist, sondern ein meisterhafter Zauberer, der die Leute an der Nase herumführte und deshalb zu Recht gehängt wurde, nicht gekreuzigt.«

Da geht es wüst durcheinander, und ebenso wüst ging es in Brunos Kopf und Leben zu. Viele aber dieser Gedanken klingen vertraut. Ein Celsus vor ihm, ein Reimarus und ein »Spiegel«-Autor nach ihm spekulieren in dieselbe Richtung. Die Unmöglichkeit von Wundern, die Unpersönlichkeit eines Gottes, die Unredlichkeit des biblischen Personals sind damals wie heute feste Paragraphen im Gesetzeswerk »kritischer Köpfe«. Darum zählte Kirchenfeind Haeckel ebenso wie die Schriftsteller Henrik Ibsen und Victor Hugo zum Unterstützerkomitee, das 1889 an der Stätte von Brunos Hinrichtung, auf dem römischen Campo dei Fiori, ein Denkmal errichten ließ. Perfiderweise thront dort seither ein Bruno in

Mönchskutte. So wird dem Missverständnis Vorschub geleistet, Bruno sei ein innerkirchlicher Reformer gewesen. Davon abgesehen, dass der ehemalige Dominikaner früh, mit 28 Jahren, Kloster und Orden verließ, den Habit auszog: Seine Schriften lassen keinen Zweifel daran, dass er sich nicht als Christ verstand. Damit ist weder der Stab über ihn gebrochen noch seine Verehrung unausweichlich. Nur eben: Er war kein Christ. Er suchte und fand wohl auch Gott in den Dingen, Gott als Weltseele. Das Lob, das der pantheistisch veranlagte Goethe ihm zollte, ist begreiflich.

Giordano Bruno war auch kein Wissenschaftler. Er experimentierte nicht, ersann keine Formel, versuchte sich an keinen Gleichungen. Er war ein Meister im uferlosen, wilden Denken und in der Schmähung seiner Gegner, »lumpige Worthelden«, »unwissende Esel« allesamt. Seine »zukunftsweisenden Ideen«, die laut der Inschrift auf dem Campo dei Fiori erst das 19. Jahrhundert »als richtig erkannte«, sind unter einem Wust von Anmaßungen und Tölpeleien verborgen. Darüber ist nicht zu rechten. Wer viel denkt, kann gewaltig irren. Wohl aber ist der Giordano Bruno, den die »Giordano-Bruno-Stiftung« ihren Gesinnungsfreunden präsentiert, bestenfalls ein halbierter Bruno. Und das macht stutzig: Den Nicht-Atheisten hält man vor, die »Skepsis gegenüber heiligen, absoluten Werten« nicht weit genug getrieben zu haben, bei einer »halbierten Aufklärung« steckengeblieben zu sein. Auch würden Geschichte und Glaubenslehre des Christentums nur selektiv wahrgenommen und so weichgespült. Den Patron aber als Pionier »evolutionär-humanistischer Ethik« zu kanonisieren, der »das kirchenamtlich vorgegebene Weltbild in einer bis dahin unerreichten Schärfe verworfen« habe, soll kein Verstoß sein gegen das Gebot intellektueller Lauterkeit? Das glaube, wer mag.

Peter Sloterdijk sieht genauer hin. Kühl schreibt der Philosoph der Gemeinde zum unheiligen Bruno ins Stammbuch:

Die »Anhänger und Interpreten hätten mehr in seiner Asche gestochert als in seinen Schriften gelesen. Tatsächlich kennt die Geistesgeschichte wenige Autoren, deren Nachleben in solchem Ausmaß von Projektionen und von Vereinnahmungen für die Interessen träumerischer Sympathisanten bestimmt ist. So ist die Geschichte der Bruno-Rezeption [...] die einer gutgemeinten Leseschwäche.« Zentral sei »der magische Bruno, dessen sich seine aufklärerischen Liebhaber bis zur Stunde eher zu schämen pflegten«. In seinem Schlüsselwerk »Über die Magie« schreibt der Verehrte: »Die Magier nehmen es für ihr Axiom, [...] dass Gott die Götter beeinflusse, die Götter die Sterne beeinflussen, welche körperliche Götter sind, und dass die Sterne die Dämonen beeinflussen, welche die Bewahrer und Bewohner der Sterne sind, von denen einer die Erde ist.« So lautet das Axiom des Bruno.

Dennoch steht er nicht zu Unrecht am Beginn des modernen Lebensgefühls. Moderne meint bekanntlich auch die Freiheit, endlich zu denken und zu schreiben, was man immer schon denken und schreiben wollte. Von dieser Freiheit machte Bruno reichlich Gebrauch. Moderne meint auch die Übersetzung von Glaube in Religion und von Religion in Ethik, mit oder ohne den Umweg über die Moral. Bruno, so sein Biograph Paul Richard Blum, hielt Christus für ein Symbol allgemeiner Moralprinzipien, diesen untergeordnet und austauschbar. Bruno war auch, fährt Blum fort, »der erste Philosoph, [...] der sein eigenes Engagement als Modell dafür anbietet, was Philosophieren heißt. Von nun an gilt: Philosoph ist, wer so denkt wie ich.« Eine feine Gerade führt demnach vom Scheiterhaufen zu Rom in die Fernsehstudios von Berlin oder Mainz, wo Denken das Geräusch ist, das entsteht, wenn Philosophen öffentlich die Lippen bewegen. Schließlich kam mit Bruno auch eine »Naturfrömmigkeit« in die Welt, eine Diesseitsreligion für glaubensskeptische Freigeister, die »in modifizierter Form eines der Glaubensbekenntnisse des neuzeitlichen Menschen« (Walter Nigg) wurde. Errichtet war Brunos Bekenntnis zur Materie auf buchstäblich haltlosem Grund. Einem Narziss wie Bruno, einem Artisten der Zeichen, mag die Lust genügt haben, froh oder grimmig zu tänzeln über einem Abgrund aus Unendlichkeit. Kein Obdach, keine Einmaligkeit, nichts Neues unter den Sonnen: Verallgemeinern lässt sich vielleicht die Nutzanwendung aus so viel Skepsis – etwa im trivialen Sinne, das Leben zu lieben, die Minute zu nutzen –, als Grundsatzprogramm für eine aufgeklärte Ethik taugt sie nicht. Dagegen spricht nicht zuletzt ihre Kompatibilität mit Aberglauben, Zauberei und Esoterik. Auch manche Nebenerwerbshexe des 21. Jahrhunderts beruft sich auf Bruno.

Die Katharer mögen kein Ding und werden so zu den ersten Ketzern

Trotz des Nolaners intellektueller Vorliebe für Sinn und Sinnlichkeit waren Ketzer ursprünglich nicht für dergleichen zu begeistern. Das Wort bedeutet schlicht »die Reinen« und bezeichnet bei seinem ersten Auftauchen die Katharer, eine leibfeindliche, todessehnsüchtige Sekte des 12. und 13. Jahrhunderts. Die Katharer, weiß der Historiker Malcolm Barber, »wollten nicht akzeptieren, dass ein allmächtiger und ewiger Gott die materielle Welt geschaffen habe; für sie war diese Welt das Werk eines bösen Schöpfers«. Die Sakramente der Kirche verwarfen die Katharer, die kirchenähnlich organisiert waren mit Bischöfen und Diözesen, ebenso die menschliche Gestalt Jesu. Für sie war alles Irdische befleckt, besonders aber die Frau. Das einzig angemessene Verhalten war Askese auf allen Gebieten, Verzicht auf fleischliche Nahrung, fleischliche Lust.

Im fortgeschrittenen Alter oder am Ende des Lebens lockte die Geisttaufe, das sogenannte Konsolamentum. Ein »Älterer« legte hierbei dem Anwärter das Neue Testament auf den Kopf, die übrigen Katharer berührten ihn mit der rechten Hand, der Anwärter musste geloben, sich an die Gebote Christi zu halten und »diese Welt und ihre Werke zu hassen und alle Dinge, die von dieser Welt sind«. Hierdurch wurde man vom einfachen Gläubigen zu einem »Perfectus«, der nun seinerseits die Taufe spenden konnte. Um nach deren Empfang nicht wieder in den Zustand der Sünde zu verfallen, wählten manche Katharer gleich im Anschluss die Endura, den Freitod. Man hungerte sich ins Jenseits.

Eine solche radikale Lebensweise fand vor allem in Südfrankreich Anhänger, denn der offizielle Glaube war korrumpiert. Nach den Freuden des Unterleibes gelüstete es viele Kleriker. Ansehen, Einfluss, Luxus waren wichtiger geworden als die Nachfolge Jesu. Die Katharer sind die aufständischen Kinder einer traditionsvergessenen Kirche. Insofern haben sie dieselben Wurzeln wie die Reformpäpste des 11. bis 13. Jahrhunderts, ihre Gegenspieler. Die »päpstliche Revolution« (Harold Berman) von Gregor VII. an begehrte ebenfalls auf gegen Vetternwirtschaft, Sittenlosigkeit, Ämterkauf, Bestechlichkeit. Auch die theologische Einschätzung zeigt Parallelen: »Die Männer der päpstlichen Revolution hatten die prophetische Eingebung, dass Christus noch nicht wieder auf diese Welt zurückgekehrt sei, weil die Welt zu schlecht geworden war, als dass er auch nur erwägen konnte, sie zu seiner Bleibe zu machen. Und dass allein die Menschen für diese Situation verantwortlich waren.« (Philippe Nemo)

Unvereinbar aber waren päpstliche Strukturmaßnahmen, etwa die Verpflichtung der Priester zum Zölibat, mit dem katharischen Seinsekel. Nicht nur jetzt, sondern grundsätzlich falsch und böse war in Ketzersicht alles irdisch Geschaffene. Die »Kinder dieser Welt« wurden vom Teufel gezeugt, alles

Heil lag im rein Geistigen, im Unsichtbaren. Nach mehreren Jahren vergeblicher Predigt und nach der Ermordung eines päpstlichen Gesandten durch die Katharer rief Innozenz III. anno 1208 zum Kreuzzug. Dieser ereignete sich also in der Spätphase der »sieben Großunternehmen dieses Typs zwischen 1096 und 1270«. Im Gegensatz zu diesen handelte es sich hier nicht um »Maßnahmen zur Eindämmung der islamischen Offensive [...], und ihre Erfolglosigkeit unterstreicht die relative Richtigkeit dieses Urteils« (Peter Sloterdijk).

Der antikatharische Sonderfall eines innerchristlichen Kreuzzuges dauerte bis 1229. Er wandte sich schnell zu einem »brutalen Eroberungskrieg mit entsetzlichem Blutvergießen«, der »zuletzt der französischen Krone die Oberherrschaft über den Süden einbrachte«, so Arnold Angenendt. Danach gab es zahlreiche Inquisitionsprozesse und -verurteilungen gegen die zweite Generation der Katharer. Die Dominikaner machten sich auf zu den verbliebenen katharischen Hochburgen im Languedoc. Systematisch wurden Häuser, die als Versteck dienen konnten, durchsucht und gegebenenfalls zerstört. Wer seinem (Irr-)Glauben nicht abschwöre, wurde dem weltlichen Gericht überstellt. Diese Unerbittlichkeit erinnert durchaus an die Verfolgung der Urchristen im Römischen Reich, wie sie Plinius schildert. Erst 1329 fanden die letzten Hinrichtungen statt. Vorbei war es nun mit einer Gegenkirche, die beanspruchte, die Worte der Bibel ernster zu nehmen als die Papstkirche. Die Katharer sahen ihren Dualismus, den Glauben »an die Existenz zweier Welten, an eine sichtbare, nichtige, verderbte und an eine unsichtbare, reine und ewige« (Barber), biblisch begründet. Vor allem das Johannesevangelium – nicht von dieser Welt sei das Reich Gottes – und das Buch Jesaja mit der Vision eines neuen Himmels und einer neuen Erde zogen sie für ihre Deutungen heran. Das heißt, wie abermals Barber erkannte, sie »stützten ihre Argumente ausschließlich auf bestimmte Bücher der Bibel«. Das

Alte Testament wurde mit wenigen Ausnahmen verworfen. Der Satan, hieß es, sei dessen Autor.

Abermals haben wir ein Déjà-vu-Erlebnis. Offenbar ist die Ablehnung der jüdischen Wurzel von den ersten bis zu den heutigen Ketzern kennzeichnend für häretische oder auch nur betont kirchenkritisch auftrumpfende Lehren – schlag nach bei Reimarus, Voltaire und Haeckel. Überspitzt formuliert: Die Juden gehen oft über Bord, wenn das Christentum aufgeklärt werden soll. »Die Versuchung des Marcion blieb in der Kirche stets wach«, schreibt der Philosoph Rémi Brague und erinnert daran, dass bereits im zweiten Jahrhundert ein Kaufmann namens Marcion das Alte Testament aus dem Christentum verbannte und auf der Grundlage eines solchermaßen »gereinigten« Glaubens eigene Gemeinden gründete. Benedikt XVI. nennt in seinem »Jesus«-Buch die »Abstoßung von Mose und Propheten« eine der »großen Versuchungen der Neuzeit«.

Worin liegt der Reiz, den das Katharertum ausübt bis in unsere Gegenwart? Die furchtlosen Streiter hatten eine Kirche gegen sich, die Scheiterhaufen errichtete und einen Kreuzzug ausrief, was klar zu bedeuten schien, dass mit Argumenten allein die Katharer nicht zu marginalisieren waren – das spricht für die Substanz ihres Denkens. Die Katharer standen mit ihrem Leben für ihre Lehre ein – das nötigt Respekt ab. Ihre Totalopposition führte zu einer Lebensweise, die ein großes Veto war gegen eine satt gewordene Kirche, zu Enthaltsamkeit, Vegetarismus, Mitleid mit der Kreatur – das klingt modern. Ihre Prinzipien stellten sie als Ergebnis intensiver, vernünftiger Bibelstudien dar – das wirkt aufgeklärt. Sie schufen ihre Riten selbst; wer sich ihnen anschloss, musste dies aus eigenem Antrieb tun und hatte die Chance, ein »Vollkommener« zu werden – das weckt den religiösen Ehrgeiz.

Den Katharern gebührt kein Kapitel in der Freiheitsgeschichte der Menschheit. Die späteren Glorifizierungen sind nur verständlich vor dem Hintergrund der jeweiligen Gegenwart. Dass eine verschworene Gruppe den Autoritäten trotzt, weder Tod noch Teufel fürchtet, sagt nichts aus über den Gehalt ihrer Ziele. Auch törichte Zwecke können enorme Kräfte sensibilisieren. Falsch ist die Traditionslinie, mit der Nikolaus Lenau sein Versdrama »Die Albigenser« von 1842 enden lässt, alles in allem wohl eine verschlüsselte Mahnschrift wider die Restauration im Österreich des Grafen Metternich. Es stimmt, das »Licht vom Himmel« lässt sich nicht mit den »dunklen Kutten« der Dominikaner zum Verschwinden bringen. Es stimmt aber nicht – oder stimmt nur in einem chronologischen Sinne –, was Lenaus fünf letzte Zeilen behaupten:

Den Albigensern folgen die Hussiten
Und zahlen blutig heim, was jene litten;
Nach Huß und Ziska kommen Luther, Hutten,
Die dreißig Jahre, die Cevennenstreiter,
Die Stürmer der Bastille, und so weiter.

Die Französische Revolution als Aufstand gegen Adel und Klerus zielte nicht auf Glaubensreform, sondern auf Säkularisation, und die Katharer waren gewiss keine vorzeitigen Protestanten. Sie wollten etwas ganz anderes sein als alle bekannten Formen des Christentums. Sie waren kein Licht, das vom Himmel fiel, sondern endzeitlich geprägte Dunkelmänner, ein Krisensymptom mit einer abgründigen Leidenschaft für den Tod und einem vitalen Hass auf Körper, Leib, Materie. Sie versprachen die Flucht aus der Welt in der Welt, indem sie ihre Elite zu »Vollkommenen« erklärten, das Fußvolk immerhin zu »guten Leuten«, *bonhommes*. In ihrem Denken gab es keine Kompromisse, war Korruption nicht vorgesehen und ließ sich in der Spätphase doch nicht verhindern. Kein einziger Scheiterhaufen aber brannte zu Recht.

Ist der Wille des Menschen Himmelreich?
Wilhelm von Ockham und Johannes Duns Scotus trennen die Vernunft vom Glauben

Drei Jahre vor dem Ende des Katharertums geriet ein anderer Neuerer in Konflikt mit der Kirche. Die Lehren des Wilhelm von Ockham, eines Franziskaners, wurden 1326 im päpstlichen Exil in Avignon verurteilt. 1328 floh er bei Nacht vor dem Inquisitionsgericht von Padua nach Pisa, wo er sich unter den Schutz Ludwigs des Bayern stellte. Exkommuniziert wurde er ebenso wie Kaiser Ludwig, der einen Gegenpapst ausrief. Seine Schriften durften von 1339 an nicht mehr an der wichtigsten Universität, der Pariser Sorbonne, behandelt werden. Von München aus unterstützte er in seinen letzten Jahren Ludwigs antipäpstlichen Kampf. Er scheute nicht davor zurück, Johannes XXII. als Häretiker zu bezeichnen wegen fortgesetzten Verstoßes gegen das Armutsgelübde. Der Papst hatte da Vorsorge getroffen und 1323 in einer Bulle verkündet, es sei häretisch zu behaupten, »Jesus Christus und seine Apostel hätten weder privat noch auch gemeinschaftlich irgendetwas besessen«.

Insofern teilt Wilhelm von Ockham die katharische Überzeugung von der Verderbtheit der bestehenden Kirche. Nicht aber Weltabkehr und Sektengründung setzt er dagegen, sondern ein dogmenkritisches Denken, das »die Struktur unseres heutigen Weltbilds« vorwegnimmt. Der Philosoph Willi Vossenkuhl würdigt so Ockhams Leistung, den »Durchbruch zum modernen Wissenschaftsbegriff«. Der Franziskaner ging bei seinen Überlegungen vom konkreten Einzelnen aus, von den Sinnen also und der Erfahrung. Aus der Wahrheit des Glaubens wurde ein Für-wahr-Halten; Theologie und Philosophie, Glaube und Vernunft traten auseinander – fast wie später bei Lessing. Gottes Existenz, an der Ockham natürlich festhielt, rückte in den Bereich des wissenschaftlich nicht

Beweisbaren. Mit den Sinnen und der Erfahrung lassen sich nämlich keine Erkenntnisse über Gott gewinnen. Bei Wilhelm von Ockham bestimmt die Methode, nicht der Inhalt des Wissens über dessen Wissenschaftlichkeit, und Gott ist nicht auf den Begriff zu bringen.

Damit ging Wilhelm von Ockham auf Kollisionskurs zu Thomas von Aquin, den Papst Johannes XXII. 1323 heiliggesprochen hatte. Thomas hielt bekanntlich das Dasein Gottes für beweisbar und beweispflichtig, zudem Glaube und Vernunft für kompatibel. Bis heute ist es päpstlicher Konsens, »dass zwischen der Vernunft- und der Glaubenserkenntnis eine tiefe, untrennbare Einheit besteht« (Johannes Paul II.). Ockham hingegen schied die Sphären radikal. Gott ist, und er ist allmächtig, daran zweifelte Wilhelm von Ockham keine Sekunde. Als häretisch aber empfand man sein Bekenntnis, Gott jenseits der Mauer der Erkenntnis zu plazieren.

Zweihundert Jahre nach dem englischen Nominalisten war es Luther, der die Überforderung der Vernunft in den Mittelpunkt seines reformatorischen Glaubens rückte. Insofern hatten die Verurteiler Wilhelms von Ockham den »richtigen Riecher«. Hier lauerte im neuen Vernunftbegriff die Kirchenspaltung – und ein Wagemut, auf den sich heutige Kirchenkritiker wie Christopher Hitchens berufen. Hitchens lobt in »Der Herr ist kein Hirte« Ockham, da sich in dessen Denken nicht mehr »die Existenz Gottes – definiert als souveränes, perfektes, einmaliges und unendliches Wesen – nachweisen« lasse. »Ockham musste sich auf die verzweifelte Position zurückziehen, dass die Existenz Gottes nur durch den Glauben ›demonstriert‹ werden kann.«

Wenige Jahre vor Ockham hatte ein anderer Franziskaner das Feld bereitet, und mit dessen Denken landen wir endgültig in der Gegenwart. Johannes Duns Scotus (1265–1308) rüttelte zwar nicht an der thomasischen Synthese von Glaube und Vernunft, wohl aber verfeinerte er diese so weit, dass sie faktisch außer Kraft gesetzt wurde. Gott ist bei ihm der absolute allmächtige Schöpfer, dessen Handeln keinen Bedingtheiten unterworfen ist. Der Wille ist für Duns Scotus das entscheidende Vermögen Gottes. Gott hätte auch ganz anders handeln können, als er es tat, andere Welten erschaffen, andere Inkarnationen ersinnen können. Das Christusereignis, Dreh- und Angelpunkt des mittelalterlichen Weltbildes, verliert seinen geschichtsnotwendigen Charakter. Es kam, wie es kam, und es war gut, dass es so sich ereignete – aber welche Wege Gottes Wille beschreitet, entzieht sich aller menschlichen Klugheit.

Damit stellte der deshalb zu den Voluntaristen gerechnete Duns Scotus den Willen über die Vernunft. Gottes Rationalität erscheint als Rationalität aus Absicht. Er »wäre nicht Gott, wenn er anders als rational handeln würde, denn irrationale Handlungen können nicht vollkommen sein« (Mary B. Ingham), Gott aber will das Vollkommene. Das Widervernünftige und sich Widersprechende ist Gottes Sache nicht. Runde Quadrate, saurer Zucker wären nicht nach seinem Geschmack. Gott hält sich also an die Regeln der Einstimmigkeit und des Widerspruchs, wie sie Reimarus später einfordern wird und mit denen der Hamburger Gymnasiallehrer die Wunder aus der Bibel expedieren sollte. So wird einerseits durch Duns Scotus der menschliche Wille zur Freiheit und zur Selbstbestimmung enorm aufgewertet, denn Gottes Ebenbild bleibt der Mensch. Andererseits bewirkt diese »Weichenstellung, die zu eindeutig modernen Positionen geführt hat« (Fernando Inciarte), dass des Menschen Wille sein einziges Himmelreich werden kann. Wo immer künftig im Namen der Vernunft Selbstbescheidung gefordert wird, lässt sich mit Duns Scotus ein Veto einlegen: Nur der Wille sei rational.

Gewiss nicht einverstanden freilich wäre der Franziskaner aus Schottland, läse er die »Ethik des Wollens«, an der sich anno 2000 ein Philosophieprofessor aus Graz versuchte. Malte Hossenfelder missfällt die »Sollensethik«. Diese sei »eine religiöse Ethik, der der Gott verlorengegangen ist«. In der Tat ist damit ein wunder Punkt berührt: Warum soll der Mensch sich an Ver- und Gebote halten, wenn es keine allgemein anerkannte Instanz gibt, auf die sich alle Normen zurückführen lassen? Ohne Naturrecht kann das »Du sollst« nicht recht überzeugen, Eigennutz und Interesse füllen die Lücke nicht. Fraglich aber bleibt, ob, wie Hossenfelder unterstellt, jeder Mensch das Recht will und darum die »Wollensethik« zur »Harmonie der Zwecke« führt.

Nicht an eine solche Folge aber der Hochschätzung des menschlichen Willens durch Duns Scotus dachte Joseph Ratzinger am 12. September 2006. In der Aula der Regensburger Universität hatte er gerade den byzantinischen Kaiser Manuel II. Palaeologos zitiert: »Zeig mir doch, was Mohammed Neues gebracht hat, und da wirst du nur Schlechtes und Inhumanes finden wie dies, dass er vorgeschrieben hat, den Glauben, den er predigte, durch das Schwert zu verbreiten.« Wenige Minuten danach machte Benedikt XVI. Duns Scotus dafür haftbar, die Freiheit Gottes bis zu jenem Punkt getrieben zu haben, an dem Gott »auch das Gegenteil von allem, was er getan hat, hätte machen und tun können. Hier zeichnen sich Positionen ab, die denen von Ibn Hazm durchaus nahekommen können und auf das Bild eines Willkür-Gottes zulaufen könnten, der auch nicht an die Wahrheit und an das Gute gebunden ist.«

Ibn Hazm wiederum, ein muslimischer Gelehrter des Mittelalters, war laut Benedikt XVI. der Auffassung, »dass Gott auch nicht durch sein eigenes Wort gehalten sei und dass nichts ihn dazu verpflichte, uns die Wahrheit zu offenbaren. Wenn er es wollte, müsse der Mensch auch Götzendienst treiben.« Der Papst sieht eine Nähe des Duns Scotus zum muslimischen Gottesbild. Der kluge Franziskaner habe schließlich dazu beigetragen, die »Andersheit Gottes« so weit zu übersteigern, »dass auch unsere Vernunft, unser Sinn für das Wahre und Gute kein wirklicher Spiegel Gottes mehr sind, dessen abgründige Möglichkeiten hinter seinem tatsächlichen Entscheiden für uns ewig unzugänglich [...] bleiben. Demgegenüber hat der kirchliche Glaube immer daran festgehalten, dass es zwischen Gott und uns, zwischen seinem ewigen Schöpfergeist und unserer geschaffenen Vernunft eine wirkliche Analogie gibt.« Johannes Duns Scotus wird hier dem »kirchlichen Glauben« entgegengesetzt, also durch Benedikt XVI. in den Grenzbereich des Häretischen verwiesen.

Widerspruch folgte prompt. Muslime erklärten, Ibn Hazm sei alles andere als repräsentativ für ihr Gottesverständnis. Allah sei kein Willkürgott. Duns Scotus, hieß es christlicherseits, hätte dem Gott Jesu nie zugetraut, das Unvernünftige oder Böse wollen zu können. Richtig bleibt aber die grundsätzliche Alternative, vor der das 21. Jahrhundert steht: Ist es der unumschränkte Wille, den wir als Kriterium gelingenden Lebens akzeptieren und dem sich der Intellekt unterzuordnen hat? Dann wäre Vernunft all das, was uns unseren Zwecken näherbringt, wie unvernünftig diese auch sein mögen. Oder wacht in jedem von uns eine hörende Vernunft, die unseren Willen zähmen und schlechte Zwecke erkennen hilft? Dann wäre Vernunft all das, was uns dem guten Leben näherbringt, wie schwer es auch zu erreichen sein mag.

Johannes Duns Scotus und Wilhelm von Ockham stehen am Beginn einer Denktradition, die nicht nur in den Laizismus führt – wenn Denken und Glauben zweierlei Wahrheit hervorbringen, muss der Staat weltanschaulich abstinent bleiben –, sondern die auch die Ambivalenzgeschichte der Aufklärung eröffnet.

Die bei Thomas von Aquin so wunderbar geordnete Welt mit Gott als Denker und Lenker und fortwährendem Schöpfer, der Fides und Ratio mit derselben Handbewegung austeilt und so liebend sich verschenkt, bekommt hier Risse. Diese Entwicklung geschah aus innerer Notwendigkeit. Thomas ließ die Vernunft in göttlichem Licht erstrahlen. Da konnte (und durfte) es nicht lange dauern, ehe der Strahl der Vernunft auf deren Quelle zurückgerichtet wurde.

Gerade weil man Gott selbst unbezweifelt ließ, entrückte man ihn ins Jenseits der Erkenntnis. Dadurch jedoch wurde die Grundlage gelegt für jene Attitüde, die heute nicht mehr trägt: Die Wissenschaft begann, sich unzuständig zu fühlen für Fragen des Glaubens. Die Vorstellung, es gebe nun einmal zwei Lehren, zwei Wahrheiten, zwei Methoden und nirgends eine Brücke, griff um sich. Dieser Dualismus aber ist so gefährlich wie jener der Katharer. Der Glaube kann so nämlich degenerieren zum Ritualismus; ihm fehlt das Korrektiv. Die Vernunft kann degenerieren zum Totalitarismus; ihr fehlt das Korrektiv.

Karl Jaspers schätzt Sokrates, Buddha, Jesus und das Zuhause im Scheitern

Kein Zufall ist es, dass nach dem Zweiten Weltkrieg beide vermeintlich strikt getrennten Sinnsysteme Konjunktur hatten und wieder aufeinander zu hören bereit waren. Die Diktatur hatte beide ruiniert, die Vernunft durch die Anwendung ihrer Instrumente zur Unterdrückung, ja Ausrottung von Menschen, den Glauben durch religiös überhöhte Inszenierungen eines destruktiven Nationalismus. Die Frage in den Trümmern lautete: Was können wir aus unserer Asche retten? In der Literatur kam es zu einer kurzen Blüte konfessionell geprägter Autoren. Kurt Marti, Albrecht Goes, Werner Bergengruen, Ina Seidel und viele andere stehen für diesen Aufbruch. Romano Guardini prophezeite, wir haben davon gehört: »Der christliche Glaube selbst aber wird eine neue Entschiedenheit gewinnen müssen.« Und in die Schule des

Denkens lud Karl Jaspers, dessen Einsichten und Ausblicke heute leider fast vergessen sind.

Dabei gäbe es noch immer viel zu lernen von dem 1883 geborenen, 1969 verstorbenen Philosophen, der zudem promovierter Arzt und Privatdozent für Psychologie war. In seinem 1947 erschienenen Hauptwerk »Von der Wahrheit«, großteils im »Dritten Reich« entstanden, finden sich düstere Sätze: »Kein Mensch kann dem andern im Wesentlichen helfen.« Obwohl Jaspers, der Protestant, von der katholischen Kirche wenig hielt, sah er die Schattenseiten des reformatorischen Pluralisierungsschubs: »Es überkommt uns eine tiefe Trauer angesichts dieser Sprengung der einen abendländischen Kirche. Welch kostbares Gut war diese Einheit! Welch unübersehbaren Mächten partikularer und ruinöser Art ist der Wirkungsraum gegeben worden! Wie viel enger ist Unterdrückung und Dogmatisierung geworden und wie viel bodenloser die chaotische Willkür! Die mögliche hohe Polarität von Autorität und Freiheit in lebendiger Bewegung ist erloschen.«

Das dreifache Ausrufezeichen ist sichtbarer Ausdruck eines polaren Denkens. So wie Freiheit Autorität als ihren Widerstand braucht – »Freiheit ist nur dort, wo sie erobert werden muss« –, so braucht das Wissen den Glauben, die Philosophie die Religion. Jaspers weiß: »Mit der Preisgabe und dem Vergessen der Religion würde auch das eigentliche Philosophieren aufhören. Es würde entstehen die gedankenlose, ihrer selbst nicht mehr bewusste Verzweiflung, ein bloßes Augenblicksleben, ein Nihilismus und darin ein chaotischer Aberglaube. Es würde auf die Dauer auch die Wissenschaft versinken. Die Grundfrage des Menschen, was der Mensch ist und sein kann, was aus ihm wird, würde im Ernst nicht mehr erfahren und gestellt.«

Dieser Punkt ist heute erreicht. Fast nur mehr im Spiel, in der Ironie, im Zynismus wird die Frage nach dem Menschen säkular gestellt. Dem Aberglauben wurden die Tore geöffnet, nachdem der Glaube lange genug als voraufgeklärt gebrandmarkt worden war. Wie sonst ist das gleichzeitige Anschwellen von Hightech und Esoterik, von Zahlenfetischismus und Schamanentum zu erklären?

Zwei Jahre vor Walter Niggs »Buch der Ketzer« sympathisiert auch Jaspers mit diesen, stellt sie aber weniger radikal der Institution gegenüber, »es lebt die Wahrheit der Ketzer in der Kirche«. Erstaunlich ist, dass Philosoph Jaspers wie Theologe Nigg der Gesellschaft den Wert des Christentums vor Augen führen, gerade im Unterschied zur heidnischen Antike. »Die eigene Erlösungsmöglichkeit vernichtet die tragische Ausweglosigkeit. [...] Alle Grunderfahrungen des Menschen sind als christlich nicht mehr tragisch.« Und anders als sein Nachfahre Hossenfelder kennt Jaspers auch den Willen zum Bösen, den Willen zur Macht, den Willen zum Nichts.

Der für Jaspers zentrale Vernunftbegriff lässt sich einer Vorlesungsreihe von 1950 ablesen: »Vernunft und Widervernunft in unserer Zeit«. Vernunft ist demnach mehr als Verstand, nämlich »Bewegung ohne gesicherten Bestand«. Sie dränge zur Kritik und verlange Besonnenheit und vollziehe die Selbsterkenntnis, ja sie sei »grenzenlose Offenheit«. Vernunft kenne Wahrheit nur in Verbindung mit Kommunikation, und wer ihrer sich bediene, der müsse sich dazu eigens entschließen, »Vernunft ist nicht da von Natur«. Dann aber sei der Lohn gewaltig: »Wo Vernunft den Raum gibt, da verschwinden Illusionen, vergeht Rausch und Wildheit.« Abschied zu nehmen sei gleichzeitig von der Vorstellung, Vernunft könne »Propaganda machen, suggerieren, das Greifbare in die Hand geben«.

Mit alldem kann die Vernunft laut Jaspers nicht dienen – mit alldem aber prunken die heutigen Hüter des Unglaubens, den sie Vernunft nennen, weshalb sie letztlich recht widervernünftige Köpfe sind. Von diesen Propagandisten werden hermetische, nicht offene, unumstößliche, nicht geschichtliche

Deutungen angeboten. Jede Frage bekommt eine Antwort allerletzter Hand. Hingegen weitet ein Mann des Glaubens wie Benedikt XVI. Jaspers' Forderung nach einer Beheimatung der Vernunft an den Universitäten ins Theologische. Bei Jaspers »gehört zur Idee der Universität ihre Selbstkritik«, ergo ist die Universität die natürliche Verbündete einer zwingend selbstkritischen Vernunft. Bei Benedikt mündete die Regensburger Rede in den Appell, Theologie als »Frage nach der Vernunft des Glaubens« gehöre »an die Universität und in ihren weiten Dialog der Wissenschaften hinein«. Nur so bleibe der »innere Zusammenhalt im Kosmos der Vernunft« gewahrt.

Explizit religiösen Fragestellungen wandte Jaspers sich 1957 zu. Er schrieb über »Die vier maßgebenden Menschen« Sokrates, Buddha, Konfuzius, Jesus. Aus teils philosophischer, teils naturwissenschaftlicher Sicht hat er am Jesus der Bibel einiges auszusetzen. Die Wunder nennt er »gewisse abnorme Phänomene«, durch Suggestionen bewirkt. Der Glaube an die Auferstehung gründe auf Visionen. Jesu Gebote seien »Imperative für Heilige«, weshalb ihm »faktisch, wenn überhaupt, nur sehr wenige Menschen folgen« – nur solche Menschen, die handeln, »als ob keine Welt, keine Antinomien ihrer Realität beständen, [...] als ob der Mensch keine Aufgabe von Weltgestaltung und Verwirklichung mehr hätte«.

Falsch ist diese Folgerung. Gerade durch seine praktische Dimension, die Verklammerung von Glauben und Tun, Seelenheil und Nächstenliebe, Zukunftsbewusstsein und Gegenwärtigkeit, wusste das Christentum in der antiken Welt (und darüber hinaus) zu begeistern. Zu sehr ist Jaspers' Bild von den Gerichtsreden Jesu bestimmt. Dennoch liest Jaspers die Bibel mit hoher Sensibilität. Er erkennt, dass es nicht angeht, »aus Jesus eine duldende, weiche, liebende Gestalt zu machen, noch weniger einen nervösen, widerstandslosen Menschen«. Er diagnostiziert dessen »eigentümliche Doppelheit von Sanftmut und kämpferischer Unbedingtheit«. Sich selbst stellt Jaspers die ehrliche Frage, worauf denn die »unermessliche Wirkung« Jesu beruhe. Er verwirft, »was die historische Kritik übriglässt«, und gelangt zum Kern: der Unbedingtheit der Liebe und dem Leidensbewusstsein. Jesus, so lautet der schönste Satz dieses sachlichen Ringens von 1957, »Jesus zeigt dorthin, wo dem Menschen in jeder Weise des Scheiterns das Zuhause offen ist«.

Als hätten Reimarus und Voltaire die Köpfe zusammengesteckt, säkularisiert Jaspers die Bibel. Er, dem nach eigener Aussage »der spezifische kirchliche Bekenntnisglaube« fehlt, zeigt einen unfrommen Respekt gegenüber dem Glauben, eine diesseitige Neugier aufs Transzendente. In der Skizze seiner Autobiographie schreibt er vom »Staunen und der Ergriffenheit und der Achtung, die dieses gewaltige Phänomen erzwingt, je näher man es kennenlernt«. Ihn fasziniert der Ernst des Glaubens, und er entdeckt darin einen Aufruf an jeden Einzelnen, »den uns möglichen Ernst zu finden«. Bevorzugte Stätte aber dieser Begegnung, heißt es wie in einer vorweggenommenen Paraphrase der päpstlichen Rede zu Regensburg, sei die Universität. Dort verbinde der fakultätsübergreifende, die Disziplinen verbindende »Glaube an den Weg der Wahrheit, auf dem alle sich begegnen können, die redlich forschen. Sie bleiben im Denken offen, sie sperren sich nicht ab.«

Unter den Bedingungen des 20. Jahrhunderts zeigt Jaspers, dass selbst Skeptiker, Agnostiker, Naturwissenschaftler auf der Suche nach der Wahrheit ihres Tuns vom Glauben lernen können. Auch dem Sinn, der sich mir nicht erschließt, kann ich Sinn abgewinnen, wenn ich dessen Potenzial und Praxis ernst nehme. Von den »unermesslichen Wirkungen«, die der Glaube entfaltet, führt immer ein Weg ins eigene Ich – ohne dass der Glaube beleidigt wird. Jedem Kochrezept, jeder Meditationstechnik, jeder Gipfelwanderung wird zugetraut, mehr zu sein als die Summe der Bestandteile, mehr als

Materie plus Hokuspokus. Doch die Glaubenslehren dieser Erde sollen samt und sonders auf Täuschung errichtet sein? Wenn ein Richard Dawkins erklärt, es müsse Schluss sein mit dem Respekt vor religiösen Überzeugungen, liefert er ein passables Argument, selbst respektlos behandelt zu werden. Welch kostbares Gut war dieser Respekt!

Johannes Paul II. und seine Enzyklika »Fides et ratio«: Glaube und Vernunft wurzeln in der Freiheit

Ernst und gebildet, wie er war, hätte Karl Jaspers aufmerksam gelesen, was Karol Wojtyła zu sagen hatte zum selben Problem: Was kann die Ratio von der Fides lernen? Noch ehe diese Frage 1998 zu Titel und Thema wurde der dreizehnten und letzten Enzyklika, beschäftigte sie den Papst. Sie bildete das unverkennbare Leitmotiv seines Pontifikats. Als solches laut vernehmbar wurde es schon in den Jahren 1980, 1992 und 1993. Bei seinem ersten Deutschlandbesuch sprach er im Kölner Dom lange zu den Wissenschaftlern und Studenten. Die damalige Rede bildete den Grundstein aller späteren Betrachtung zum Kernproblem auch des 21. Jahrhunderts.

Am 15. November 1980 beharrte Johannes Paul II. in Köln auf dem inneren Zusammenhang von Glauben, Vernunft und Freiheit. Glauben könne man nur in Freiheit, und Freiheit wiederum sei »nur dem Vernunftwesen eigen«. Ein gewaltiges Panorama verbirgt sich hinter dieser schlicht wirkenden Trias. Glaube und Zwang schließen sich demnach aus, während die Vernunft grundsätzlich der Freiheit bedarf. Kaum anders hatte Jaspers argumentiert, als er den prinzipiellen Drang der Vernunft ins Offene, Unbekannte, Unabschließbare betonte. Katholizität hatte Jaspers als deren Gegenteil ausgemacht – und diesen Ball nimmt nun, unbewusst vermutlich, der Pontifex auf. Ja, sagt er, ohne Freiheit geht die Vernunft zugrunde, beide zusammen aber sind auch die Voraussetzungen für jeden echten Glauben. Insofern haben Glaube und Vernunft dasselbe Anliegen: den Raum der Freiheit zu vergrößern.

Durchaus kühn sind diese Voraussetzungen für das anschließende Plädoyer. Wenn mit Johannes Paul II. und mit dem Ersten Vatikanum von 1870, auf das er sich bezieht, Glaube und Wissenschaft »verschiedenen Erkenntnisordnungen zugehören, die nicht ineinander überführbar sind«, bedeutet dies zugleich, dass die Vernunft, »in einer Mehrheit von einzelnen Wissenschaften verfasst«, sich nicht abschotten darf von der Erkenntnisordnung Glaube. Sonst zerstört sie die gemeinsame Wurzel, die Freiheit. Ebendiese Gefahr hielt Wojtyła im Jahr 1980 für gegeben. Wissenschaft werde zunehmend als Technik verstanden, Erkenntnis sei ein Synonym geworden für das, »was zum Erfolg führt« – was sich rechnet, könnte man auch sagen.

Vor diesem Hintergrund habe das Verhältnis von Vernunft und Freiheit eine andere Dimension bekommen: »In einer vergangenen Epoche haben Vorkämpfer der neuzeitlichen Wissenschaft gegen die Kirche mit den Schlagworten Vernunft, Freiheit und Fortschritt gekämpft. Heute, angesichts der Sinnkrise der Wissenschaft, der vielfältigen Bedrohung ihrer Freiheit und des Zweifels am Fortschritt, haben sich die Kampfesfronten geradezu vertauscht. Heute ist es die Kirche, die eintritt für die Vernunft und die Wissenschaft, der sie die Fähigkeit zur Wahrheit zutraut, welche sie als humanen Vollzug legitimiert. Heute ist es die Kirche, die eintritt für die Freiheit der Wissenschaft, durch die sie ihre Würde als menschliches, personales Gut hat. Heute ist es die Kirche, die eintritt für den Fortschritt im Dienst einer Menschheit, die seiner zur Sicherung ihres Lebens und ihrer Würde bedarf.«

Der Philosoph Robert Spaemann teilt 27 Jahre später diese Einschätzung. Anfang Juli 2007 erklärte er im Gespräch mit dem evangelischen Bischof Wolfgang Huber: »Die Vernunft wird heute von der Wissenschaft selbst in Frage gestellt, nicht vom Glauben. Etwa von Neurowissenschaftlern, die [...] zu zeigen versuchen, dass die Vernunft nicht das ist, für was sie sich hält, sondern dass sie ein zufälliges Evolutionsprodukt sei. [...] Ich denke, dass es heute die Religion ist, die die Vernunft verteidigt. Die Neurowissenschaft stellt sie in Frage. Der alte Gegensatz von Glaube und Vernunft ist längst überholt. Es sind die Gläubigen, die die Vernunft verteidigen.« Johannes Pauls II. Nachfolger macht sich ganz dessen Appell von 1980 zu eigen, ein »neuer Humanismus« für das 21. Jahrhundert sei überlebenswichtig. Benedikt XVI. fordert seit seinem Amtsantritt einen »Humanismus der Zukunft«, einen »ganzheitlichen Humanismus«. Er plädiert dafür, den Begriff der Vernunft deshalb zu weiten. Man müsse auch jene Aspekte der Wirklichkeit erforschen und umfassen, die über die rein empirischen Dimensionen hinausgehen.

Damit rennt er keine offenen Türen ein bei den Aufklärungsaposteln der »Giordano-Bruno-Stiftung«. Diese tragen als Mantra vor sich her: Empirisch widerlegt seien sämtliche Glaubenssätze des Christentums. Empirie aber und Experiment halten Gläubige für das falsche Besteck, um zum Inneren einer Religion vorzudringen. Beruht nicht schon unser alltägliches Leben auf empirisch ganz unüberprüfbaren, gleichwohl sehr mächtigen Realitäten wie Liebe, Vertrauen, Missgunst?

Auch mancher wohlmeinende Betrachter aber wird die Stirn runzeln, fragen, ob er da all die Jahre über etwas verpasst habe, wenn die Kirche sich nun als Wahrerin von Freiheit, Vernunft und Fortschritt präsentiert. Notabene gilt das päpstliche Plädoyer von 1980 ausdrücklich der Humanität und der Menschenwürde, in deren Namen das Wissen tätig werden soll. Entscheidend also ist: Halten wir Humanität und Menschenwürde für Prinzipien, die einer wahren Wissenschaft immer innewohnen? So sieht es Jaspers, dem zufolge der Ursprung der Wissenschaft »nicht Machtwille über die Dinge [...], sondern der Wahrheitswille selber« ist. Dann können wir mit Johannes Paul II. die Begrenzung der Wissenschaft auf solche Zwecke, die der Menschheit dienen, akzeptieren. Oder ereignet sich Wissenschaft im allseits unbeschränkten, moralfreien Raum, wird erst geforscht und dann reflektiert? In diesem Fall müssen wir die päpstlichen Worte als unzulässige Einmischung in die Forschungsfreiheit, die dann wirklich grenzenlos ist, zurückweisen.

Was aber geschieht mit den sogenannten Leichen im Keller der Kirche? Plausibel klingt vielen die Litanei des Hans Küng, die dieser im Mai 2007 bei der Verleihung des Kulturpreises der deutschen Freimaurer anstimmte. Die Fälle Giordano Bruno und Galileo Galilei belegten die systematische Opposition der Kirche zur Aufklärung. Sieht man davon ab, dass Galilei keineswegs verurteilt wurde, weil er die Erde aus dem Mittelpunkt des Kosmos rückte, vielmehr deshalb, weil er seine grundstürzenden Behauptungen nicht wissenschaftlich beweisen konnte – sieht man also davon ab, dass hier die Rationalität eher auf Seiten der Inquisition lag, dann bleibt die Verurteilung von 1633 ärgerlich wie jede Zwangsmaßnahme wider den Geist.

Genauso aber schätzte auch Johannes Paul II. den Fall ein. Er urteilte im Oktober 1992, damals habe man »unberechtigterweise eine Frage der wissenschaftlichen Forschung auf die Ebene der Glaubenslehre übertragen«. Heute wüssten beide Seiten, dass die »verschiedenen Wissenschaftszweige unterschiedlicher Methoden bedürfen«. Und grundsätzlich fährt er fort, den Gedanken des Deutschlandbesuches von 1980 aufnehmend: »Es gibt also zwei Bereiche des Wissens. Der eine hat seine Quelle in der Offenbarung, der andere aber kann von der Vernunft mit ihren eigenen Kräften entdeckt werden. [...] Die Unterscheidung der beiden Wissensbereiche darf aber nicht als Gegensatz verstanden werden. Beide Bereiche [...] besitzen Begegnungspunkte. [...] Wer sich der wissenschaftlichen und technischen Forschung widmet, nimmt als Voraussetzung seines Weges an, dass die Welt kein Chaos, sondern ein Kosmos ist, dass es also innerhalb der Naturgesetze eine Ordnung gibt, die sich erkennen und denken lässt und die deshalb eine gewisse Verwandtschaft zum Geist aufweist.«

Der große Begegnungspunkt von Glaube und Wissen könnte also die Überzeugung sein, dass wir in keinem ganz geistlosen, unvernünftigen Universum leben; dass Zufall, Auslese und Chaos nicht ausreichen, um das Werden der Welt zu erklären. Wer einzig am »Prinzip Eigennutz« festhält wie Michael Schmidt-Salomon oder gar, wie Richard Dawkins, alle Lebewesen als Überlebensmaschinen egoistischer Gene begreift, wird auch an dieser Tür vorbeigehen. Die nachdenklicheren unter den Forschern, die Selbstkritik auch von den eigenen Prinzipien verlangen, werden es nicht. Diese sind auch hellhörig geworden, als Johannes Paul II. den Pionier der Trennung von Glaube und Wissen, Johannes Duns Scotus, seligsprach – am 20. März 1993, fünf Monate nach der Rehabilitation Galileis.

Natürlich stellte der Pontifex die traditionalen Seiten des Duns Scotus heraus, lobte die »großartige Lehre über den Primat Christi« und die Unbefleckte Empfängnis Mariens. In einer Formulierung aber klingt die ambivalente Wirkungsgeschichte an. Duns Scotus gemäß habe die menschliche Vernunft die Fähigkeit, »die großen Glaubenswahrheiten wenigstens teilweise zugänglich zu machen«. Für Thomas von Aquin gab es da keinen Zweifel, keinen partiellen, sondern einen vollständigen Zugang zum Glauben durch die Vernunft. Joseph Ratzinger folgt da eher dem Aquinaten als Duns Scotus, und auch Johannes Paul II. meldet bald darauf Bedenken an.

In seiner sehr moralisch geratenen Enzyklika »Glanz der Wahrheit«, im Oktober 1993 veröffentlicht, gibt er Antworten, die außerhalb seiner Glaubensgemeinschaft wohl wenig Überzeugungskraft entfalten. Wer nach dem Guten frage, wende sich Gott zu, heißt es gleich zu Beginn. Die Vernunft schöpfe ihre Wahrheit aus der göttlichen Weisheit, ja sie sei dieser, wie es schon Leo XIII. vor 105 Jahren festgestellt habe, »wesenhaft« untergeordnet. »Allein Gott, das höchste Gut«, bilde auch die Grundlage der Sittlichkeit, und »einzig und allein der christliche Glaube« enthülle »die ganze Wahrheit über den Menschen«.

Die Enzyklika »Glanz der Wahrheit« spricht Zeile um Zeile in die Kirche hinein. So sollte es sein, denn mit ihr wollte der oberste Gesetzgeber der Kirche gegen »einige Richtungen der heutigen Moraltheologie« vorgehen. Die professionellen Bibelinterpreten, nicht die Gläubigen, weniger noch die Anders- oder Ungläubigen waren die Adressaten. Insofern wäre die 120 Abschnitte lange Enzyklika zu früherer Zeit knapper ausgefallen und nur intern zirkuliert. Undenkbar ist eine solche Geheimpolitik in der Mediendemokratie der Spätmoderne.

Ins Offene jedoch, zurück auf Johannes Pauls II. Kölner Rede von 1980, voraus auf die letzte Enzyklika von 1998, weist zumindest eine Einschätzung: »Die Humanwissenschaften können [...] nicht als die entscheidenden Wegweiser für das Aufstellen sittlicher Normen angesehen werden.« Ebendiese Rolle aber haben sie sich angemaßt. Die Theologie hat, großteils aus eigenem Verschulden, ihre Funktion als Leit- und Sinngebungsdisziplin längst an die Biologie abgetreten. Von der Biologie (und ein wenig von der Genetik) erhofft die Menschheit sich Antworten auf Fragen, die die Biologie bestenfalls vermutungsweise beantworten kann: Woher kommen, wohin gehen wir? Was ist der Mensch, was ist das Leben? Warum gibt es uns und nicht nichts? Ist da ein Gott? Wer solche Fragen der Biologie stellt, darf sich nicht wundern, biologische Antworten und ein Menschenbild aus dem Setzbaukasten zu bekommen. Eiweiß sei der Mensch, Wasser und Blut.

Wie kühn, wie unerwartbar, wie weitsichtig mutet da des greisen Papstes dreizehnte und letzte Enzyklika an. »Glaube und Vernunft«, vorgestellt durch Joseph Ratzinger am 15. Oktober 1998, gipfelt in dem Satz: »Wahrheit und Freiheit verbinden sich entweder miteinander oder sie gehen gemeinsam elend zugrunde.« Die Wahrheit des Glaubens ist damit ebenso gemeint wie die Wahrheit der Wissenschaft. Mit Zwang darf weder für eine bestimmte Religion missioniert noch zu einer bestimmten Weltanschauung überredet werden. Johannes Paul II. geht davon aus, dass letztlich alle Menschen darin übereinstimmen. Jeder Mensch nämlich, wusste schon Aristoteles, strebt nach Wissen, und er strebt nach einem sicheren Besitz dieses Wissens, den er Wahrheit nennt. Auch die Religion entspringe, so Johannes Paul II., dieser »tiefen Sehnsucht nach der Wahrheit«. Ergo haben Theologie und Philosophie, Glaube und Vernunft denselben anfänglichen Impuls, dasselbe Ziel, seien sie gleichermaßen Formen des Wissens.

Glaube ist demnach das Gegenteil von Schwärmerei, das Gegenteil auch von Ekstase. Er rechnet, nimmt man Johannes Paul II. beim Wort, dem Wissen zu. Eine solche Zuordnung kann man nicht hoch genug einschätzen. Wenn Religion Formen des Wissens ausbildet, muss sie in partnerschaftlicher Konkurrenz, in stetem Austausch stehen zu, wie es schon 1992 hieß, jenem säkularen Wissen, das fernab jeder Offenbarung »von der Vernunft mit ihren eigenen Kräften entdeckt« werden kann. Religion darf dann nicht verächtlich die Nase rümpfen über die Methoden der Wissenschaft. Sie muss diese nicht ungefragt übernehmen, sie darf sich aber auch nicht am Gängelband der Empirie durch die Manege treiben lassen. Sie muss auf die Scheidung der Geister achten, ohne das gemeinsame Band von Vernunft und Glaube zu durchschneiden: den Hunger nach Erkenntnis, die Sehnsucht nach Wissen.

Im Wissen um dieses gemeinsame Band kann Wojtyła schreiben, »Vernunft und Glaube wohnen einander inne, und beide haben ihren je eigenen Raum zu ihrer Verwirklichung«. Die zuweilen sehr getrennten Felder, die Glaube und Vernunft beackern, dürfen die einigende Herkunft und das einigende Ziel nicht verdunkeln. Offenbar aber arbeiten gerade die Apologeten der Vernunft an deren Abschaffung – befürchtet Johannes Paul II. Er nennt es ein »Misstrauen gegen die Vernunft [...], dass auf die metaphysische Erforschung der letzten Fragen weitgehend verzichtet wird«. Eine »Philosophie, die die Möglichkeit eines letzten und umfassenden Sinnes leugnen wollte, wäre nicht nur unangemessen, sondern irrig«.

Dass man auch sehr vernünftig über das reine Diesseits nachdenken kann, wird niemand bestreiten. Die rationalistische Verteufelung von Denkmöglichkeiten, die über das Tatsächliche und Empirische hinausgehen, beschneidet indes tatsächlich die Vernunft. Sie wird dann zur Technik, nennt wahr, was widerspruchsfrei ist, unwahr, was nicht funktioniert. Eine zurechtgestutzte Vernunft aber, vor der es einen Kant noch graute, beschädigt auch den Glauben, da dieser eben kein Widerpart ist, sondern Zimmernachbar im selben Haus des Denkens. »Es ist illusorisch zu meinen, angesichts einer schwachen Vernunft besitze der Glaube größere Überzeugungskraft; im Gegenteil, er gerät in die ernsthafte Gefahr, auf Mythos bzw. Aberglaube verkürzt zu werden.« Das genau ist der Punkt, an dem Johannes Pauls II. Nachfolger dann ansetzt.

Benedikt XVI. entdeckt die Krankheiten der Religion

Zu den meistzitierten Äußerungen Benedikts XVI. zählen die Warnungen vor den »kulturellen Erkrankungen« der Gegenwart. Noch als Kardinal sagte er etwa im Juni 2004, die Pathologien der Religion und der Vernunft träfen sich »im gleichen Ergebnis. Der erkrankten Vernunft erscheint schließlich alle Erkenntnis von definitiv gültigen Werten als Fundamentalismus. [...] Eine Vernunft, die nur noch sich selber und das empirisch Gewisse anerkennen kann, lähmt und zersetzt sich selber.«

Die Religion hingegen erkranke, wenn sie »fundamentalistisch-fanatisch« und also widervernünftig werde. Zwei Jahre zuvor setzte er die »Pathologien der Wissenschaft« in eins mit der »Verzwecklichung ihres Könnens für die Macht, in denen zugleich der Mensch entehrt wird«. Grundsätzlich äußerte er sich 1996: »Es gibt Religionen, die offensichtlich krank sind, die auch zerstörerisch für den Menschen sein können.« Als »Pathologie in der christlichen Religion selbst« bezeichnete er die Hexenverbrennungen.

Während der Reise nach Bayern im Oktober 2006 stand ebenfalls dieses fragile Verhältnis im Zentrum. Bei der Freilichtmesse in Regensburg führte Benedikt XVI. es (wie schon bei anderen Anlässen zuvor) buchstäblich zurück an den Beginn allen Beginnens, an die Entstehung der Welt: »Was steht am Anfang: die schöpferische Vernunft, der Schöpfergeist, der alles wirkt und sich entfalten lässt, oder das Unvernünftige, das vernunftlos sonderbarerweise einen mathematisch geordneten Kosmos hervorbringt und auch den Menschen, seine Vernunft. Aber die wäre dann nur ein Zufall der Evolution und im Letzten doch auch etwas Unvernünftiges. Wir Christen glauben, dass das ewige Wort, die Vernunft, am Anfang steht und nicht die Unvernunft. [...] Wir glauben an [...] den Gott, der Schöpfergeist ist, schöpferische Vernunft, von der alles kommt und von der wir kommen. Diese schöpferische Vernunft ist Güte. Sie ist Liebe. Sie hat ein Gesicht. [...] Heute, wo wir die Pathologien, die lebensgefährlichen Erkrankungen der Religion und der Vernunft sehen, die Zerstörungen des Gottesbildes durch Hass und Fanatismus, ist es wichtig, klar zu sagen, welchem Gott wir glauben, und zu diesem menschlichen Antlitz Gottes zu stehen.«

Von der Kosmogonie führt hier ein direkter Weg zur Mission. Weil Benedikt zufolge kein Willkürgott – wie er ihn dem seligen Duns Scotus und einer muslimischen Denkrichtung unterstellt – der Weltenschöpfer war, sondern die Person gewordene Vernunft, darum darf der Christ in seinem Glauben die Vernunft nicht ausschalten. Dieser Zusammenhang ist ein Glaubensakt, ist Entscheidung in Freiheit, kein Mensch war dabei, als die Erde entstand, »eine letzte Beweisbarkeit der christlichen Grundoption gibt es nicht«. Sobald jedoch die Entscheidung einsichtig erscheint, sind die Konsequenzen enorm. Durch den Glauben an Jesus als den Christus kommt demnach die Vernunft zu ihrem Recht, und die Liebe wird eine Erscheinungsform der Vernunft. An ihren Früchten, ließe sich sagen, wird man die Gläubigen erkennen, und alles andere als Liebe ist eine faule Frucht. »Die wahre Vernunft«, sagte Ratzinger im November 1999, »ist die Liebe, und die Liebe ist die wahre Vernunft.«

Bedeutet diese Engführung, die eine Weitung sein will, dass die nichtchristlichen Religionen unvernünftig sind? Die Vorlesung zu Regensburg machte zumindest deutlich: Immer da, wo Religion und Gewalt sich verbinden, wird die Vernunft preisgegeben. Immer da, wo im Namen eines Gottes das Schwert gezogen wird, stirbt dieser Gott. Ganz ohne Frage tut sich hier ein Scheideweg auf »im Verständnis Gottes und so in der konkreten Verwirklichung von Religion«. Namentlich der Islam bietet derzeit das trübe Bild einer in diesem Sinne unvernünftigen Religion. Liegt es an Plato?

Weit stärker als Johannes Paul II. hält Benedikt XVI. die Kirchenväter präsent. Kurt Hübner zufolge sieht Ratzinger »in der Tradition der Väter gleichsam ein Urphänomen des Glaubens«. Den »großen Persönlichkeiten der entstehenden Kirche« widmete Benedikt die Mittwochsaudienzen von Frühjahr bis Herbst 2007. An Justin, dem Märtyrer, fasziniert ihn die Synthese aus Christentum und vorchristlicher Philosophie: »Justin sagt, dass diese beiden Wirklichkeiten, das Alte Testament und die griechische Philosophie, wie die beiden Straßen sind, die zu Christus führen, zum Logos. Somit ist offensichtlich, dass sich die griechische Philosophie der Wahrheit des Evangeliums nicht widersetzen kann und dass die Christen vertrauensvoll aus ihr wie aus einem eigenen Gut schöpfen können.«

Klemens von Alexandrien nennt Benedikt XVI. einen »Bannerträger des Dialogs von Glaube und Vernunft in der christlichen Tradition«. Der ägyptische Bischof habe die Getauften angeleitet, »damit sie mit den beiden ›Flügeln‹ des Glaubens und der Vernunft zu einer innigen Erkenntnis der Wahrheit gelangen, die Jesus Christus, das Wort Gottes ist. Nur diese Erkenntnis [...] ist das Gebäude, das von der Vernunft errichtet wird, die unter dem Einfluss eines übernatürlichen Prinzips steht«. Klemens habe auch gewusst, dass »die Erkenntnis Christi nicht nur Denken ist, sondern Liebe, die die Augen öffnet. [...] Man kann nicht erkennen, ohne zu lieben, und man kann nicht lieben, ohne zu erkennen.« Auf diese Weise sei es Klemens gelungen, den im Areopag gescheiterten Versuch des Apostels Paulus, mit der griechischen Philosophie ins Gespräch zu kommen, fortzuführen. Eusebius von Caesarea hingegen sprach vom »vor aller Zeit ins Dasein getretenen Logos Gottes«, und Athanasius von Alexandrien war laut Benedikt der »leidenschaftliche Theologe der Menschwerdung des Logos, des Wortes Gottes«.

Es wäre ein Leichtes, die Spuren dieses frühkirchlichen Denkens Seite um Seite nachzuweisen in Benedikts Enzyklika »Deus Caritas« oder in seinem nachsynodalen Schreiben zur Eucharistie »Sacramentum Caritatis« oder in seinem »Jesus«-Buch. Die Kirchenväter hielten in einem weitgehend heidnischen Umfeld Ausschau nach Anknüpfungspunkten für den neuen Glauben. Und sie fanden sie im griechischen Denken, das wesentlich von Plato geprägt war. Der Münchner Philosoph Hans Otto Seitschek hat hierfür den schönen Satz geprägt: »Die ersten Kirchenväter sprachen platonisch.« Natürlich waren Plato und Aristoteles keine Christen avant lettre. Sie stellten aber eine Sprache zur Verfügung für die Inhalte des Christentums. Als der Evangelist Johannes Ende des ersten Jahrhunderts nach einem nicht bildhaften Ausdruck suchte, fand er das platonische Instrumentarium, fand er die Lehre von den ewigen Ideen, deren größte das Gute sei, fand er den Logos-Begriff, mit dem das letzte Evangelium einsetzt: »Am Anfang war das Wort«, war der Logos.

Den Spezialisten kann man es überlassen, ob Johannes die christliche Botschaft verdichtet hat oder eher überformt, entstellt. Für den ebenfalls frühkirchlichen Bischof Theodoret ist die ganze Philosophie eine »hellenische Krankheit«, während Joseph Ratzinger mit Justin und Klemens den Glauben die »wahre Philosophie« nennt, »freilich auch praktisch als die Kunst des rechten Lebens und Sterbens«. Noch im Dezember 2006 löste der katholische Theologe Paul Wess eine Debatte aus, als er zur Relativierung eben des griechischen Erbes aufrief. »Die griechischen Kirchenväter«, schrieb er, »wollten mit ihrem Verständnis von Jesus Christus keine neue Lehre entwickeln, sondern waren überzeugt, die Bibel richtig zu interpretieren. Sie merkten nicht, wie sehr sie von ihren hellenistischen philosophischen Voraussetzungen geprägt waren und mit ihrer Auslegung ungewollt den Sinn der Schrift veränderten.« Im Klartext: Erst durch das griechische Logos-Denken wurde Paul Wess zufolge Jesus zum zweiten göttlichen Wesen. Biblisch begründen lasse sich nur die unüberbietbare Nähe Jesu zu Gott als dem Größeren, nicht aber Jesu eigene Göttlichkeit.

Joseph Ratzingers theologisches Denken ist die Antithese zu Paul Wess. Es ist errichtet auf der Synthese von Griechischem und Christlichem. In den Worten aus der Regensburger Vorlesung: »Gott handelt mit Logos. Logos ist Vernunft und Wort zugleich – eine Vernunft, die schöpferisch ist und sich mitteilen kann, aber eben als Vernunft. Johannes hat uns damit das abschließende Wort des biblischen Gottesbegriffs geschenkt.« Nicht aus der Heiligen Schrift hinaus, wie Wess unterstellt, führt ergo das Johannesevangelium, sondern direkt zu deren Zentrum. Jede Menge Plato steckt somit im Glaubensverständnis Ratzingers. »Ich bin ein Stück weit Platoniker«, sagt er selbst. Platonisch ist ferner, so wiederum Hans Otto Seitschek, die Vermittlung zwischen dem ewigen Sein, den Ideen, und dem Vorgefundenen und Vergänglichen. »Plato«, schrieb Ratzinger einmal, »geht davon aus, nur derjenige könne gut regieren, der selbst das Gute kennt und erfahren habe. Er geht auf den biblischen Grundgedanken zu, dass Wahrheit nicht von der Politik produziert wird.« Vor allem aber teilt Ratzinger, wie er es 1984 formulierte, das »platonische Weltbild, in dem der sichtbaren Erscheinungswelt die unsichtbare Substanz als das Eigentliche gegenübersteht«. Im selben Aufsatz stand auch: »Glauben bedeutet, einen Boden gefunden haben, an die wirkliche Substanz aller Dinge herankommen«, bedeutet, »aus dem Schattenspiel der zerfallenden Dinge heraustreten«.

Trägt ein solcher platonisch geschärfter Glaube dazu bei, das Christentum anschlussfähig zu machen? Darauf scheint es ja immer mehr anzukommen, dass der Gläubige verstanden wird in glaubensfernen Kreisen, dass er dort Anregungen geben kann und selbst angeregt wird. Mit platonischem Denken aber, oft nur ein Synonym für Leibfeindlichkeit und Abwertung des Diesseits, dürfte das schwerfallen. Selbst in den *inner circles* der Kirchen ist Kant eher gelitten als Plato. Dennoch machte im Januar 2004 ein seltsames Wort die Runde: das Wort vom katholischen Habermas. Was war geschehen?

Jürgen Habermas sucht das, was fehlt

Jürgen Habermas, säkular bis ins Mark, als Chefdenker der sogenannten »Neuen Frankfurter Schule« ein natürlicher Verbündeter antiklerikaler, emanzipatorischer Interessen, war in München zum abendlichen Gedankenaustausch mit Joseph Ratzinger zusammengekommen. Ausgerechnet mit dem »Panzerkardinal« traf sich der Aufklärer, Deutschlands einziger Philosoph von Weltrang. Und siehe da, man schätzte sich wert. »Hinsichtlich der praktischen Konsequenzen«, befand Ratzinger, »finde ich mich in weitgehender Übereinstimmung mit dem, was Jürgen Habermas über eine postsäkulare Gesellschaft, über die Lernbereitschaft und die Selbstbegrenzung nach beiden Seiten hin ausgeführt hat.«

Habermas hatte zuvor ausgeführt: Religiöse Überzeugungen seien »nicht schlechthin irrational«, in den Religionsgemeinschaften bleibe »intakt, was andernorts verlorengegangen ist [...], Sensibilitäten für verfehltes Leben, für gesellschaftliche Pathologien, für das Misslingen individueller Lebensentwürfe und die Deformation entstellter Lebenszusammenhänge«, religiöse und weltliche Mentalitäten sollten »die Säkularisierung der Gesellschaft als einen komplementären Lernprozess begreifen«. Habermas erwartet gar vom säkularen Bewusstsein einen »selbstreflexiven Umgang mit den Grenzen der Aufklärung« und eine »Lernbereitschaft der Philosophie gegenüber der Religion«. Damit definiert Habermas innerhalb des säkularen Denkens die philosophische Gegenposition zum naturalistischen Religionshass des Biologen Richard Dawkins. Während dieser Religion an sich einen Wahn, eine Krankheit nennt, weiß Habermas: Es gibt »gesellschaftliche Pathologien«, soziale also, nichtreligiöse Erkrankungen, die sich nur heilen lassen, wenn die Gesellschaft sich öffnet für Anregungen aus dem »intakten« Denk- und Lebensbereich der Religionen.

Katholisch geworden ist Habermas dennoch nicht. Für ihn bleibt Wahrheit, der Zentralbegriff Ratzingers, das temporäre Ergebnis eines herrschaftsfreien öffentlichen Diskurses, in dem alle möglicherweise Betroffenen ihre Stimme haben erheben können. Wahrheit ist ihm Konsens, und jeder Konsens kann auf der Grundlage neuer Erfahrungen korrigiert werden. Eine Instanz jenseits des Diskurses, ein Gott gar, der sich historisch offenbart, ist in diesem Konzept nicht vorgesehen. Das Verfahren tritt an die Stelle der Offenbarung.

Einigermaßen scharf geriet denn auch Habermas' Replik auf Benedikts Regensburger Vorlesung – doch sie erfolgte am 22. Januar 2007 auf katholischem Grund und Boden, in den Räumen der Münchner Jesuiten. Der Papst habe zu sehr auf der »Synthese aus griechischer Metaphysik und biblischem Glauben« beharrt und so übersehen, dass »es für die in der europäischen Neuzeit faktisch eingetretene Polarisierung von Glauben und Wissen gute Gründe gibt«. Gerade die Abkehr von dieser Synthese, die Benedikt XVI. »Enthellenisierung« nannte, habe »zum modernen Selbstverständnis der säkularen Vernunft beigetragen«. Das meint wohl auch: Der Philosoph will sich vom Papst nicht der Unvernünftigkeit zeihen lassen, nur weil der biblische Glaube in seinem Denken keine direkte Rolle spielt.

Eine solche Erwiderung ist verständlich und überdeckt nicht die Schnittmenge. Habermas selbst hatte 1985 bekräftigt, seine grundlegende Intuition beruhe auf religiösen Traditionen. Drei Jahre später folgte sein Diktum, man könne Begriffe wie Moralität und Sittlichkeit, Freiheit und Emanzipation nur dann verstehen, wenn man sich die »Substanz des heilsgeschichtlichen Denkens jüdisch-christlicher Herkunft« aneignet. Und auch nun, im Januar 2007, reicht er dem Pontifex die Hand. Habermas will einer »entgleisenden Modernisierung« wehren, die Ungerechtigkeiten verstetigt. Er will den »wissenschaftsgläubigen Naturalismus« – Dawkins, Harris und die Neurowissenschaftler sind da gemeint – in die Schranken weisen. Dem »Defätismus der modernen Vernunft« sagt er den Kampf an. Nicht triumphieren dürfe die »bornierte, über sich selbst unaufgeklärte Aufklärung, die der Religion jeden vernünftigen Gehalt abstreitet«; sonst nämlich könne die praktische Vernunft die Kraft verlieren, »in profanen Gemütern ein Bewusstsein für die weltweit verletzte Solidarität, ein Bewusstsein von dem, was fehlt, von dem, was zum Himmel schreit, zu wecken und wachzuhalten«. Eine solche Schieflage träte wohl ein, wenn nur noch Christen und Juden und Muslime sich um das Wohlergehen des Nächsten und um die globale Gerechtigkeit sorgten.

Groß ist das operative Feld, auf dem die Zukunft der Menschheit gewonnen oder verspielt wird. Nicht Aufklärung versus Glaube oder Autonomie versus Dogma heißt die Paarung. Vernunft und Unvernunft treffen vielmehr aufeinander. Unvernünftig ist es, den Augenblick über die Dauer zu stellen, den Börsenkurs über die Nachhaltigkeit, die Lust über die Liebe. Unvernünftig ist es, den Menschen zum Material herabzuwürdigen, sei es in der Klonforschung, der Fortpflanzungs- oder Zerstreuungsindustrie oder in den Arbeitsfabriken jenseits des Ural. Unvernünftig ist es, zum Krieg zu rufen, sei es gegen Staaten, sei es gegen die Natur oder gegen das Gute im anderen. Vernünftig wäre die Hoffnung, dass das Böse überwunden werden kann und die Gerechtigkeit siegen wird. Vernünftig wäre es, dem anderen jene Vernunft zuzutrauen, die man selbst nicht abgesprochen bekommen will. Vernünftig wäre es, sich selbst immer neu zu bescheiden. Ob die Menschheit, ob wir und ich die Kraft dazu aufbringen?

Unfrommes Wissen, glaubenslose Dogmen und eine Theorie von allem

Der Transhumanismus und die atheistische
Wissenschaft: Warum die »Brights«
nicht sehr helle sind

Wer Sorgen hat, heißt es, hat auch Likör. Daran mag man zweifeln. Wer aber Wissenschaft hat, hat selten Gott. Daran gibt es wenig zu zweifeln. Ist es nicht Sinn und Zweck der Wissenschaft, mit kühlem Kopf und unbestechlichem Blick der Welt ihre Geheimnisse zu entreißen? Lautet das erste Gebot der wissenschaftlichen Weltanschauung etwa nicht: Denke viel, denke weiter und halte dich von allem Glauben fern? Was man glaube, sei schließlich das, was man noch nicht wisse, und ergo wäre eine vollends aufgeklärte Welt eine Welt des Wissens, glaubenslos, geheimnisfrei.

Diese Einschätzung vertritt zumindest die Avantgarde des (natur-)wissenschaftlichen Denkens, wie sie sich unter dem Banner von »The Brights« und »The Edge« versammelt. »Die Hellen«, also die Schlauen, Cleveren, sind die Mitglieder der 2003 gegründeten US-amerikanischen Vereinigung »The Brights«, die von atheistischen Naturwissenschaftlern dominiert wird.

Die »Giordano-Bruno-Stiftung« sieht sich als deren deutsche Variante. »The Edge« wiederum ist der Name eines Internet-Magazins, das in etwa dieselbe Klientel bedient. Jahr um Jahr, seit 1998, stellt »The Edge« eine Frage zur Zukunft der Wissenschaft. Die namhaftesten Forscher und Autoren aus dem angelsächsischen Raum beteiligen sich. Mittlerweile kann kaum eine Zeitung von Geltung es sich leisten, die Antworten zu überhören. Hier, so scheint es, wird das Morgen gedacht, werden jene Ideen und Projekte skizziert, die bald schon unser aller Zusammenleben bestimmen.

Zum zehnjährigen Jubiläum zielte der Gründer von »The Edge«, der ehemalige Aktionskünstler und heutige Literaturagent John Brockman, dessen prominentester Klient Richard Dawkins ist, direkt ins Herz seiner Gesinnungsfreunde. Wissenschaft sei »grundsätzlich optimistisch«. Wissenschaft produziere gute Nachrichten oder Nachrichten, die gut werden können, dank »immer tieferen Wissens und dank immer effizienterer und mächtigerer Werkzeuge und Techniken«. Folgerichtig, befand John Brockman in der Jahresfrage für 2007, sei es höchste Zeit zu erfahren: »Worüber seid ihr optimistisch? Warum? Überrascht uns!«

Die Hinführung des Vordenkers enthält die Weltanschauung von »The Edge«. Die Wissenschaft, die sie meinen, ist ein öffentliches Ereignis. Am »News Flow« soll man sie erkennen. Brockman legte den Grundstein zu »The Edge« 1995 mit seinem Buch über die »Dritte Kultur«; diese werde bestimmt von jenen »neuen öffentlichen Intellektuellen«, die Wissenschaft und publizistische Öffentlichkeit verbinden – ganz nach der Devise: Raus aus dem Elfenbeinturm, rein in die Zeitung! Zweitens ist die Wissenschaft, die sie meinen, von der Überzeugung steten, ja linearen Fortschritts getragen. Immer besser, immer tiefer werde man die fassliche Welt begreifen, immer gravierender sie umgestalten. Das olympische Motto »schneller, höher, stärker« gibt das Vorbild ab. Bekanntlich führt die Hatz nach sportlichen Rekorden zu Begleiterscheinungen wie Doping, Drill und Korruption. Ist eine so verstandene Wissenschaft vor der Versuchung des unlauteren Wettbewerbs gefeit? Nicht nur der Skandal um den koreanischen Klonscharlatan Hwang Woo Suk legt hier ein »Nein« nahe. Drittens bemisst sich der Wert der Wissenschaft, die sie meinen, am »Output«, an der Qualität der Werkzeuge und Techniken, die sie bereitstellt. Und diese wiederum müssen effizient und mächtig sein, große Renditen versprechen, große Veränderungen garantieren.

Der Optimismus, dem daraufhin 160 Wissenschaftler das Wort reden, ist eine Mischung aus Aberwitz und Größenwahn. Fast durchgängig spricht aus ihm, mal besser, mal schlechter verhüllt, eine aggressive Unzufriedenheit mit dem, was ist und was viel besser sein könnte, rotteten sich nicht immer wieder die Feinde der Wissenschaft zusammen und verhinderten den Fortschritt. Dann und wann stoßen wir ausnahmsweise auf Optimismus in Reinkultur, jedoch von recht kindlichem Gemüt. Ein Computerwissenschaftler von der Stanford University verblüfft mit der Aussage, der Weltfriede sei schon erreicht.

Es gebe nur »kleinere Kriege«, kein »größerer Krieg« bedrohe die westliche Zivilisation. Zwar seien Afrika und die arabische Welt in einem schlechten Zustand, doch verglichen mit der Zeit zwischen 1914 und 1989 und deren »mindestens drei Genoziden« könne man das vernachlässigen. Der arabische Extremismus werde verschwinden, sobald eine neue Generation die Slogans ihrer Eltern hinterfrage – und falls nicht, dann »haben wir das große Gewehr und sie nicht«.

Liegen hier die Denkmuster des schlechten, alten Imperialismus parat? Im Hirn des Computerwissenschaftlers John McCarthy zerfällt die Welt in »uns« und die »anderen«, in den Westen als den Hort der Zivilisation und den Rest als Bedrohung und Unvernunft. Dass der Extremismus, den er trotz rosiger Weltlage zugibt, ein islamischer ist und kein arabischer, kommt ihm nicht in den Sinn. Die arabische Welt besteht keineswegs nur aus Muslimen. Und dass die Pointe gar so martialisch ausfällt, veredelt die Diagnose nicht unbedingt. Hier gibt ein Cowboy den Aufklärer. Diesen Vorwurf kann man der Verlegerin Esther Dyson nicht machen, doch rührend ist auch ihr Fazit: Die weltweite Armut werde verschwinden, weil die Kapitalgeber dem Charme des »nachhaltigen Investments« erliegen.

Die lautesten Stimmen im Chor der Optimisten gehören den Optimierern. Der Mensch kann und soll optimiert, soll leistungsfähiger werden durch Eingriffe in sein Gehirn, seine Gene, seinen Körper. Enhancement, Verbesserung, heißt das Zauberwort, das zu einem Humanismus jenseits des klassisch-abendländischen Humanismus führen soll, einem Transhumanismus. In den Worten des Philosophen Andy Clark aus Edinburgh: »Ich bin optimistisch, dass die menschliche Gattung weiterhin Wege finden wird, um die Art ihres Denkens und Fühlens zu verbessern.« Clark träumt von Medikamententherapien, Gentherapien und direkten »Gehirn-Maschine-Schnittstellen«. Durch eine solche »hybride Vision unserer eigenen Humanität« könne der Mensch nicht nur repariert werden, sondern auch fortlaufend mehr Kraft, Erholung und Wachstum gewinnen. Vergleichsweise bescheiden nimmt sich da die Prognose des Psychologen Marcel Kinsbourne aus. Da man im Schlaf recht unnütz daniederliege – »keine Erfahrungen, keine Gedanken, keine Handlungen« –, solle man nun mittels Umstellung biochemischer Vorgänge das Schlafbedürfnis drastisch reduzieren.

All das kann bestenfalls eine Zwischenstation sein für findigere Geister. Ian Wilmut, einer der »Väter« des Klonschafes Dolly, sieht in seiner Antwort auf die »The Edge«-Jahresfrage die »ersten effektiven Behandlungen für viele Krankheiten« in Reichweite, der Physiker Leonard Susskind erwartet eine Erweiterung der geistigen Fähigkeiten des menschlichen Gehirns über die Wurzeln der Gattung hinaus. Damit gibt sich ein Marvin Minsky nicht zufrieden. Der weltbekannte Computerwissenschaftler ahnt, nein weiß, dass dem Menschen Unsterblichkeit beschieden ist. Die im Gehirn gespeicherten Informationen müsse man nur duplizieren und in »robustere

Maschinen« übertragen – fertig ist die Ewigkeit. Ebendiese wäre längst Realität, »hätte die Wissenschaft nicht Jahrtausende verloren«. Und wer ist schuld daran? Man ahnt es: die monotheistischen Religionen sind's. Etwa um das Jahr 300 hätte sonst das physikalische, mathematische, biologische Wissen schon auf einem Stand sein können, »dass die Bürger über die Dauer ihres Lebens hätten entscheiden können«.

Nun ist es schwer, mit Propheten zu rechten, zumal mit solchen, die wissen, was damals geschehen wäre, wenn dieses und jenes und das meiste sich hätte verhindern lassen. Ein ewiges Hosianna aber gebührt den Religionen, sofern sie tatsächlich verhinderten, dass Überbevölkerung, Krieg um Lebensmittel und Lebensraum, Kernenergie und Bombenwurf schon die Zeiten von Johannes Chrysostomus und Gregor dem Großen aufklären konnten. Vermutlich hätte ein Marvin Minsky in einer religionslosen Welt gar nicht deren Licht erblickt – oder nur als Speicherchip im Stahlgehäuse. Gepriesen seien die Religionen, sie lassen Unkraut neben Weizen gedeihen.

Es fällt eben nicht leicht, die »Edge«-Elite ernst zu nehmen. Deren Anspruch, der weithin geglaubt wird, besteht in nichts Geringerem, als »durch ihre Arbeit und ihre Schriften den tieferen Sinn unseres Lebens sichtbar zu machen und neu zu definieren, wer und was wir sind«. Wer aber sind diese Lehrer der Menschheit? An der Umfrage 2007 nahmen zu fast drei Vierteln Amerikaner teil; die eine Hälfte aller Befragten sind Physiker, Biologen, Chemiker, Informatiker, Anthropologen, die andere Hälfte machen hauptberufliche Autoren aus oder aber Psychologen. Klassische Geisteswissenschaftler fehlen ganz. Diese hätten sich nie bereit erklärt, den »tieferen Sinn unseres Lebens [...] neu zu definieren«. Einen Sinn kann man wissenschaftlich, wenn überhaupt, nur beschreiben oder historisch rekonstruieren. Das Definieren eines Lebenssinnes kommt klassischerweise den Kulten zu, und so ist »The Edge« denn auch auf gutem Weg, Kirchenstatus zu erlangen.

Der Professor für Wissenschaftsjournalismus Corey S. Powell (New York University) erwartet in der »Edge«-Jahresumfrage ein »wissenschaftsbasiertes geistiges Erwachen«. Die »nächste Runde wissenschaftlicher Entdeckungen« verspreche einen »machtvollen neuen Sinn für unsere Verbindung mit dem Rest des Universums«. Um für eine solche kosmische Religion zu werben, brauche man indes dringend an der Spitze einen »charismatischen Vertreter wie Papst Benedikt XVI.«. Da ist er wieder, der Traum des Gegenpapstes Ernst Haeckel, der mit dem Monistenbund eine eigene Atheistengemeinde um sich scharte, der Traum von der Gegenkirche. Da Haeckel aber tot und Benedikt XVI. anderweitig beschäftigt ist, dürfte Powells abschließende Frage: »Irgendwelche Vorschläge?« nicht leicht zu beantworten sein. Es sei denn, Richard Dawkins ließe sich dazu herab. An seiner Neigung gibt es keinen Zweifel. Anlässlich der »Edge«-Umfrage begründet er seinen Optimismus damit, dass die »letzte wissenschaftliche Erleuchtung« bevorstehe. Die Universalformel, die »abschließende Theorie von allem« werde gefunden. Dann kämen »überlegene Wesen« aus einer anderen Welt und erklärten den unverständigen Menschen die Theorie. Damit werde endgültig »der Religion und dem übrigen kindlichen Aberglauben« der Todesstoß versetzt – von Außerirdischen.

Vielleicht tue ich dem leidenschaftlichen britischen Evolutionstheoretiker Dawkins, geboren 1941 in Nairobi, schrecklich unrecht. Vermutlich tun das die allermeisten Menschen, die nicht begriffen haben, dass die öffentliche Person Dawkins mit all ihren Äußerungen an einem einzigartigen gigantischen Gesamtkunstwerk arbeitet: der Verwandlung von Sinn in Unsinn. Der letzte lebende Eulenspiegel heißt vermutlich Richard Dawkins. Dafür gebührt ihm in unserer so schrecklich kalt gewordenen, zweckrationalen Welt die tiefste Verbeugung. Chapeau, Mr. Dawkins.

Falls Herr Dawkins doch nicht ein Dadaist von hohen Graden ist, hat wohl nicht die Welt mit ihm, aber er mit der Welt ein Problem. Alles in ihm ist dann nämlich auf Abschied eingestellt, auf echten Daseinsfrust und unstillbare Unendlichkeitsgier, wie damals bei den Katharern. Die dort grundgelegte Nähe von Kirchenhass und Kirchesein, Religionsdünkel und Religionsgründung ist das Erkennungsmal der vermeintlich Neuen Atheisten, die den Lebenssinn neu bestimmen wollen. Die Zutaten indes sind gut abgehangen, weisen zurück ins katharische 12. und ins radikalaufklärerische 18. und ins welträtsellösende 19. Jahrhundert, zurück ins Languedoc der Ketzer, ins Frankreich des Tugendterrors und ins aggressiv nationalistische, die Eugenik vorbereitende Deutsche Reich. Die Sehnsüchte der heutigen Forscherelite sind traditionelle Motive für Sektengründungen – Unsterblichkeit, Schmerzfreiheit, Feindschaft mit dem Rest der Welt. Zugleich propagiert man so jene Ziele, von denen man selbst am meisten profitierte, als allgemein erstrebenswert. Kluge Hirne wünschen sich einen Geist, der nicht endet, übernächtigte Forscher stellen die Überwindung des Schlafbedürfnisses in Aussicht. Der Klonforscher und Wissenschaftsbetrüger Hwang Woo Suk brüstete sich bekanntlich, mit vier Stunden Schlaf auszukommen. Er war weit fortgeschritten auf dem Weg ins nächste Jahrhundert.

Der antireligiöse Furor ist, von versprengten Außenseitern abgesehen, die Grundmelodie dieser Lautsprecher in eigener Sache. Sie wollen gehört werden, weil sie gehört werden müssen, um die Zugehörigkeit zur »Dritten Kultur« nicht zu verspielen und um ihre Auftraggeber, Geldgeber, Jünger und Jüngerinnen in dauernder Erregung zu halten. Als konkurrierendes Sinnsystem, vor allem aber als Prinzip der Entschleunigung und als Vetomacht gegen die Heiligsprechung des eigenen Ich steht der Glaube im Weg. Nicht dessen vermeintliche Unvernunft provoziert, sondern das Beharren, in allem Irdischen nur Vorläufiges zu sehen, in allem Geistigen das, was dem Geist eben fehlt: die Seele. Salopp formuliert, eint die monotheistischen Religionen die Überzeugung, dass am Schluss abgerechnet wird und nicht von Menschenhand. Die Forscher und ihre Claqueure wollen selbst bilanzieren, wollen selbst darüber entscheiden, darüber richten, was zukunftsfähig ist – das Starke, Gesunde, Effiziente – und was nicht: von alldem das Gegenteil. Tatsächlich wird so die Vernunft von einem hörenden Vermögen zum Befehl: Ich an Menschheit, Ich an Menschheit, steh mir zu Diensten, zack-zack.

Wo aber bleibt das Positive? Der Optimismus der keineswegs auf den angelsächsischen Raum beschränkten Vernunftelite beruht wesentlich darauf, dass das Heute übersprungen und ein Morgen kraft eigener Gedankenstärke imaginiert wird. Der Optimismus, den Gilbert Keith Chesterton bekanntlich bei Thomas von Aquin entdeckte, war von anderer Art. Thomas vertraute dem (mittlerweile korrumpierten) »gesunden Menschenverstand« mehr als den spitzfindigen Theologien des »albigensischen Pessimismus«. Der neue Optimismus der 160 Superhirne von »The Edge« ist die leuchtend übermalte alte Verdrießlichkeit. Die Welt mag sich einfach nicht nach ihren Vorstellungen richten, beklagen sie ein wenig kokett, und darum müssen sie Katharer bleiben, Albigenser, Ketzer. Deren Tonfall imitieren sie lustvoll, wenn etwa der hochdekorierte Physiker Freeman Dyson seine Skepsis gegenüber den Klimaerwärmungstheorien mit dem Bekenntnis garniert: »Ich bin stolz, ein Ketzer zu sein. Die Welt braucht Ketzer, um die vorherrschenden Orthodoxien herauszufordern.«

Ist damit das Positive benannt? Füllt der Wettstreit gegen Mehrheiten das Menschenherz? Nicht jeder aus dem Kreise hier wird zum Jasager, und darum kommen die Papageien und Menschenaffen ins Spiel. Die Liebe zum Tier soll die Empathielücke schließen. So einig man sich darin ist, dass dem vorgeburtlichen, vielleicht auch dem schwerstbehinderten menschlichen Leben nicht unbedingt die Würde einer Person zukommt, so einig ist man sich meistens darin, dass die Tiere von den Menschen schändlich behandelt werden. Von der Internetseite von »The Edge« führt ein direkter Link zur »Alex-Stiftung«. Besagter Alex ist ein 2007 im Alter von 31 Jahren sehr überraschend verstorbener Papagei. Er beherrschte über hundert englische Wörter, konnte Farben und Formen unterscheiden, war häufig zu Gast in Fernsehshows. Die Wissbegier des gefiederten Freundes »revolutionierte unser Wissen über das Vogelgehirn«, steht im Nachruf zu lesen. Nun werde die Arbeit mit Griffin und Arthur, zwei Papageienkollegen, fortgesetzt. Alex' letzter Ruf, in der Nacht, bevor der Tod ihn ereilte, sei gewesen: »I love you.«

Putzig kann es zugehen und sentimental, wenn Forscher forschen. Solche Menscheleien hört man gern. Ist es aber ein Akt von Vernunft, wenn Psychologen ihre Papageien »Ich liebe dich« aufsagen lassen? Ist der legitime Ort eines solchen Satzes vielleicht nicht doch eher in einem Mund, der zu einem Kopf gehört, der ein Hirn birgt, das Sinn und Absicht dieses Satzes echt menschlich zu fassen weiß? Die Liebe zu den Tieren aber ist denen, denen die real existierenden Menschen nicht ins Konzept passen, tief eingebrannt. Die Katharer waren Veganer, Karlheinz Deschner berührt nur lebende Tiere. Gleichzeitig beschimpft Dawkins die Gläubigen als »schwachsinnige Papageien«, die alles nachplappern. Schon Celsus griff zu diesem Vergleich. Alex entkam knapp diesem Verdikt. Er war ja ein kluger Papagei, kein Papageiengott hat ihn verdummt.

Sehr unversöhnlich streitet der australische Philosoph Peter Singer, Angehöriger der »Brights«, für die Menschenaffen. Diese hätten »geistige Fähigkeiten und ein emotionales Leben, die hinreichend sind, ihre Einbeziehung in die Gemeinschaft der Gleichen zu rechtfertigen. [...] Ihre Interessen und Rechte sind in der gleichen Weise zu schützen wie die Interessen junger oder geistig behinderter Angehöriger unserer eigenen

Spezies.« Darum müsse man ihnen das Recht auf Leben, das Recht auf Freiheit, das Recht auf körperliche Unversehrtheit gesetzlich garantieren. Eine »rationale Ethik«, wie sie Singer reklamiert, könne zu keinem anderen Schluss kommen.

Auch Peter Singers umstrittene Äußerung, die Tötung eines behinderten Säuglings sei »sehr oft überhaupt kein Unrecht«, ist Produkt dieser rationalen, also doch wohl besonders vernünftigen Ethik. Und sie ist ein Erbe aus antiker, vorchristlicher Zeit. Im römischen Recht etwa gab es keinen Tatbestand der Kindstötung. Der Pater Familias durfte nach Gutdünken mit seinen Kindern verfahren, hatte prinzipiell das Tötungsrecht. Erst mit der Bergpredigt wurden die »geistlich Armen« in ihrer ganzen Würde bestätigt, ja selig gepriesen. Bioethiker Singer hingegen hält die »Zugehörigkeit zur Spezies Homo sapiens« für keinen hinreichenden Grund, ein Tötungsverbot auszusprechen; »entscheidend sind vielmehr Eigenschaften wie Rationalität, Autonomie und Selbstbewusstsein. Säuglinge haben diese Eigenschaften nicht. Sie zu töten kann daher nicht gleichgesetzt werden mit der Tötung normaler menschlicher Wesen oder anderer selbstbewusster Wesen.« Singer denkt hier natürlich an die Menschenaffen, die demzufolge sich selbst als autonom und rational wahrnehmen, was offenbar den Menschenbabys verwehrt ist.

Singer kann so denken, wie er denkt, weil er das Personsein vom Menschsein trennt und jenes an Bedingungen knüpft, die nicht jeder Mensch erfüllen kann. Nur Personen haben bei ihm ein unumschränktes Lebensrecht, und Personen können über den Kreis der Gattung Homo sapiens sapiens hinausgehen. Man muss vor allem denken können und von sich selbst einen Begriff haben, eine Selbstwahrnehmung und -achtung, um durch das Singersche Raster zu passen. Wir lernen: Affen können Personen sein, Säuglinge und Schwerstbehinderte sind zwar Menschen, aber nicht in jedem Fall Personen. Wir müssen sie darum nicht unbedingt töten – so weit ginge Herr Singer dann doch nicht –, aber gesetzt den Fall, sie kämen gewaltsam ums Leben, wäre das womöglich »überhaupt kein Unrecht«. Sanfter heißt es im »Manifest des evolutionären Humanismus« der »Giordano-Bruno-Stiftung«: Es »wäre kaum zu begründen, würde man die Interessen der Tiere [...] nur deshalb geringer gewichten, weil die dahinterstehenden Individuen nicht Mitglieder unserer eigenen Spezies sind«.

Sehnsüchtig denke ich für einen Augenblick zurück an Chestertons »gesunden Menschenverstand«. Heute gelten Denker wie Peter Singer oder sein Zunftkollege John Harris (»Sobald wir ein Prinzip als unverletzlich ansehen, kehren wir der Moral den Rücken zu«) als veritable Philosophen. Liebe zur Wahrheit soll diesen Berufsstand eigentlich treiben. Die Liebe zum Skandal und zum Tabubruch und zur Inhumanität, sollte man meinen, ist eher eine Spezialität von Herren-, Über-, Unmenschen. Und dergleichen Fetischisierung des Intellekts wird uns präsentiert als der Rationalität allerletzter Schrei?

Vielleicht führt uns der Begriff auf die Spur. Vielleicht ist Rationalität dasselbe wie Vernünftigkeit und somit höchstens eine Variante von, aber keineswegs die Vernunft. Rationalität könnte hier einfach das sein, was man Verfahrenskorrektheit nennt oder Widerspruchsfreiheit. Rational wäre dann derlei unvernünftiger Unfug deshalb, weil unter der genannten Voraussetzung – Person ist, wer die Eigenschaften x aufweist – die genannte Schlussfolgerung stimmt: Y ist keine Person, weil ihm x fehlt. Eine solche Aussage ist insofern rational, als sie logisch aus den Vorgaben entwickelt wurde. Ebendiese Vorgaben aber sind falsch, der Mensch lässt sich nicht nur über seine geistigen Fähigkeiten definieren. Sonst hieße es: Glück gehabt, ihr Orang-Utans, Pech für euch, ihr Enzephalopathie- und Koma- und Alzheimer-Patienten. Traurigerweise haben die Schlächter der Menschheit sich ebendieser Rationalität bedient. Sie eliminierten eine bestimmte gesellschaftliche Gruppe, weil diese den von ihnen definierten Kriterien nicht genügte.

Zwei Bestandteile dieser in ein neues Gewand gekleideten altbackenen Rationalität stechen hervor: Es zählt das, was man zählen kann, berechnen, verwerten, verwerfen, und das Morgen ist besser als das Heute, Neu schlägt Alt. Die erste Zutat wird Positivismus gerufen, die zweite Progressismus. Und darum führt die Suche nach den Wurzeln der Rationalität des 21. Jahrhunderts zurück zu Auguste Comte und Francis Bacon. Der Franzose ist der Vater des Positivismus und der Soziologie. Dem fabelhaft gebildeten Briten ist indirekt die Losung »Let's go west« zu verdanken, die das bis dahin übliche »Ex oriente lux« ablöste. Seit Bacon lockt das Licht der Erkenntnis aus dem Westen, aus dem Unbekannten, neu zu Erobernden. Bacon war gewissermaßen der Christoph Kolumbus des Denkens.

Auguste Comte gründet eine »Religion der Humanität« und verfällt fast dem Wahnsinn

Zunächst aber wollen wir den bemerkenswerten Fall des Auguste Comte in Augenschein nehmen. Ein schwieriger Zeitgenosse muss er gewesen sein, der Sohn eines Finanzbeamten aus Montpellier, geboren 1798. Seine Mutter war gläubige Katholikin. Er selbst lebte in Paris als Privatgelehrter am Rande des Existenzminimums. Krankheiten und Nervenkrisen waren seine Begleiter. Von April bis Dezember 1826 wurde er in einem Sanatorium mit kalten Duschen, Bädern, Schröpfkuren behandelt. Die Mutter wollte ihn entmündigen lassen. Seine Hoffnungen, einen Lehrstuhl für Mathematik zu erhalten, erfüllten sich auch in der Folgezeit nicht. Sein sechsbändiges Hauptwerk über die »positivistische Philosophie« lag 1842 komplett vor. Er starb 1857.

Comte wollte sein System aller Wissenschaften auf »Ordnung und Fortschritt« errichten. So lautet der Untertitel seiner »Abhandlung über den Geist des Positivismus« von 1844. Comtes Philosophie, nach Karl Löwith »Relativismus im radikalen und buchstäblichen Sinne«, preist »unsere allmählich mündig gewordene Intelligenz«, die nun, zu Comtes Zeiten, »ihr endgültiges Stadium rationeller Positivität« erreiche. Überwunden sei damit das erste, das »theologische oder fiktive Stadium«, in dem der Mensch »den einfachsten wissenschaftlichen Problemen« nicht gewachsen war. Überwunden sei das sich anschließende zweite, »metaphysische oder abstrakte Stadium«, die »auflösende Vereinfachung« der Theologie in Ontologie. Der Mensch sei am Gipfel seiner Wirksamkeit angelangt, der identisch ist mit dem Maximum an Wissen und an Glaubensferne.

Bar jeder Ironie nimmt Comte sich vor »zu sehen, um vorauszusehen, das, was ist, zu studieren, um daraus das zu erschließen, was wird, nach dem allgemeinen Dogma von der Unwandelbarkeit der Naturgesetze«. Überall sieht er »positive«, wirkliche, unzweideutige, nachprüfbare Gesetze, die »Gesetze der Erscheinungen«. Dem Drei-Stadien-Gesetz korrespondiert das Enzyklopädische Gesetz, eine Rangfolge der Disziplinen, die die Astronomie, gefolgt von der Physik, anführt. Mehr als ein Gesetz, gar ein »wahrhaft grundlegendes Dogma der menschlichen Weisheit« ist der für ihn primäre Begriff des Fortschritts. Gehorchen will Comte der »dauernden Unterordnung der Einbildungskraft unter die Beobachtung« und aus dem Beobachteten das Künftige herauslesen. Ebendieses Künftige malt Comte in leuchtenden Farben. Der »positive Geist« werde die »tiefgreifende intellektuelle und sittliche Anarchie« endgültig überwinden helfen.

Und wie soll sich das blühende Leben entfalten? Wie soll

die in Comtes Augen trotz des beginnenden »Stadiums rationeller Positivität« so überaus verkehrte Zeit restlos weichen? »Nach der positiven Humanitätstheorie werden unwiderlegliche Beweise, gestützt auf die ungeheure Erfahrung, die unsere Gattung jetzt besitzt, genau den tatsächlichen Einfluss bestimmen, [...] der jedem Handeln, jeder Gewohnheit und jeder Neigung oder Gefühlsregung eigen ist; hieraus werden als unumgängliche Folgerungen die allgemeinen oder speziellen Verhaltensmaßregeln sich ergeben, die am meisten mit der die Gesamtheit umfassenden Ordnung übereinstimmen und die infolgedessen in der Regel dem Glück des Einzelnen notwendig am günstigsten sein werden. Trotz der außerordentlichen Schwierigkeit dieses Gegenstandes wage ich zu versichern, dass er bei gebührender Behandlung ganz ebenso gewisse Schlüsse zulässt wie die selbst der Geometrie.«

Unwiderleglich, unumgänglich, notwendig, gewiss: Comtes Schrift ist ein Beleg dafür, dass die Rhetorik einer absolut rational sich verstehenden Wissenschaft auf Entgrenzung angelegt ist und dass die überzeugtesten Relativisten Verfechter des Absoluten sind. Und sie ist ein Beleg für die gemeinsame Wurzel von Experiment und Endzeit. Diese gemeinsame Wurzel ist der Glaube an die vollständige Entzifferbarkeit und Beherrschbarkeit der Welt. Hinter Comtes großen Worten steht die Hoffnung, der Mensch ließe sich wissenschaftlich durchleuchten, röntgen, so dass seine Handlungsmotive objektiv zutage treten. Diese gälte es dann, ebenso sachlich, computergleich, in ein ausgewogenes Verhältnis zu bringen und auf dieser Grundlage verbindliche »Verhaltensmaßregeln« zu erlassen. Sein Staat ist eine Rechenmaschine, die man mit den Daten der Bewohner füttert, auf dass man Gesetze erhalte. Eine unwandelbare, stabile, krisenfreie Ordnung soll das Resultat technischen und philosophischen Fortschritts sein.

Den letzten Schritt, der noch zu tun bleibt, vollzieht der Herold des Vernünftigen 1847 und 1852. Comte beginnt, »eine

Kirche zu gründen, seine Philosophie als eine Religion zu lehren, offen die Nachfolge des Katholizismus zu beanspruchen« (Werner Fuchs-Heinritz), und er schreibt den »Positivistischen Katechismus«. Die »Religion der Humanität« sieht »soziologische Priester« vor und ihn selbst als Hohepriester. Für Kerneuropa – Frankreich, Spanien, Italien, England, Deutschland – errechnet er einen Bedarf von 20 000 Priestern. Neun Sakramente soll es geben, beginnend mit der Weihe des Neugeborenen an die Göttin Humanität, endend sieben Jahre nach dem Tod mit der »Inkorporation«; ein Priester entscheidet dann, ob die Leiche im Heiligen Wald beim Tempel der Humanität begraben oder in der Wüste der Verdammten verscharrt wird. Das Jahr ist durchzogen mit Festen zu Ehren von Nation, Stadt, Ehe, Fetischismus, Polytheismus, Monotheismus, Paulus, Cäsar. Die Monate sind nach Persönlichkeiten der Weltgeschichte benannt, nach Moses etwa, Shakespeare oder Descartes. Seine Vorrede zum »Positivistischen Katechismus« beendet Comte am »25. Karl der Große 64«, das ist der 11. Juli 1852 in unmoderner Zählweise.

Das positivistische Motto zum »Katechismus« lautet: »Die Liebe als Prinzip, die Ordnung als Grundlage, der Fortschritt als Ziel«. In besagter Vorrede heißt es, das abendländische Denken dürfe sich nicht länger »von Anschauungen leiten lassen, welche offenbar nicht bewiesen werden können, ja sogar von Grund aus ungereimt sind, wie alle Meinungen, welche von irgendeiner Theologie ausgehen [...]. Noch weniger aber dürfen wir in einem Zustande geistiger und sittlicher Kindheit beharren, in welchem unser Verhalten sich nur auf ungereimte und erniedrigende Beweggründe stützt.«

Das 19. Jahrhundert müsse »endlich das edle Streben einer bewiesenen [...] Religion« verwirklichen. Die »positive Religion« will die Nutzanwendung sein aus aller Bibelkritik nach Art eines Reimarus. Wenn denn, folgert Comte, die Heiligen Schriften voll sind von Unmöglichkeiten, sollte man ganz auf sie verzichten. So würde auch nicht mehr »die Vollendung in eine überirdische Absperrung« verlegt werden. Himmel hier und jetzt: Auf diesen Nenner lässt sich Comtes Anspruch bringen.

Den Pfad zum irdischen Paradies sieht er mit Tugenden gepflastert. Um »alle menschlichen Kräften systematisch zu disziplinieren«, drängen die Priester der Menschheit auf das »beständige Zusammenwirken des Gefühls und der Vernunft«. Sie fordern die »fortgesetzte Unterwerfung unserer subjektiven Vorstellungen unter das objektiv Gegebene«. Nur auf diesem Weg könne das »beständige Ziel des menschlichen Lebens« erreicht werden, die »Erhaltung und Vervollkommnung des Großen Wesens, das wir erkennen, lieben und dem wir zugleich dienen sollen. Jeder Einzelne erfüllt aus eigenem Antriebe diese dreifache Aufgabe, welche die Religion durch die Verehrung, die Lehre und die Lebensordnung systematisiert.« Die Menschheit selbst soll diese einzige Gottheit sein.

Letztlich redet Comte einer Tugenddiktatur unter Priesteraufsicht das Wort. Sie bildet das Resultat eines Denkens, das laut Comte zwingend eine neue Religion hervorbringen musste. Diese Wendung von der Glaubenskritik zur Kirchengründung wird gemeinhin als späte Verirrung eines Egozentrikers dargestellt. Sie ist aber nur die Konsequenz seines strikt rationalen positivistischen Denkens. Den Fortschritt als Ziel auszugeben, wie Comte es tat und nach ihm mancher vernünftigere Glaubenskritiker, ist ein Widerspruch in sich. Ein Ziel kann immer nur ein Punkt sein, eine Vorstellung von einem noch nicht erreichten Zustand. Die pure Bewegung, das Fortschreiten an sich, ist kein Ziel, braucht aber ein solches. Man kann nach Paris fahren oder Belgrad, man kann nicht nach »Fahren« fahren. Fortschritt, begriffen als Zurücklassen des Bestehenden, wird zur Destruktion, gibt es keine alternativen Inhalte. Diese meint Comte in der Menschheitsreligion und deren Tugenden gefunden zu haben. Die neue Kirche soll das institutionelle Vakuum nach dem Abschied von den Monotheismen füllen.

Ebenfalls charakteristisch für den instrumentellen Vernunftbegriff Comtes und seiner Nachfahren ist die Betonung der Gesellschaft zu Lasten des Individuums. Dem Christentum wirft Comte vor, keinen Blick zu haben für die »menschliche Gesellschaft«, nur »eine bloße Anhäufung von Individuen« in ihr zu sehen. Hingegen sei »der positive Geist [...] unmittelbar sozial. Für ihn existiert der eigentliche Mensch nicht; es kann nur die Menschheit existieren, da alle unsere Entwicklung der Gesellschaft verdankt wird.« Geschichte wird demnach nicht, wie es im 19. Jahrhundert sonst hieß, von großen Männern gemacht. Die Gesellschaft ist vielmehr der entscheidende Akteur, sagt Comte, Wortschöpfer der Begriffe Positivismus und Soziologie.

Die Verwendung naturwissenschaftlicher Methoden zur Gesellschaftsanalyse verleitet Comte zur Anbetung seiner selbst. Die Menschheit soll werden, wie er schon ist: aufgeklärt, vernünftig, weitab von aller Transzendenz. Der mikroskopische Blick auf die Welt macht nun einmal die Menschen zu Objekten, die Menschheit zum Ameisenstaat, in dem der Einzelne eine vernachlässigbare Größe ist. Es gibt ja so unendlich viel zu tun im Namen der Liebe, der Ordnung, des Fortschritts, da darf man sich nicht aufhalten mit den Individuen.

Werner Fuchs-Heinritz hat diesen Zusammenhang erkannt. »Comte weiß genau, wie die Gesellschaft einzurichten ist und wer das kann: Er selbst ist es, der als Erster dies Wissen hat, das sich dann später auf andere ausbreiten wird.« Leider ging diese Ausbreitung dann nicht so geschwind vonstatten, wie es der Eigenbrötler und Hungerleider erhofft hatte. Richard Dawkins, dessen Stein der Weisen in der Erkenntnis besteht, jeder Glaube außer dem seinen verdumme die Menschheit, ist in einer komfortableren Position. Sein »Gotteswahn« hat bereits über eine Million Käufer weltweit gefunden. Die Dawkinsinierung schreitet voran.

Dass der französische Exzentriker ebenso wie die spätmodernen Avantgardisten von »The Edge« und »The Brights« an einen pfeilgeraden Fortschritt glauben und dass ihr Optimismus unerschütterlich ist, wäre vermutlich undenkbar ohne den Baron von Verulam, Francis Bacon. Von diesem stammt der Satz: »Der Mensch hat durch den Sündenfall seinen Stand der Unschuld und seine Herrschaft über die Geschöpfe verloren; aber beides lässt sich schon in diesem Leben einigermaßen wiederherstellen; das eine durch die Religion und den Glauben, das andere durch die Künste und Wissenschaften.« So sprach der neben Leibniz und Descartes wichtigste Ahnherr der modernen Naturwissenschaften, Francis Bacon, Lordkanzler des Königreichs. Das Titelblatt seiner Schrift »Instauratio magna« von 1620 wurde zum Symbol einer Revolution. Ein Schiff verlässt mit geschwellten Segeln den Hafen. Hinaus fährt es ins Offene, der Horizont nimmt die Hälfte des Blatts ein: Leinen los, Neugier und Vernunft sind unser Kompass.

Bacon gilt als Pionier der experimentellen Methode und damit des gestaltenden Eingriffs in die Natur als eines Mittels, diese zu begreifen. Wissen war fortan Macht über die Natur. Durch die »sorgfältigste Zerlegung und Zerteilung der Welt« wollte Bacon »eine Verbesserung der menschlichen Zustände und eine Vergrößerung der menschlichen Macht über die Natur« bewirken. Dieses Ziel sei nur zu erreichen, wenn man die Natur entschlüssele, sie genau studiere, ihr die Geheimnisse entreiße – die Dekodierung des Genoms lässt sich bruchlos in Bacons Wissenslehre einfügen. »Ich setze alles auf den Sieg im Wettlauf der Kunst mit der Natur«, schrieb Bacon und lieferte für seinen Optimismus eine anno 1620 sehr mutige Erklärung. Er brach mit der Vorstellung, das Vergangene habe die größere Würde, die Antike sei der zivilisatorische Gipfelpunkt der Menschheit. Gerade die Denker der Renaissance hatten diese Ansicht inthronisiert.

Bacon erklärte nun die Zeitgenossen, die »Modernen«, zu den eigentlichen Greisen. »So wie man in Wahrheit von einem erfahrenen Greise größere Kenntnis der menschlichen Verhältnisse und ein reiferes Urteil als von einem Jüngling erwartet, da jener erfahrener ist und vieles und mancherlei gesehen, gehört und bedacht hat, so kann man auch von unserer Zeit, wenn sie ihre Kräfte kennte und sie versuchen und anstrengen wollte, viel mehr als von jenen alten Zeiten erwarten; denn unsere Zeit ist für die Welt die ältere und sie ist um unzählige Versuche und Beobachtungen vermehrt und bereinigt.«

Damit hatte Bacon tatsächlich eine Revolution des Bewusstseins ausgelöst. Nicht länger war das Bessere in der Vergangenheit zu suchen, sondern in der jeweiligen Gegenwart. Das »Goldene Zeitalter« war kein unrettbar verlorener Zeitpunkt, dem eine quälend lange Verfallsgeschichte sich anschloss bis hin zum »Eisernen Zeitalter« namens Gegenwart. Golden schimmert seither das Hier und Jetzt, der genutzte Augenblick, da er stets die Summe ist alles bisher Gewussten. Die »Ehrerbietung vor dem Altertum« war Geschichte. Nicht mehr »Ad fontes!« hieß die Losung, »Zu den Quellen!«, sondern »Auf nach vorn!«, »Let's go west!«. Im Heute und im Morgen, im Westen der reif untergehenden statt im Osten der töricht aufgehenden Sonne vermutete man das bessere Leben. Gezweifelt wurde nicht. Die »Mutlosigkeit der Menschen, die zu schnell etwas für unmöglich halten«, sollte schwinden zugunsten einer umfassenden Beherrschung und Umwandlung der Natur.

Nicht wörtlich, aber dem Sinn nach schuf Bacon die geflügelte Wendung »Wissen ist Macht«. Wirkungsvoller hätte man die im 17. Jahrhundert oft lebensbedrohenden Naturgewalten und sogenannten Schicksalsschläge nicht attackieren können.

Dass nach Bacon und dank seines Paradigmenwechsels viele Krankheiten ausgerottet, viele segensreiche Medikamente und Werkzeuge erfunden wurden, macht uns alle zu seinen Schuldnern. Teil des Erbes ist indes auch ein blinder Fleck. Bacon, der das Experiment in den Rang einer bevorzugten Erkenntnisquelle erhob, übersah die Bedeutung des Experimentators. Nach welchen Kriterien und zu welchen Zwecken dieser seine Versuche anordnet, bleibt nie ohne Folgen für die Resultate. Nackte Zahlen gibt es nicht. So nüchtern manche Wissenschaft sein mag, sie bedarf des Interpreten, und dadurch wird sie Teil einer Weltanschauung.

Bacon war guten Mutes, dass die Natur jeden Tag besser verstanden und somit besser beherrscht, mit seinem Wort: »besiegt« werden könne. Zu diesem Zweck habe der Mensch sich jedoch von der Vorstellung zu verabschieden, sein Verstand sei von Natur aus perfekt. Nein, sagt Bacon, »der menschliche Geist ist kein reines Licht, sondern erleidet einen Einfluss von dem Willen und den Gefühlen«. Das Schwierige, das Maßvolle, das Ungewohnte verwerfe der Geist. Er gebe sich dem Staunen hin oder der Ohnmacht oder der Sinnestäuschung. Ergo liege »das Heil und Wohl jetzt allein darin, dass man das Werk des Geistes ganz von neuem beginne und dass der Geist gleich von Anfang an sich nicht selbst überlassen bleibe, sondern stets geleitet werde und somit das Geschäft wie durch eine Maschine verrichtet werde«.

Der pädagogische Gestus, der sich später bei Robespierre oder Comte zum Kasernenton steigert, liegt bei Bacon noch in seiner tadellosen Form vor. Die »sichere und erweisbare Erkenntnis«, nach der es auch Bacon drängt, gibt hier noch nicht den Leitfaden ab für eine wildernde Glaubenskritik und die Etablierung neuer Kulte – im Gegenteil. Der gläubige Baron von Verulam lässt den Bezirk des Unbeweisbaren unangetastet. Für Schuld, Sünde, Sühne erklärt er die Wissenschaft ausdrücklich nicht zuständig.

Heute scheint von der Wissbegierde eines Bacon nur die Gier geblieben. Der Sieg über die Natur droht zu deren Abschaffung zu werden. Werkzeug und Technik eilen ihrer Vervollkommnung entgegen, das Bild vom Menschen hingegen oszilliert munter zwischen den Polen Tier und Maschine. Ein spezifisch Menschliches, das nicht in Kalkül, Rendite, Nervenstrang und Gehirn aufgeht, ist kaum mehr zu finden. In der »Edge«-Jahresumfrage freute sich der Philosoph Andy Clark auf das »Ende des Natürlichen« dank »Enhancement«, fortschreitender Leistungssteigerung durch Eingriffe in die genetische Substanz. »Bodytuning« heißt die Methode, Unsterblichkeit das Ziel.

Einem solchen Programm kann man sich verschreiben, sofern man die Intuitionen der Bibel beiseitelässt. Die Gottesebenbildlichkeit des Menschen setzt dessen Gottwerdung Grenzen. Eine Schöpfung genoptimierter Pflanzen, Menschen und Tiere wäre keine Schöpfung, sondern ein Artefakt, ein mitleidloses Gehege der Künstlichkeit – davon abgesehen, dass eine zweite Schöpfung zu erstellen laut keiner Heiligen Schrift des Menschen Aufgabe sein kann. Ist der spätmoderne Nachfahre Bacons also doch zwingend ein Atheist? Führt die naturwissenschaftliche Erkenntnis unweigerlich an einen Punkt, an dem sie zur alternativen Weltgestaltung wird und so sich gegen den Glauben kehrt?

Die Paulus-Gesellschaft unterwirft sich der Vernunft und verliert den Glauben

Damit wollten und wollen sich nicht alle Wissenschaftler, nicht alle Gläubigen abfinden. Deshalb gründete der Theologe und Priester Erich Kellner, Jahrgang 1917, die Paulus-Gesellschaft. Damit begann ein hochspannendes Experiment.

In der Paulus-Gesellschaft wurden von 1955 an, wie Kellner schreibt, alle »Gegensätze und Widersprüche mit rückhaltloser Offenheit dargelegt und mit großem Freimut ausgetragen«. Christen wollten im Gespräch mit Wissenschaftlern jeder Couleur »nach einer neuen Begründung der Vernünftigkeit ihrer christlichen Glaubensüberzeugung suchen«. Nur so könne man die »Entfremdung der Naturwissenschaft von der Theologie« überwinden.

Dieses Ziel war letztlich nicht zu erreichen. Bei den 1962 stattfindenden Gesprächen über den »Menschen zwischen Glauben und Wissen« sprach der Mediziner Hans Schaefer einen fortan unhintergehbaren Satz aus: »Die Naturforschung ist ein in sich geschlossenes System, welches Hilfshypothesen irgendwelcher Art nicht benötigt.« Anfragen aus anderen Wissensbereichen können demnach dieses geschlossene, in sich perfekte System nur verunreinigen, vielleicht kurzfristig destabilisieren, nie aber die Resultate beeinflussen. Dass danach auf derselben Tagung ein Biochemiker zugestand, »die heutige Naturwissenschaft« wisse »über die Entwicklung des Lebens auf der Erde nichts Sicheres«, blieb weitgehend folgenlos. Auch Karl Rahners trotziges Bekenntnis beeindruckte kaum. Dem Jesuiten zufolge gebühre »dem Schöpfungsbegriff der Vorrang vor dem Evolutionsbegriff. Wie ja auch die Metaphysik gegenüber der Naturwissenschaft nicht zeitlich, aber sachlich den Vorrang hat, insofern sie das Bedenken der Bedingungen der Möglichkeit der Naturwissenschaft ist.«

In Zeiten indes, in denen die Möglichkeit der Naturwissenschaft fraglos geworden ist, sind das Bedenken und die Bedenken bestenfalls Lockerungsübungen für momentweise unbeschäftigte Gehirne. Aufrüttelnd gemeint war Rahners Rede, doch sie blieb nur denen verständlich, die Gott in ihr Forschen immer schon einbezogen: »Wenn der Akademiker«, warnte Rahner, »den Urfragen seines Daseins nicht genügend Zeit und Aufmerksamkeit schenkt, wenn er nicht meditierend, betend, die Forderung des Sittlichen in Askese, Verzicht, Opfer vollziehend existiert, [...] dann wird dem Akademiker die Wissenschaft und der ganze verfeinernde Ausbau des wissenschaftlichen Weltbildes zum Fluch.« Karl Rahner, damals 58 Jahre alt, war einer der liberalsten Theologen. Heute mutet seine Mahnung wie ein reaktionäres Donnerwort an. Derart massiv haben sich die Koordinaten verschoben. Geradezu unsittlich, unliberal, mittelalterlich würde man heute eine Rede schelten, die vom Wissenschaftler Gebet und Meditation, Askese und Opfer verlangt, auf dass seine Forschung nicht ein Fluch werde. Doch falsch wäre eine solche Rede nicht.

Insofern argumentierte die Paulus-Gesellschaft, rückblickend betrachtet, von geradezu paradiesischem Grund aus. Darum vielleicht nahm man sich 1965 ein nicht minder gewaltiges Thema vor: »Christentum und Marxismus heute«. Inmitten des Kalten Krieges, wenige Monate nach dem Sturz Nikita Chruschtschows und der Inthronisation Leonid Breschnews zum Parteichef, sollte der Marxismus als eine auf vermeintlich wissenschaftlicher Basis errichtete Doktrin christlich befragt werden. Knapp 250 Wissenschaftler trafen in Salzburg zusammen, »das Weltecho«, erinnert sich Erich Kellner, »reichte von Washington bis Moskau. Zeitungen, Zeitschriften, Rundfunk, Fernsehen kommentierten den Kongress wie ein geschichtliches Ereignis. Das Urteil war in Ost wie West gleich kritisch wie positiv.«

Zu Beginn der Tagung bekräftigte Kellner, die Paulus-Gesellschaft stehe »ideologisch jeder Position offen, soweit sie auf Vernunft und Sachlichkeit gegründet ist«. Marxisten, Atheisten und Christen verbinde die Überzeugung, »dass der Mensch, als ein denkendes Wesen, nicht in Systemen oder Ideologien zu leben vermag, die sich weigern, ihre Methoden und Prinzipien dem Gesetz des Denkens und der Vernunft zu unterwerfen«. Den real existierenden Sozialismus, dessen Planwirtschaftsideologie gerade unter Breschnew absurde

Blüten trieb, kann er damit nicht gemeint haben. Kellner, Priester noch immer, fuhr fort: »Eine wissenschaftlich-objektive Grundlegung der Religion ist für die Glaubensentscheidung des modernen wissenschaftlich gebildeten Menschen wesentliche Voraussetzung. [...] Das Prinzip der Widerspruchsfreiheit zu den Forschungsergebnissen der modernen Wissenschaft [...] wäre für Christen wie Marxisten eine objektive Basis zur Diskussion ihrer Probleme.« Damit auch kein Zweifel bestehe, welche Disziplin das Klima vorgebe, forderte Hans Schaefer »die Nüchternheit eines Laboratoriums« für alle Gespräche. Dann komme die »menschliche Vernunft« zu ihrem Recht.

Die Naturwissenschaften geben folglich den Takt vor, wenn Christen Marxisten begreifen wollen. Die Gläubigen der Paulus-Gesellschaft bekennen sich zum Objektiven, über das wiederum die »Forschungsergebnisse der modernen Wissenschaft« zu befinden haben. Zugespitzt formuliert: Gläubige wollen sich von Naturwissenschaftlern sagen lassen, was sie für wahr halten dürfen. Die »Widerspruchsfreiheit«, die die Paulus-Gesellschaft einfordert, bedeutet nichts anderes als die Unterwerfung des Glaubens unter die experimentelle Vernunft. So wird es auch formuliert. Methoden und Prinzipien – also die Frage, wie man sich dem Glauben nebst anderen Ideologien zu nähern habe, und die Frage, welche obersten Leitsätze akzeptabel seien – müssten sich dem »Gesetz des Denkens und der Vernunft« unterwerfen.

Bisher dachte ich, Unterwerfung, Kapitulation sei das Resultat einer Schlacht, bei der man gehörig in die Enge getrieben wird und angesichts eines überlegenen Feindes die Waffen strecken muss, um nicht zu sterben. Kapitulation, so dachte ich, sei das Resultat, wenn man seine Kräfte gehörig überschätzt. Mit purer Vernunft habe das wenig zu tun. Hier jedoch ist Unterwerfung positiv besetzt. Schließlich sei eine Auflehnung gegen das »Gesetz des Denkens und der Vernunft« töricht und aller Untergänge wert. Gemeinhin finden sich in kirchen- und glaubenskritischen Kreisen keine Sympathien für alles Legalistische. So eigentlich auch in der Paulus-Gesellschaft, die mit einem schmalen Taschenbuch 1976 ihre Dialogbemühungen einstellte.

Im Sammelband »Was sich am Christentum ändern muss« zog Erich Kellner Bilanz. Seine Gründung unterstütze seit Jahren »die kritische Selbstanalyse der Glaubens- und Wertsysteme«. Man sei zum Schluss gelangt, die christliche Religion könne »in einer wissenschaftlich aufgeklärten, technologisch fortgeschrittenen Gesellschaft« nur an Effizienz und Legitimation verlieren, sei sie doch »apriorisch in der Dogmatik, autoritär in ihrer Hierarchie, normativ in ihrer Moral«. Das Christentum müsse darum das »volle Ja zur Humanisierung und Sozialisierung der Gesellschaft« sprechen. Die Publizistin Gisela Uellenberg präzisierte, »dass sich in der Paulus-Gesellschaft die Ketzer der großen herrschenden Ideologien treffen«, und Hans Schaefer rief dazu auf, endlich jene christliche »Grundlage zu verlassen, welche auf einem philosophischen und wissenschaftlichen Grundverständnis der Welt aufbaute, das heute in den positiven Wissenschaften vollständig aufgegeben werden musste«.

Damit nicht genug der Bankrotterklärung des tradierten Christentums. Der Pädagoge Heinz Robert Schlette wandte sich im selben Sammelband von 1976 angewidert der »Perversion von Hoffnung und Liebe in den christlichen Kirchen« zu; diese ließen sich »samt ihren Zynismen nicht halten, so dass heute die Sache Jesu zu einem Widerspruch gegen die Sache der Kirche wird«. Hubertus Halbfas, Religionspädagoge, laisierter katholischer Priester, mit Lehrverbot belegt, geißelte die christliche »Gesetzeskirche«, pries Jesu Kampf »gegen Gesetzesreligion und legalistische Moral«, verspottete die »immobile Kirchenstruktur, die sich gegenüber jeder wissenschaftlichen und gesellschaftlichen Rückkopplung verschließt«, und die »mit dem Fall Galilei signalisierte Kirchenkatastrophe«. Für Halbfas ergibt sich aus dem »kompletten Unverständnis gegenüber gesellschaftlichen Realitäten und sozialwissenschaftlicher Forschung« ein »autokratisches Kirchenregiment« der übelsten Art, »die Gesetzeskirche ist total«. Einzig eine kleine Hoffnung beseelt Halbfas: »Aufklärung tut not, damit Emanzipation erhofft werden kann: eine Revolution in den Köpfen. Das individualistisch verklemmte Gewissen der Christen muss befreit und in politische Verantwortung überführt werden.«

Wieder also triumphiert der Positivist Auguste Comte. Das Christentum erscheint als Ansammlung von Individuen, denen der Sinn für das Soziale fehle und die einen akademisch geschulten Aufklärer bräuchten. An die Stelle der »Gesetzeskirche« habe die Unterwerfung unter das »Gesetz des Denkens und der Vernunft« zu treten. Die positivistischen Prinzipien sollen die bestehende Religion ablösen. Eine neue Kirche unter dem, wie Halbfas nebulös schreibt, »Primat des Menschlichen« wäre aber eine sehr politische Veranstaltung. Man ließe von der Bibel nur gelten, woran kein Naturwissenschaftler Anstoß nehme, also vielleicht einige Gleichnisse, Friedensaufrufe, wenig mehr, und mit diesen Sentenzen in der Hand würde man den Imperialisten und Kapitalisten zeigen, was eine Harke ist. Kurz: Am Christentum muss sich so viel ändern, dass es kein Christentum mehr ist. Und das wäre dann laut Paulus-Gesellschaft kein Grund zur Traurigkeit.

Warum waren die klugen Wissenschaftler einst aufgebrochen? Zeitzeuge und Rahner-Intimus Herbert Vorgrimler nennt als Ziel, »das gestörte Verhältnis von Kirche und moderner Wissenschaft zu bereinigen«. Das ist gelungen – wenn auch um den Preis, der Kirche den Glauben zu entwinden und ihn der empirischen Wissenschaft als Opfer darzubringen. So betrachtet, war es tatsächlich eine Kapitulation, die sich hier vollzog. Einen würdigen Schlusspunkt markierte die letzte greifbare Veröffentlichung der Paulus-Gesellschaft. Als Epitaph für eine verlorene Sache erschien 2001 in der hiermit ironischerweise eröffneten Reihe »Schriften der Internationalen Paulusgesellschaft«, zwei Bände karg, 1600 Seiten schlank, »Glaube ohne Mythos«. Autor war der Saarbrücker Theologe Gotthold Nathan Ambrosius Hasenhüttl, der die Einladung zur bikonfessionellen Eucharistiefeier auf dem Ökumenischen Kirchentag 2003 mit einer Suspendierung vom Lehramt bezahlte.

Hasenhüttl, Vorsitzender der Paulus-Gesellschaft, schneidet vom Glauben so viel weg, dass er bei keinem aufgeklärten Glauben, sondern bei einem seinerseits mythisch überhöhten Weltanschauungsbrei landet. Er predigt im Namen des »Humanum« – also wohl des »Menschlichen« in Halbfasscher Terminologie – und wirbt für »ein Leben in Freiheit ohne Unterdrückung und ohne vermeidbares Leid und als Fähigkeit, die Bedürfnisse und Interessen der Menschen politisch, sozial und religiös durch freies solidarisches und konsensfähiges Handeln zu realisieren und in Entsprechung zur Natur zu entfalten«. Gott ist für Hasenhüttl, geboren 1933 in Graz, eine »Metapher für die Erfahrung der Liebe, die Menschen in Freiheit setzt«, Jesus nennt er »Symbol bzw. Metapher für erfülltes Menschsein«, gar einen »beliebigen, zweideutigen Menschen«. Das einzig Eindeutige in Hasenhüttls grauer Welt ist die intolerante, anmaßende Kirche. Hasenhüttl wüsste schon, woran sie genesen könnte. Er sagt es uns: »Eine schwangere, schwarze Päpstin würde das irrige Menschenbild der Kirche gründlich revidieren!«

Macht Religion infantil?
Wie man mit dem »Gotteswahn« Kinderseelen fängt

Ein vielleicht atheistisches, auf jeden Fall unchristliches Glaubensverständnis propagiert Theologe Hasenhüttl in seinem Alterswerk. »Glaube ohne Mythos« liest sich streckenweise erheiternd, meist zäh und manchmal anregend. Muss man an dieser Stelle enden, wenn man lange genug mit dem »unbestechlichen Blick« des Naturwissenschaftlers (dabei gibt es doch in den Wissenschaften nur verschiedene Grade der Voreingenommenheit) die Glaubenslehren auseinandergenommen hat? Dieses Selbstbild propagieren die Glaubenskritiker seit je – vor allem aber seit Comte. Er hat in seinem Drei-Stadien-Gesetz die Geschichte der Menschheit in drei Phasen unterteilt, wobei er das erste Stadium das »theologische oder fiktive« nannte und es mit der »geistigen und sittlichen Kindheit« verglich. Über das zweite metaphysische Stadium gehe es dann empor zum dritten, dem positivistischen oder wissenschaftlichen Stadium, einem Zustand vollendeter Reife. Dahinter steht und daraus wurde das Urteil, Glaube sei prinzipiell etwas für Kinder oder unreife Menschen. Comtes Theorie von der »allmählich mündig gewordenen Intelligenz« war vermutlich auch eine Reaktion auf den eigenen, als unhaltbar betrachteten katholischen »Kinderglauben«.

Ergo meint Erziehung zur Mündigkeit seitdem meist Abkehr vom Glauben. Schon Reimarus war von diesem Impuls getrieben. Verwundern kann das nicht. Aufklärung ist und war das vernünftige Abstreifen des Vorgefundenen, und genau diese Metamorphose vollzieht sich auch an der Schwelle vom Kind zum Erwachsenen. Das bisher fraglos Akzeptierte wird zu einem Problem. Ein wahrhaft aufgeklärter Glaube muss durch diese Feuerprobe hindurch. Die Hoffnung seiner Verächter ist, dass er dabei verbrannt oder zumindest angesengt wird. Hubertus Halbfas schaudert es vor der »moralischen

Prämiierung der als ›Kindlichkeit‹ ausgegebenen Unmündigkeit«. Selbst Akademiker seien oft nicht »über den in den Kinderjahren erworbenen Bestand katechetischen Wissens und kirchlicher Standarde« hinausgekommen. Atheistenfreund Christopher Hitchens sekundiert: Alle Religion »kommt aus der lärmenden und verängstigten Kindheit unserer Spezies und entspringt dem infantilen Versuch, unseren Drang nach Wissen und kindliche Bedürfnisse wie das nach Trost und Bestätigung zu stillen«.

Da der Ausgang der Feuerprobe aber ungewiss ist, nicht jeder in der Pubertät Atheist wird, wäre es den Glaubenskritikern am liebsten, man könnte gleich zu Beginn eines Lebens alle religiösen Einflüsse fernhalten. Schließlich weiß der Feind, die Kirche, worauf es ankommt. Da greift die Einsicht des Johannes Chrysostomos, dem Benedikt XVI. im September 2007 nachrühmte: »Wir müssen uns vergegenwärtigen, wie grundlegend es ist, dass sich in diesem ersten Lebensabschnitt bei den Menschen wirklich die großen Leitlinien entwickeln, die dem Leben die rechte Perspektive verleihen. Chrysostomos empfiehlt daher: ›Stattet die Kinder vom jüngsten Alter an mit geistlichen Waffen aus und lehrt sie, sich die Stirn mit der Hand zu bekreuzigen.‹«

Nichts wurmt die »Neuen Atheisten« mehr, als dass Comtes »theologisches oder fiktives Stadium« einen großen, nämlich den jüngsten Teil der Menschheit im Klammergriff halten könnte. Die armen Kinder, heißt es dann, können sich nicht wehren gegen die absurden Zumutungen des jeweiligen Glaubens, und das werde ihnen womöglich lebenslang zum Verhängnis. Natürlich könnte man auch umgekehrt fragen, ob es nicht einem ganzen Land zum Verhängnis geraten kann, wenn die nachfolgende Generation ganz glaubenslos heranwächst. Oft nämlich füllen die emotionale Lücke im Seelenhaushalt und den Leerraum im Kopf dann leider nicht die Bücher der Humanisten, tritt kein Seneca oder Epikur an die Stelle der Bibel, sondern dumpfester Egoismus. Wer daran zweifelt, besuche des Nachts eine tschechische oder russische oder ostdeutsche Kleinstadt und frage eine tumbe Jugend, wer denn nun ihr Nächster sei.

Solche Fernwirkung ficht jene nicht an, die im Glauben grundsätzlich eine Form der Unterdrückung sehen. Abermals nimmt die »Enzyklopädie für freie Geister und solche, die es werden wollen« von Juni 2007 kein Blatt vor den Mund (und kein Brett vom Kopf): Das Bibelwort »Lasset die Kinder zu mir kommen« sei das »verständliche Begehren jedes auf Wirksamkeit bedachten Demagogen, dem man auf keinem Fall entsprechen sollte«. Völlig unbekannt ist den atheistischen Autoren, dass mit dem Christentum die gleiche Würde, das gleiche Daseinsrecht von Kind und Erwachsenem in eine heidnische Umwelt gelangte. Stattdessen heißt es in der »Enzyklopädie« schlank, alle totalitären Ideologien setzten auf die Erziehung der Kinder, da »Menschen in ihren ersten sechs Lebensjahren rund achtzig Prozent von dem lernen, was sie im Leben überhaupt lernen werden«. Daraus folgt: Auch die Aufklärung, die sie meinen, ist eine totalitäre Ideologie.

Längst nämlich ist der Kampf um die Kinderköpfe entbrannt. Da Erziehung im atheistischen Verständnis nur Erziehung zum Unglauben sein kann, freundlicher formuliert: zur Skepsis, wird mit humanistischen Freizeitangeboten, Jugendweihen und kleinkindlicher Pädagogik das komplette Kontrastprogramm zur religiösen Wertevermittlung angeboten. Ein weites Feld bleibt da noch zu bestellen, doch der Sieg des Faches »Lebensgestaltung – Ethik – Religion« über den konfessionellen Religionsunterricht in Berlin ist ebenso ein Signal wie die geplante erste »Humanistische Grundschule« in Nürnberg.

Solche Initiativen zeigen, dass eine atheistisch zugespitzte Aufklärung nicht die Freiheit von allen Ideologien meint, sondern eine neue Ideologie an die Stelle der bekämpften setzt.

Weltanschauung ringt hier gegen Weltanschauung, Dogma gegen Dogma. Dass die ganze Welt auf Eigennutz beruht und aus dem Zufall hervorging, ist ebenso ein solches wie die Auferstehung Jesu von den Toten. Kein Christ würde die Dogmenhaftigkeit dieser Aussage bestreiten, während die Dogmen der Atheisten als objektive, voraussetzungslose Tatsachen präsentiert werden.

Zornig ist Richard Dawkins bekanntermaßen oft, es ist sein bevorzugter Aggregatszustand. Nichts aber empört ihn so sehr wie das, was er die »Indoktrinierung der Kinder« nennt. In einem Interview bekräftigte er im September 2007 seine Behauptung, Religion sei »eine Form mentalen Kindesmissbrauchs. Es ist ungeheuerlich, dass unsere Gesellschaft schon Babys Etiketten anheftet: Du bist ein katholisches, du ein protestantisches Kind.« Ein solches Etikett sei eine Bevormundung, denn »lange bevor das Kind alt genug ist, eine eigene Meinung zu haben über den Kosmos, die Moral, die Menschheit, wird es abgestempelt zu jemandem, der an die Dreieinigkeit glaubt«. Abgrundtief schlimm erscheint es ihm, wenn Priester »kleinen Kindern [...] erzählen, dass von ihnen geliebte Menschen in der Hölle schmoren werden, weil sie zum Beispiel Protestanten sind«. Auf den berechtigten Einwand des Journalisten, welcher Priester anno 2007 so verfahre, lautet die Antwort: »Ich empfehle einen Besuch im sogenannten Höllenhaus in Colorado. Dort stellen Schauspieler verschiedene Sünden auf möglichst schaurige Weise dar, Abtreibung zum Beispiel oder Homosexualität. Ein Teufel in Rot tänzelt umher und macht ›Whoaaaa‹, und am Ende landet man in der Hölle selbst, komplett mit dem Geruch brennenden Schwefels. Der einzige Zweck dieses Etablissements ist es, Kinder in Schrecken zu versetzen.«

Entwirren wir das Dawkinsgarn: Wenn Eltern ihre Religion den Kindern vermitteln, missbrauchen sie diese – wie aber verhält es sich mit der Religion des Unglaubens? Für jegliche Religion müsse man »alt genug« sein – warum aber gibt es dann für die Religion des Unglaubens bunte Kinderbücher? Religionen verbreiten Schrecken, wie es das »Höllenhaus« belege – glaubt der Positivist Dawkins wirklich, ein derart abseitiges Exemplum erlaube einen Rückschluss auf die Glaubenswirklichkeit einer Weltreligion? Da könnte ich auf meinen Biologielehrer verweisen, der ein sehr schlechter Autofahrer war, und daraus die These ableiten, die Beschäftigung mit Biologie schwäche jene Regionen im Hirn, die für das räumliche Vorstellungsvermögen zuständig sind. Das »Whoaaaa« aus Colorado muss Dawkins noch heute in den Ohren klingen.

Trotz solcher Ausflüge ins Voodoohafte – böse ist der Glaube, böse, böse, der Glaube sei böse, böse sei er, immer böse – wartet das entsprechende Kapitel im »Gotteswahn« dann doch fast mit einem Argument auf. Dawkins, zum Zeitpunkt der Niederschrift immerhin 65 Jahre alt und somit im absolut reifen, ergo mündigen Zustand, zitiert den Psychologen Nicholas Humphrey: Es sei »ein Menschenrecht der Kinder, dass ihr Geist nicht durch die schlechten Gedanken anderer Menschen verkrüppelt wird«. Die Bibel, nehme man sie wörtlich, rechne zu solchem zensurwürdigen »Unsinn«.

Psychologe Humphrey wendet dieselbe Methode an wie Evolutionsbiologe Dawkins. Er äußert sich auf einem Gebiet, auf dem er Expertenstatus beansprucht, zu einer Frage, die nicht in seine professionelle Zuständigkeit fällt, die zu beantworten es ihn aber aus weltanschaulichen Gründen drängt. Wenn ein Psychologe die Bibel zu »Unsinn« erklärt und ein Biologe den Glauben zur »Geisteskrankheit«, dann handelt es sich um die Privatmeinung von Menschen, die als Wissenschaftler tätig sind. Es handelt sich keineswegs um wissenschaftliche Aussagen. *Windfall profits* nennt man in der Marktwirtschaft solche unverdienten Profite außerhalb des eigentlichen Geschäftsfeldes. Dawkins ahnt, dass er letztlich nichts Kompetentes beizusteuern hat zum Problem der religiösen Erziehung (und zu fast allen anderen Problemen, von denen sein recht privater »Gotteswahn« kündet).

Darum füllt er die Seiten mechanisch mit schrillen Anekdoten aus der Welt der Gläubigen und anspornenden Geschichten aus der Welt der Glaubenslosen. Das Zitat aus Humphreys Mund im Kapitel »Kindheit, Kindesmisshandlung und wie man der Religion entkommt« wird gerahmt von sieben Seiten über einen Fall aus dem Jahre 1858, als der Vatikan einen notgetauften sechsjährigen Jungen seinem jüdischen Elternhaus entriss, kurioserweise eingeleitet mit der nicht einzulösenden, nicht wieder aufgegriffenen Behauptung, dieser Fall von 1858 werfe »ein erbarmungsloses Schlaglicht auf die heutigen religiösen Einstellungen gegenüber Kindern«. Inwieweit ein fast 150 Jahre zurückliegender Vorgang die gegenwärtige Situation beleuchten soll, bleibt Richard Dawkins' großes und ganz und gar unwissenschaftliches Geheimnis.

Hinzu kommt, dass immer und immer wieder dieser eine Fall in dekuvrierender Absicht referiert wird. Ist ergo in zweitausend Jahren Christentum ein einziges Mal so rabiat mit einem getauften jüdischen Kind umgegangen worden? Drittens ist Dawkins' einzige Quelle, ein Buch des US-amerikanischen Soziologen David I. Kertzer von 1997, fragwürdig. Kertzer wurde anhand seines Nachfolgewerks »Die Päpste gegen die Juden« von dem Historiker Thomas Brechenmacher eine Vielzahl von »Halbheiten, Verkürzungen, Ungenauigkeiten, Fehlern« nachgewiesen nebst einer »generellen gedanklichen Armut«.

Auch die Geschichte des sechsjährigen Edgardo Mortara trug sich anders zu, als Dawkins und Kertzer meinen. Ja, Edgardo wurde vom christlichen Kindermädchen getauft, das seinen baldigen Tod befürchtete und sich um sein Seelenheil sorgte. Nein, es war keine »entsetzliche Tat [...], die sich jedem vernünftigen Verständnis entzieht«. Edgardo Mortara selbst hat sich mehrfach positiv über seinen Adoptivvater, Papst Pius IX., geäußert. Er wurde selbst Priester. Pius' Biograph Christian Schaller schreibt: Mortara »machte eine umfangreiche Aussage zu den Vorfällen seiner Jugend. Am Ende heißt es: Er habe nie das Bedürfnis gehabt, zu seiner Familie zurückzukehren. [...] Bis zu seinem Tod im Jahre 1940 gedachte Edgardo Mortara voller Dankbarkeit seines Ziehvaters Pius IX. Wollen wir uns mit unserem Urteil über ihn, den eigentlich Betroffenen, stellen?«

Es schließen sich bei Dawkins fünf Seiten an über die relativ geringen psychischen Folgen sexuellen Missbrauchs und die viel größeren psychischen Schäden durch eine katholische Erziehung – ein abenteuerlicher Vergleich, der sexuelle Vergehen an Minderjährigen verharmlost. Sodann folgen acht Seiten über das »Höllenhaus« von Colorado und die Aussagen von Leidtragenden einer solchen Höllentheologie, anschließend das Humphrey-Wort, ergänzt um ein Beispiel für Menschenopfer aus der Welt der Inkas.

Das Kapitel endet mit zwölf Seiten über Schulen unter religiöser Leitung, fünf Seiten wider die »groteske« Gewohnheit, Kinder dem Glauben ihrer Eltern zuzuordnen, ehe Dawkins auf weiteren fünf Seiten eine rein literarische Lektüre der Bibel befürwortet. »Eine gewisse sentimentale Loyalität« dürfe man sich bewahren, »wir können den Glauben an Gott aufgeben, ohne den Kontakt zu einem wertvollen kulturellen Erbe zu verlieren.« Ich stimme zu: Jeder kann, jeder darf den Glauben an Gott aufgeben – dann aber, bitte schön, ist es eine akademische Eitelkeit, weiterhin auf Bildungsbürger zu setzen, die sich für das Evangelium interessieren oder den Koran oder die Thora. Nein, dann wäre die Pflege des Erbes eine rein museale Angelegenheit für wenige Spezialisten, dann hätten die Zehn Gebote die gleiche Relevanz für das gesellschaftliche Leben wie heute aztekische Gebete oder altgermanische Stammesriten.

Kaum substanzieller ist das entsprechende Kapitel in Christopher Hitchens' »Der Herr ist kein Hirte. Wie Religion die Welt vergiftet«, erstveröffentlicht 2007. Schon die Überschrift zeigt, dass Atheisten gern einander bestätigen: Bei Dawkins hieß Kapitel 9 »Kindheit, Kindesmisshandlung und wie man der Religion entkommt«, das sechzehnte Kapitel des Kollegen Hitchens fragt knapp:»Ist Religion Kindesmisshandlung?« Die noch knappere Antwort – Ja! – verteilt sich auf vergleichsweise bescheidene dreizehneinhalb Seiten. Hauptvorwurf ist auch hier, die Religion nehme »auf den noch ungeformten und schutzlosen Verstand junger Menschen Einfluss«. Den »geformten« Verstand eines Erwachsenen denkt Hitchens sich als einen atheistischen Verstand, denn Unglaube und Reife sind auch ihm dasselbe.

Belege für den schädlichen Einfluss der Religionen auf Minderjährige findet er in einem Roman von 1916 über einen »widerwärtigen alten Priester« und in einem »autobiographischen Buch« über die Kindheit in einem katholischen Internat etwa zur selben Zeit: Es sollte den Selbstdenkern, die Hitchens erreichen will, zu denken geben, dass derlei ranzige (und keineswegs rein sachliche) Bibliotheksfunde ein Problem der Gegenwart illustrieren sollen. Womit wollten damals die Pfarrer und Nonnen laut Hitchens die nachwachsende Generation »impfen«? Natürlich mit der angstmachenden Lüge vom »ewigen Höllenfeuer«. Schön, nachahmens- oder rühmenswert war ein solches Vorgehen vor neunzig Jahren ganz gewiss nicht. Doch keinen frischen Beleg für solche Höllendoktrin weiß Hitchens zu nennen, und um sich der Nichtexistenz der Hölle sicher sein zu können, müsste man schon einmal an deren Pforte gestanden haben: Ist Hitchens ein Wiedergeborener?

Abstruser, weiter noch entfernt von der sonst so barsch eingeklagten Wissenschaftlichkeit ist der folgende Gedankengang. Von den lange zurückliegenden Erziehungsmethoden des frühen 20. Jahrhunderts springt Hitchens zu den noch weiter zurückliegenden Autodafés des Mittelalters. Dort wie hier sieht er »kranke« und »arg beschränkte« Hirne am Werk – mit Kindern hat der beifallheischende Abscheu nichts zu tun. Flugs landet er sodann bei einem Appell für Verhütung und Abtreibung als den beiden legitimen Mitteln, »die Reproduktionsrate unter Kontrolle zu bekommen«. Wer diese »Kontrolle« behindere, der wolle, dass die Familien »in einem Kreislauf gebunden« bleiben, »der dem der Tiere entspricht«. Man merke auf: Menschlich ist es demnach und edel, Kondome zu benutzen und Föten aus dem Mutterleib zu saugen. Dahinter steht wenig mehr als das Dogma, Menschlichkeit sei prinzipiell die Antithese zu jenen Geboten und Verboten, die auch religiös sich begründen lassen.

Menschlich kann es aber laut Hitchens auch sein, der »Natur« ihren Lauf zu lassen, statt sie zivilisatorisch zu begrenzen – dort nämlich, wo die Selbstbefriedigung tangiert wird. Das »Masturbationstabu«, wie es in muslimischen Gesellschaften hochgehalten wird, beschädige »die jungen Leute«: »Ihre emotionale und psychische Entwicklung wird im Namen Gottes irreparabel gestutzt und die Sicherheit vieler anderer Menschen als Folge dieser Entfremdung und Deformation bedroht.« Damit wäre endlich eine Erklärung der unfassbaren Tat gefunden: Die afghanischen Taliban und die Selbstmordattentäter des 11. September 2001 hätten bei ein wenig mehr Onanie nicht zu derart destruktiven Methoden gegriffen.

Fassen wir zusammen: Gläubige misshandeln folglich Kinder, weil sie ihnen einst von der Hölle erzählten, weil sie einst erwachsene Ketzer verbrannten, weil sie den Kindern nicht die Freuden der Selbstbefriedigung gönnen, weil sie den Kindern nicht zu Verhütung und Abtreibung raten, weil sie – damit endet Hitchens – »mit ihrem Glaubensbekenntnis gebetsmühlenartig wiederholen, dass Kinder Auswüchse des Satans sind«. Mit dieser nicht belegten Behauptung, die vermutlich auf das private Glaubensbekenntnis einer satanischen Sekte zielt und also bis zum Beweis des Gegenteils eine Lüge ist, strandet Christopher Hitchens endgültig dort, wo er sich am wohlsten fühlt: im ganz uneleganten Hass, im schmucklosen Wahn, im ironiefrei Pervertierten.

Ihren Gefallen fänden Richard Dawkins und Christopher Hitchens, die man in jener heidnischen Epoche, in die sie sich zurücksehnen, beide als Senex bezeichnet hätte, als ehrwürdige Greise, gewiss am »frechsten Kinderbuch aller Zeiten«. Ebendieses ermöglicht zu haben, brüstete sich die »Giordano-Bruno-Stiftung« im Oktober 2007. Unter der Überschrift »Dawkins for Kids« warb man für »Wo bitte geht's zu Gott?, fragte das kleine Ferkel. Ein Buch für alle, die sich nichts vormachen lassen«. Die bewährte Autorschaft Michael Schmidt-Salomons, aber auch der recht spröde Titel verleiten zur Vermutung, hier sollen sich vor allem Erwachsene delektieren. Der »Humanistische Pressedienst«, dessen Gesellschafter die »Giordano-Bruno-Stiftung« ist, ist naturgemäß, aus schönster Interessenharmonie, des Lobes voll: »Brach Dawkins das Tabu, Religionen offen als Wahnsysteme zu bezeichnen, so brechen Schmidt-Salomon und Illustrator Helge Nyncke das wohl noch größere Tabu, dass man Kindern solche ernüchternden Erkenntnisse doch bitte vorenthalten möge. ›Verletzte religiöse Gefühle‹ auch bei religiösen Juden und gläubigen Christen sind bei der Anlage des Buches vorprogrammiert. Das nehmen die Autoren aber in Kauf.«

Juden dürften wenig erfreut sein, dass hier ein grimmig dozierender Rabbiner mit erhobenem Zeigefinger, Schläfenlocken und massivem Zahnschiefstand das Ferkel und seinen Freund, den Igel, mit der Geschichte von Noahs Arche und der Sintflut in die Flucht schlägt. Zorn und Drohgebärde sind die einzigen Haltungen, zu denen die Vertreter der drei Weltreligionen hier fähig sind. Ein dicker katholischer Bischof führt das Tierpaar in seine Kirche, wo verschiedenförmige Kekse auf dem Altar liegen – dass der Zeichner konsekrierte Hostien meint wiedergegeben zu haben, bestätigt, worauf er stolz sein dürfte: seine absolute Kirchenferne. Als das kleine Ferkel, das »noch immer Hunger hatte«, sich an den Keksen gütlich tut, wird der Bischof böse: »Das ist der Leib des Herrn!« Das Ferkel hält fortan Christen für Menschenfresser und flieht abermals. Auch in der Moschee ist ihm keine Erleuchtung beschieden. Viele schnauzbärtige Muslime schauen finster drein, ein Mufti wird rabiat: »Wenn ihr dem Herrn nicht gehorcht, werdet ihr in der Hölle enden und ewig im Feuer braten! [...] Ihr gottverdammten Ungläubigen!«

Am Ende sitzen Igel und Ferkel wieder vor ihrem Haus. Zufrieden stellen sie fest: »Ohne Gott hatten wir keine Angst!« Der Autor weiß: »Und die Moral von der Geschicht': Wer Gott nicht kennt, der braucht ihn nicht!« Die letzte Doppelseite ist ein Panorama nackter Menschen. Auch Rabbi, Bischof, Mufti stehen da, wie Zufall und Auslese sie schufen. Gemächte hängen herab, Brüste ebenso, eine Schwangere schützt ihren Bauch, ein Farbiger mit Rastalocken macht lächelnd das »Victory«-Zeichen, ein Knabe hält ein Buch in die Höhe mit dem Titel »Des Kaisers neue Kleider und andere Märchen«. Der Vorstandsvorsitzende der »Giordano-Bruno-Stiftung« hat daneben holterdiepolter das Schlusswort plaziert: »Der Gottesglaube auf dem Globus / Ist fauler Zauber: Hokuspokus. / Rabbis, Muftis und auch Pfaffen / Sind, wie wir, nur ›nackte Affen‹. / Bloß, dass sie ›Gespenster‹ sehn / Und in lustigen Gewändern gehen. / Dem Ferkel haben sie nichts vorgemacht: / Es hat sie alle ausgelacht ...«

Reimeschmied Schmidt-Salomon gab zuvor in der Aussendung des »Humanistischen Pressedienstes« kund, »wer Aufklärung betreibt, also Klartext redet, statt die Dinge hermeneutisch zu vernebeln, der verletzt nun einmal religiöse Gefühle! [...] Was, bitte schön, sind ›verletzte religiöse Gefühle‹, wenn man sie bei Licht betrachtet? Nichts weiter als ein Konglomerat aus Angst vor dem eigenen Glaubensverlust, gekränktem Stolz und Rachegelüsten gegenüber den vermeintlichen Lästerern! Das ist kaum schützenswert! Im Gegenteil! Wer auf ›religiöse Gefühle‹ Rücksicht nimmt, der stellt damit weltanschauliche Borniertheit unter ›Denk-mal-Schutz‹. Und das wäre auf Dauer fatal.«

Dass Rücksichtnahme nicht zu den Kerntugenden der »Neuen Atheisten« zählt, wussten wir schon. Ebenso wenig überrascht es, aus spöttischem Mund ein Loblied des Tabubruches zu hören – wenngleich es kurios bleibt, dass dieses rein quantitative Merkmal bewunderungswürdig sein soll; ein Tabubruch ist ein absichtsvoller Verstoß gegen eine mehrheitlich geteilte Konvention, ein rebellischer Akt, der auch törichte Züge annehmen kann. Ihn grundsätzlich schätzen kann man nur, wenn man die Mehrheit grundsätzlich verachtet. Sehr begrüßen kann ich hingegen die Kritik am Ausdruck »religiöse Gefühle«. Gefühle können nicht religiös sein, höchstens die Menschen, die eine auch emotionale Beheimatung in dieser oder jener Religion suchen. Und Religionen wiederum sind keine Gefühle, sondern offenbarungsbasierte Versuche, dem Leben einen Sinn über das Leben hinaus zu geben. Sehr martialisch wie so vieles bei den Radikalaufklärern ist gleichwohl der Kurzschluss der religiösen Gefühle mit »weltanschaulicher Borniertheit«. So ungesichert denken kann nur, wer alles Abweichende abräumen will: Borniert sind dann immer die anderen, gelobt sei »Ich«.

Von ridiküler Selbstüberschätzung zeugt der Anspruch, von der Aussage eines Menschen, dessen Weltanschauung Herrn Schmidt-Salomon suspekt ist, könne Herr Schmidt-Salomon auf dieses Menschen Seele schließen. Wieder einmal soll das Gegenüber geröntgt werden, und wieder treten nur schlimme Motive zutage. Von Angst, Stolz, Rache sei der religiös empfindliche Mensch getrieben. Was befürchten aber die Glaubensabräumer? Dass man ihnen nicht Glauben schenkt. Worauf sind sie unendlich stolz? Auf ihren Gratismut, ihre dröhnende Bereitschaft, morsche Tabus zu Fall zu bringen. An wem wollen sie sich rächen? An allen, die partout nicht dem alten Glauben abschwören und dem Neuen Atheistenglauben folgen wollen. Diese verstockten Gesellen trifft derselbe Vorwurf, gegen den schon in der Antike die Juden und die Urchristen sich verteidigen mussten: Hunde, wollt ihr ewig beten?

Ein atheistischer Pastor:
Die unglaubliche Geschichte des Paul Schulz

Knapp angekündigt wurde »Wo bitte geht's zu Gott?, fragte das kleine Ferkel. Ein Buch für alle, die sich nichts vormachen lassen« vor großem Publikum und in illustrer Runde. Michael Schmidt-Salomon saß da, im Juni 2007, neben der Moderatorin Sandra Maischberger, einem katholischen Bischof, einer Muslimin, einer Schauspielerin mit horoskopischer Neugier und Paul Schulz. Dieser hatte soeben eine zweieinhalb Kilo schwere, bibelformatige Anti-Bibel vorgelegt: »Codex Atheos. Von der Kraft des Atheismus.« Außerdem sei Schulz, so wusste es die »Bauchbinde« am unteren Bildrand, »Pastor und bekennender Atheist«, »Theologe, der nicht an Gott glaubt«. Schulz, erfuhr man weiterhin, »wurde in den Achtzigern als ›Ketzer von St. Jacobi‹ berühmt«, »wurde von der Kirche wegen Gottesleugnung entlassen«. Hier also, soll man denken, ist ein aufmüpfiger Geist an der Orthodoxie zerschellt.

Dem bisher einzigen Lehrbeanstandungsverfahren, das eine evangelische Landeskirche der Bundesrepublik Deutschland je anstrengte, gingen zwei Bücher und viele Auftritte voraus. Im Februar 1977 erschien »Ist Gott eine mathematische

Formel? Ein Pastor im Glaubensprozess seiner Kirche«, im August 1978 dann »Weltliche Predigten. 9 Texte des Hamburger Kirchenrebellen«. Der Trick verfängt auch hier: Tief in uns spüren wir eine ganz unvernünftige Sympathie mit allem Rebellischen. Ob nun ein schwäbischer Bäcker gegen das Finanzamt, ein niederdeutscher Bauer gegen einen Saatgutkonzern, ein ostdeutsches Dorf gegen die Bundeswehr oder eben ein Pfarrer gegen seine Kirche zu Felde zieht; wir schätzen spontan den Mut, den wir selber nicht aufbrächten. Dahinter verblasst die Frage, ob denn Finanzamt, Saatgutkonzern, Bundeswehr, Kirche immer und automatisch im Unrecht sind. Vom David-gegen-Goliath-Syndrom profitieren solchermaßen die Verächter des Alten Testaments.

In seinem vergeblichen Schlussplädoyer anno 1979 erinnerte Paul Schulz an seine Predigt bei der Amtseinführung an der Hamburger Kirche St. Jacobi. Schon damals, neun Jahre zuvor, habe er als Hauptaufgabe den Versuch benannt, »die Theologie auf naturwissenschaftliches Denken hin zu öffnen, um den modernen Menschen nicht zu diskriminieren, sondern ihn gerade mit seinem Verstand voll in das Fragen nach Gott hineinzunehmen.« Darum habe er »Kritische Gottesdienste« angeboten, in denen er etwa »Mut machen« wollte »zu offener Partnerschaft jenseits von alten Formen«. Als »Befreier nach vorn« habe er sich stets verstanden. Die Kirche müsse »mit der Welt nach vorn gehen«, nur eine »Neuorientierung nach vorn« könne den Glauben legitimieren – und Glauben bedeute, »sich als denkender Mensch wie Jesus auf seinen Nächsten hin vertrauend zu riskieren«.

Verquast und zäh wurde oft formuliert in den vielerlei bewegten, im Schwachsein so wunderbar starken und doch auch ganz offen verletzlichen siebziger Jahren des 20. Jahrhunderts. Da ist Dr. theol. Schulz keine Ausnahme. Niemand aber hat die Rhetorik der Betroffenheit in religiöser Absicht so weit getrieben. Auch in den »Weltlichen Predigten« herrscht unumschränkt die Freude am »Vorn-Sein«. Schulz ruft dazu auf, »die Kirche freizukämpfen für die moderne Zeit«, sie »ständig von hinten weg nach vorn zu orientieren«. Was ist da nur, da vorn, wo Dr. theol. Schulz schon steht und die Kirche ihm nachfolgen soll? Ist dort das Licht der Erkenntnis, wartet der Stein der Weisen? Oder meint »vorn« ganz schlicht den Umstand, dass man alles hinter sich lassen muss und dass alle hinter Schulz sich einzureihen haben? Mir nach, spricht Paule, unser Held?

Dr. theol. Schulz mag die Vertraulichkeit verzeihen, hat doch der Pionier der kritischen Bibelforschung, auf die der atheistische Pastor sich beruft, hat Samuel Reimarus in ähnlich kumpelhaftem Ton den Apostel Paulus angeredet: »Aber, lieber Paule, lass uns vernünftig sprechen ...« Mit diesem Duz-Akt in der »Schutzschrift für die vernünftigen Verehrer Gottes« begann zu Hamburg die Entgöttlichung der Bibel, die zu Hamburg im Atheismus endete. Für Reimarus war Gott immerhin noch »eine Seele der Welt«, für Schulz in seiner christlich bezeichneten Phase »Höchstwert des Ich« und »Zielwert der Gesellschaft« und »Gesamtwert der Realität« – ein Platzhalter für eine irgendwie gesteigerte Welt. Nun, anno 2007, kann der glückliche Atheist Frau Maischberger in der ARD (und wenig später Frau Nina Ruge im ZDF) verblüffen mit der Aussage, die Befreiung von Gott sei »der größtmögliche Durchbruch zu einer autonomen Existenz«.

Ja, so ist es. Von einem Gott, der ein Höchst- und Ziel- und Gesamtwert ist, ein sehr überschaubarer, rundherum diesseitiger Gott, lässt sich wohl jeder gern befreien. Warum denn soll man zu einem Gott beten, ihm Zeit und Tränen schenken, wenn dieser Gott mein Ich nur maximiert, von dem ich vielleicht loskommen will, wenn er der Gesellschaft nur vorangeht, die mir vielleicht kein Gutes getan, wenn er die Realität nur bündelt, die vielleicht auf mir lastet wie ein Alp? Ich befürchte aber, werter Herr Dr. Schulz, Sie fänden auch an einem anderen Gott wenig Freude. Wie sagten Sie doch im Fernsehen? »Ergebnis« sei nun einmal, »dass es Gott, so wie die Kirche ihn verkündet, nicht gibt«. Der Atheismus und ausschließlich der Atheismus bedeute »die höchste Stufe der individuellen Autonomie«.

Wieder kann ich nicht widersprechen. Ich kann nur ergänzen: Aber das ist's ja gerade, was gegen den Atheismus spricht. Maximieren lässt sich das Ich in der Tat nur ohne Gott – emporzüchten dank »body tuning«, verfeinern zur Maschine, erhöhen zum Tyrannen in der eigenen Brust. Radikal ehrlich ist der nun befreite Schulz in dieser Hinsicht immer schon gewesen. Den Mitgliedern seiner Hamburger Gemeinde vertraute er an, dass alle Rätsel gelöst seien mit dem Ergebnis, dass da keine Rätsel seien; Jesus sei nicht leiblich auferstanden, ein ewiges Leben lasse sich »derzeit durch keine naturwissenschaftliche Erkenntnis sichern«, Christsein bedeute keineswegs zwangsläufig, religiös zu sein, und rede der Mensch von Gott, rede er von sich selbst – unempfindlich für die doppelte Bedeutung dieses Satzes waren Schulzens Ohren. Er lässt sich auch in dem Sinn verstehen, dass der Mensch sich zu Gott redet, sich selbst zu Gott erklärt.

Radikal ehrlich war nicht zuletzt das Geständnis im Vorwort zu den neun »Weltlichen Predigten«. Schulz beschied uns im August 1978: »In einem Predigen, das die Hörer partnerschaftlich in die theologische Existenz ihres Pastors – gerade auch in seine geistigen Problemfelder – mit hineinnimmt, verdichtet sich mein Versuch, mündige Gemeinde zu bilden.« Ein partnerschaftlicher Cäsarenwahn spricht aus diesen Worten. Er, der Prediger, will mündige Gemeinde herstellen, was ein Widerspruch in sich ist, gleich etwa einer erzwungenen Freiheit oder einer gekauften Liebe. Zudem soll diese Bildung geschehen, indem das redende Ich sich öffnet, seine »Problemfelder« den Hörern zu Füßen schüttet und die eigene Existenz an die Stelle setzt von Tradition, Hierarchie, Offenbarung.

»Ich-Findung« ist das erste Kapitel der »Weltlichen Predigten« überschrieben. Viele Predigten an ganz normalen Sonntagen in ganz normalen Gemeinden stehen leider auch heute unter diesem Motto. Wie alt ein Pfarrer ist, ob er Kohlrouladen mag oder Schweinsbraten und warum ihm dieses oder jenes politische Ereignis missfalle oder zusage: Wir erfahren es sonntags um zehn. Wenig anderes erfahren wir.

Was immer man von religiöser Orthodoxie halten mag – ihr unbestreitbarer Vorteil liegt in ihrer Absehung vom Ich, diesem gewaltigen Vorbehalt namens Glaube und Überlieferung, vor dem jedes Ich Demut lernt. Nach Schulz nämlich werden andere Ichlinge kommen und von derselben Hamburger Kanzel andere Dinge lehren, und wieder andere werden ganz andere innere Problemfelder offenlegen. Die Gemeinde aber wird bleiben und irregehen am Glauben. Hat das der Gemeindebauer bedacht?

Die Versuchung zum Personenkult und zur Rechthaberei wohnt dieser ketzerischen Weltsicht inne. So war es schon bei Giordano Bruno, Auguste Comte, Karlheinz Deschner. Im Atheismus kennt die Egozentrik kein Halten mehr. An Schulzens Wesen soll die Welt genesen. Ausgangspunkt jedoch war das Bemühen, die Gottesrede auf die Höhe der Zeit zu heben, wobei deren Pegelstand allein die Naturwissenschaften kennen. Schulz wollte ein »Christsein mit rationalem Bewusstsein aufbauen«. Er wollte »die Grundvoraussetzungen christlicher Verkündigung in ein zeitgemäßes Denken hinein umsetzen«, und zeitgemäß bedeutete ihm, das Christentum »angesichts der modernen Naturwissenschaften, der Astrophysik, der Biochemie« neu zu definieren. Das Resultat ist bekannt: Atheismus.

Nichts war unausweichlich an der Entwicklung vom Theologen zum Ungläubigen, doch vieles ist symptomatisch. Auch der altgediente Vorkämpfer Joachim Kahl bekennt: »Atheist wurde ich durch mein Theologiestudium. Bereits als Ungläubiger schloss ich es mit der Promotion zum Dr. theol. ab. Unmittelbar danach trat ich – Vernunft- und Gewissensgründen folgend – aus der evangelischen Kirche aus.« Kahl legte Ende 1968, ebenso wie Deschner und Schulz im hierfür offenbar prädestinierten Rowohlt Verlag »Das Elend des Christentums oder Plädoyer für eine Humanität ohne Gott« vor. Der damals 27-jährige marxistische Autor berief sich darin auf den antiken Christengegner Celsus und nannte seine eigene »These von der Verdummung der Menschen durch das Christentum [...] eine historisch belegbare bittere Tatsache, begründet [...] in dem unversöhnlichen Widerstreit des Glaubens gegen das Denken«. Kahls »fortgeschrittene kritisch-atheistische Theorie« gipfelte in dem Satz: »Wer sich über das Christentum nicht empört, kennt es nicht.«

Elend und Plädoyer waren Verkaufsschlager. »Das Buch [...] erreichte 1976 in neunter Auflage die Zahl von 116 000 Exemplaren, erfuhr Übersetzungen ins Englische, Holländische, Italienische und Japanische« (Arnold Angenendt). Heute ist Kahl, Jahrgang 1941 wie Dawkins, »freiberuflicher Philosoph« mit Wohn- und Dienstsitz in Marburg an der Lahn und wirbt unter dem Motto »Augen auf und selber denken«. Im Mai 2007 erschien in dritter Auflage sein »Weltlicher Humanismus. Eine Philosophie für unsere Zeit«. Der vier Jahre ältere Schulz trommelt derweil mit dem Lockruf »Denkender Mensch, wehre dich!« für seine »Initiative Säkularer Staat – Säkulare Gesellschaft. Zur Durchsetzung der weltlichen Vernunft«.

Vernunft ist weder weltlich noch geistlich, und »unsere Zeit« gibt es nicht. Das 21. Jahrhundert ist jene Epoche, in der schroffer als je zuvor die verschiedenen Zeiten sich überlagern. Ein und derselbe Mensch träumt mal mittelalterlich, hofft mal neuzeitlich, lebt mal postmodern. Quell der Normen kann schlichtweg jede Epoche sein. Was heute moralisch frommt, kann morgen ganz praktisch negiert werden. Nicht nur Laptop und Lederhose sind kein Widerspruch, sondern auch Sushi und Rosenkranz, Tokio und Altötting, Yoga und tridentinische Messe.

Wer »unsere Zeit« auf den Begriff bringen will, kann dies nur um einen sehr hohen Preis: Er muss der Gegenwart eine Richtung vorschreiben. Er muss dogmatisieren, nicht analysieren, muss tun, was zu verabscheuen er vorgibt, und eine Geschichtsphilosophie auf theologischer Grundlage errichten. Comte sprach darum mit einer Redlichkeit, die seinen Erben fremd ist, vom Fortschritt als »wahrhaft grundlegendem Dogma«.

Wenn das »Fragen nach Gott« zum Selbstzweck erhoben wird, wenn Glauben bedeuten soll, »sich zu riskieren«, wenn die Einsicht, man könne nur von sich, aber nicht zu Gott reden, als Religion gilt, dann hat der Glaube den Saal verlassen. Ergo ist es ehrlich und konsequent, dass eine Theologie, die auf solchen Voraussetzungen beruht, Atheismus genannt wird. Ich fürchte nur, das Label Religion verdeckt oft den Unglauben, und wo Theologie drauf steht, kann noch immer Atheismus drin sein. Die Aussage Joseph Ratzingers von 1958 feiert gerade das Jubiläum ihrer fünfzigjährigen Gültigkeit: »Das Heidentum sitzt heute in der Kirche selbst.«

Dadurch fällt der Glaube als Widerlager aus. Wenn die säkular gedeutete Vernunft nicht nur in den Naturwissenschaften triumphiert, sondern auch im Glauben, ist ihr Triumph total – und totalitäre Zustände waren noch nie ein Grund zur Freude. Der Grundsatz aus der Politik, dass eine Regierung nur so stark ist wie ihre Opposition, gilt auch hier. Der Dialog von sich restlos aufgeklärt wähnender Maschinenvernunft und Glaube endete weitgehend mit der Kapitulation des Glaubens. Sobald die Methoden der experimentellen Wissenschaft missdeutet werden als alternativloser Zugang zur Wahrheit, erleidet die Wahrheit Schiffbruch. Sie kann dann nur das Faktische nachvollziehen. Glaube aber ist grundsätzlich auf Auferstehung und dann erst auf Aufklärung ausgerichtet. Die

Verwandlung von Trostlosigkeit in Hoffnung, Schuld in Vergebung, Abschied in Neuanfang, Tod in Leben lässt sich erfahren, nicht verifizieren, lässt sich tatsächlich »durch keine naturwissenschaftliche Erkenntnis sichern«. Aber wer wollte das auch?

Das heißt: Gerade hinter der Rede vom unbestechlichen Blick und der rationalen Bilanz verbirgt sich das Gegenteil. Wer die leidenschaftslosen Methoden der experimentellen Wissenschaft auf Glaubensfragen anwendet, wird unweigerlich zum Doktrinär. Er wählt eine Versuchsanordnung, die seinem Weltbild entspricht und es bestätigt: Deschner beschränkt sich darauf, Tote zu zählen, Dawkins stöbert in entlegenen Tälern aggressive Frömmler auf, Sam Harris und John Harris und Peter Singer definieren den Mensch als Software mit Empathiemodul, und Christopher Hitchens und Michael Schmidt-Salomon sehen wie alle ihre Vorredner in jedem Glaubensstreit nur einen Konflikt um Macht, Einfluss, Geld. Das ist, ich sagte es bereits, Denken auf Voodoo-Art und maximal entfernt von jeder Aufklärung. Die Vernunft wird auf dem Altar des Ichs geopfert. Dawkins glaubt an Außerirdische als »überlegene Wesen«, hält Christentum, Islam, Judentum für Aberglauben und verkauft beide Behauptungen als rational. So zeigt er in sonnenheller Klarheit, dass diese Rationalität ein Mythos ist.

Im Verhältnis zur kirchlichen Orthodoxie war Johann Wolfgang von Goethe eher Ketzer denn Gemeinde; als Kulturchrist mit pantheistischen Neigungen blieb er zu allem Offenbarten auf Distanz. Im Verhältnis zur wissenschaftlichen Orthodoxie war er ebenfalls ein Ketzer, und zwar von jener Art, die heutzutage Artenschutz verdiente. Die wahre Rationalität, die er von der Naturwissenschaft einforderte, hat nichts zu tun mit dem heute konkurrenzlosen Verständnis, rational sei, was Rendite schafft, vernünftig, was funktioniert. Goethe stemmte sich, wie der Literaturwissenschaftler Leo Kreutzer eindringlich schreibt, »als Naturforscher der Gewaltförmigkeit einer Naturbeherrschung entgegen«, wie sie seit Francis Bacon Prinzip wurde: »Um die Natur beherrschen zu können, muss ihr Zusammenhang zerschlagen werden. Goethe kommt es umgekehrt darauf an, diesen Zusammenhang in einem beharrlichen und genau organisierten Prozess der Annäherung immer besser zu verstehen.« Goethe hielt es zudem »für unabdingbar, wissenschaftliche Forschung einer ethischen Beurteilung zu unterwerfen«.

Der Weimarer Großdichter war damit schon um 1800 von gestern. Längst hatte das anwendungsorientierte Zergliedern der Natur sich durchgesetzt. Deren Geheimnis sucht man im Labor zu entschlüsseln. Auch die Selbstkritik des wissenschaftlichen Denkens, wie sie mit den Namen Max Planck und Carl Friedrich von Weizsäcker verbunden ist, war im 20. Jahrhundert eine Episode nur. Unwidersprochen muss wohl auf lange Zeit der Satz des Kultursoziologen Alexander Rüstow von 1957 bleiben: »Naturbeherrschung gilt uns auch heute noch als ein durchaus berechtigtes, ja eigentlich selbstverständliches Ziel, wir haben gar kein Ohr für die sadistische Klangfarbe, das Jägerhafte, Auflauernde, Überlistende, Herrschsüchtige darin.«

Die »Hellen« sind munter auf der Pirsch. Solange noch eine einzige Zelle des Menschen ungeschaut, unbegriffen, unverändert ist, dauert die Kränkung ihres Intellekts an. Richard Dawkins hasst den Glauben, weil er »das Unternehmen Wissenschaft aktiv torpediert«. Dawkins liebt hingegen die Tötung menschlicher Embryonen, da man so »mit Sicherheit viele Menschenleben retten« kann – dass es keinen einzigen wissenschaftlichen Beweis für die »Sicherheit« dieser Einschätzung gibt, verschweigt er. Embryonenforschung hat im Tierversuch bisher zu Tumor und Tod geführt, nicht zur Heilung. Sam Harris hasst den Glauben, weil er das »kritische Denken« und den wissenschaftlichen Fortschritt behindere.

Als Beispiel für beides führt er diese »Tatsache« an: Menschliche Embryos haben kein Gehirn, also sei es moralisch viel problematischer, eine Fliege zu töten als einen Embryo. Und Christopher Hitchens hasst den Glauben, weil er der »Feind« einer »ungehinderten wissenschaftlichen Forschung« sei. Der Glaube verlangsame »an Wunder grenzende Fortschritte in der Medizin, der Energiegewinnung und dem friedlichen Austausch zwischen den Kulturen«; der Glaube erschwere die »ungeahnten Erkenntnisse über unser noch in der Entwicklung befindliches Gehirn«.

Goethe, hilf! Was der Dichterfürst »Innigkeit« nannte, eine »fortdauernde Gemeinschaft« zwischen Natur und Wissenschaft, fehlt diesen Anwälten der Wissenschaft ganz. Auf Vernunft aber können sie sich nicht berufen. Absolut »ungehinderte«, also grenzenlose, schrankenlose Forschung erklärt sich selbst zum Dogma. Eine solche Forschung bedeutete die Heiligsprechung des Forschers, denn alles, was er tut, ist dann unkritisierbar. Er muss dann keine einzige seiner Taten legitimieren, muss nur jene Ethik akzeptieren, die er selber sich gibt. Er herrscht dann so allein und unumschränkt, wie auch der Atheismus als Weltanschauung herrschen soll. Wissenschaft aber muss sich immer wieder neu fragen lassen: »Wem nützt dieser dauernde Fortschritt von Wissenschaft und Technik, und auf wessen Knochen, andererseits, geht er? [...] Wir stellen fest, dass auf der Grundlage wissenschaftlicher Forschung entwickelte Technologien in der Tat Zwecken dienstbar sind. Aber sind das die Zwecke *des* Menschen?«

So lautet die Frage, die Leo Kreutzer aus Goethes naturwissenschaftlichen Studien ableitet. Es ist dieselbe Frage, die auch ein Karol Wojtyła oder ein beliebiger Kardinal oder eine beliebige Bischöfin stellt. Es ist die typische Frage eines gläubigen Menschen, der weiß, dass all sein Tun und Trachten Verantwortung in sich trägt für andere und für das Ganze, das man Schöpfung nennt. Darum darf die Wissenschaft sich den Intuitionen des Glaubens nicht verschließen: damit auch morgen eine Menschheit da ist, die fragen kann und zu fragen wagt.

Statt eines Nachworts

Richard Dawkins und ich:
26 Minuten auf dem blauen Sofa

Meine Begegnung mit Richard Dawkins dauerte 28 Minuten. 26 davon fanden auf einem großen blauen Sofa statt, zwei in einem fensterlosen Raum mit grauen Plastikwänden. Kaffeekannen, belegte Brötchen, Wasserflaschen standen auf einem Tisch in der Mitte des Raums ohne Fenster, den das Zweite Deutsche Fernsehen hatte herrichten lassen. Man schrieb den 13. Oktober 2007, den ersten Publikumstag der Frankfurter Buchmesse. Richard Dawkins war bestens gelaunt. Tags zuvor hatte er 10 000 Euro und den Karlheinz-Deschner-Preis der »Giordano-Bruno-Stiftung« erhalten. Nun, zu früher Stunde, gab er sich aufgeräumt, wach, zuvorkommend. Hier erhob sich ein munterer, gedankenvoller Professor, Britanniens Stolz und Zierde, kam auf mich zu, streckte mir seine feingliedrige Hand entgegen, lächelte: »How do you do?«

Die folgenden hundert Sekunden waren lehrreich für den Journalisten, der wenig später den Evolutionsbiologen auf dem »Blauen Sofa« der ZDF-Kultursendung »aspekte« interviewen sollte. Zwei Sätze richtete der des Englischen ein wenig entwöhnte Journalist an den Star der Atheistenszene. Leider aber, ach leider, war in dem einen Satz die Satzstellung nicht korrekt, während Satz Nummer zwei an einer falschen Vokabel krankte. Der trotz seiner 66 Lebensjahre sehr jugendlich wirkende Mann aus Oxford wusste Rat. Und er hielt damit nicht hinter dem Berg. Er korrigierte die Fehler des Journalisten, einen nach dem andern, und bestätigte dessen Eingangsfloskel: Ja, das stimme in der Tat, der Journalist glänze nicht durch perfekte Englischkenntnisse, das höre man – wusste und sprach und beschied mich Richard Dawkins.

Die knapp zweiminütige Lektion in angewandtem Englisch diente, oberflächlich betrachtet, einem ersten Kennenlernen vor der Live-Sendung. In der Tiefe aber – das hatte Richard Dawkins gleich erkannt – ging es schon hier im Privatissimum um seine Lehre von der Geisteskrankheit namens Religion, ging es also um ein Belehren der unverständigen Welt, als deren Repräsentant ihm nun der Journalist mit seinem verbesserungswürdigen Englisch entgegentrat. Vermutlich ist Lehren (und Rechthaben) all sein Begehr, denn Professor ist er schließlich in Oxford. Dort hat man Richard Dawkins einen Lehrstuhl eingerichtet: für das »öffentliche Verständnis der Wissenschaften«.

Die Öffentlichkeit an diesem 13. Oktober 2007 um zehn Uhr morgens bestand aus sympathisierender Laufkundschaft zwischen den Buchmessenhallen. Schwer war es während der 26 Minuten auf dem blauen Sofa, Richard Dawkins nicht sympathisch zu finden. Geradezu träumerisch stützte er sich mit dem linken angewinkelten Arm auf der Sofaoberkante ab, lachte sich bübisch von Antwort zu Antwort. Ja, zu lachen gab es viel in diesen denkwürdigen Momenten. War nicht sein ganzer »Gotteswahn« ein einziger großer Spaß?

Den Gedanken aus dem Nachwort gab er auch hier zum Besten. »Um beim Publikum das Eis zu brechen«, beginne er Lesungen gern mit dem vom Journalisten gerade als latent antisemitisch kritisierten, in Wahrheit aber humorvollen, nur etwas übertriebenen Satz aus Kapitel zwei: »Der Gott des Alten Testaments [...] ist die unangenehmste Gestalt in der gesamten Literatur. Er ist eifersüchtig und auch noch stolz darauf; ein kleinlicher, ungerechter, nachtragender Überwachungsfanatiker; ein rachsüchtiger, blutrünstiger ethnischer

Säuberer; ein frauenfeindlicher, homophober, rassistischer, Kinder und Völker mordender, ekliger, größenwahnsinniger, sadomasochistischer, launisch-boshafter Tyrann.«

Lächelnd bekannte Dawkins sich zur Rhetorik der Aussage und bekräftigte im Lachen deren Wahrheitskern. Der Gott des Alten Testaments sei ein Monster, »daran gibt es keinen Zweifel. [...] Wir wären besser dran, wenn wir etwa, trotz all seiner menschlichen Schwächen, einen Apoll anbeteten.« Von Antisemitismus könne man gleichwohl nicht reden, der Gott des Alten sei auch der Gott des Neuen Testaments und der Gott der Muslime. Undenkbar ist es für Dawkins, dass die eine Respektlosigkeit durchaus zugleich antisemitisch, antichristlich, antiislamisch sein kann. Offenbar nimmt er die moralische Mengenlehre für sich in Anspruch, wonach verdreifachte Beleidigung nur ein Drittel so schlimm sei.

Will man den Beteuerungen Richard Dawkins' Glauben schenken, dann ist der »Gotteswahn« eine strategische Angelegenheit, um die Reihen zu schließen. Die Atheisten, sagte er, sollten anhand seines Buches Mut bekommen, sich zu ihrem Atheismus zu bekennen, sich zu verbrüdern und zu verschwistern; also sind – trotz des aufklärerischen Getöses und der auch auf dem Sofa bekräftigten Hoffnung, er könne Gläubige zu Atheisten bekehren, wofür auf seiner Homepage die Rubrik »Konversions-Ecke« bereit stehe – die Glaubenslosen das Zielpublikum. Aus intuitiven Ungläubigen will er bewusste, unbeugsame Ungläubige machen. Er geriert sich als Generalsekretär und Einpeitscher in einem imaginären Volkskongress der Atheisten. Im Vorwort heißt es darum: »Man kann stolz darauf sein, [...] denn Atheismus ist fast immer ein Zeichen für eine gesunde geistige Unabhängigkeit und sogar für einen gesunden Geist.«

Abermals sehr unempfindlich für Untertöne und Nebengeräusche der eigenen Rede ist der Biologe Dawkins. Wer die geistig Gesunden von den geistig Kranken meint autoritär scheiden zu können, der maßt sich die Rolle des gesellschaftlichen Oberzensors an – oder des falschen Irrenarztes, der seine Zelle für sein Sprechzimmer und das Personal für seine Patienten hält. Noch stärker ausgeprägt ist der Hang zum Rechten und Aburteilen, zum Antidemokratischen also, wenn Dawkins seinen Hauptgedanken rechtfertigt. Endlich Schluss sein müsse mit dem »übermäßigen Respekt unserer Gesellschaft für die Religion«, mit der »Bevorzugung der Religion«, dem »Prinzip des automatischen Respekts für religiösen Glauben«. Wie über Kochrezepte oder Kunstwerke müsse man sich auch über den Glauben ordentlich die Meinung sagen dürfen.

In welchem Paralleluniversum lebt Richard Dawkins? Ist er direkt aus Bagdad oder Pjöngjang nach Frankfurt geschwebt? Hat er unter den Mujaheddin gelitten oder den Hindus von Bangalore? Sein Buch wurde in 31 Sprachen übersetzt, es hat aus einem wohlhabenden einen vermögenden Mann gemacht, und wo immer er auftritt, hat er die Lacher auf seiner Seite, erhält Applaus oder Preise, nicht Peitschenhiebe. Wo liegt das Problem innerhalb der westlichen Welt, für die allein zu sprechen er behauptet? Zum anderen: Machte sich jeder Mann und jede Frau die Anregungen Dawkins' zu eigen und begegnete den Religionen nicht mit »automatischem Respekt«, würde der Grundwasserspiegel an Toleranz und Solidarität rapide sinken. Ganz praktisch nämlich wären die Gläubigen als Anhänger unrespektierter Denksysteme einem steten Rechtfertigungsdruck ausgesetzt. Man nähme gemeinsam mit den Religionen auch die Menschen, die ihnen anhängen, nicht für voll. Und das wiederum würde die verhärteten Fraktionen, die Glaubenskrieger und Gottesfundamentalisten, in ihrer Bereitschaft zum vernunftfreien Widerstand bekräftigen. Nein, eine Gesellschaft nach Dawkins' Geschmack wäre keine spaßige Angelegenheit. Intolerant ginge es zu, respektlos und unverschämt.

Diesen grundsätzlichen Schiefstand all seiner Rodomontaden sprach Dawkins auf dem blauen Sofa erstaunlich offen aus. Respekt sei ja schön und gut, aber doch bitte nur für Personen mit solchen Argumenten, die Respekt verdienen, für Personen, die »einen guten Grund« haben für das, was und woran sie glauben: Diese Menschen allein, heißt das, verdienen sich die Gnade des Respekts. Selbstverständlich hält Dawkins den gesamten Bereich des religiösen Glaubens für unbeweisbar – es sei denn, lässt sich vermuten, Auferstehung oder Endgericht vollzögen sich in seiner Oxforder Gelehrtenstube. Gläubige Menschen, die respektiert werden wollen, bliebe in Dawkins' kalter Welt nur die Möglichkeit, brav zu schweigen oder tollkühn zu kämpfen. Eine zentrale Errungenschaft der von ihm sonst so gepriesenen modernen Gesellschaft, das höfliche Desinteresse am Glauben oder Unglauben des anderen, wird so ausradiert. Der unrespektierte Glaube brächte die Heuchelei als Verhaltensnorm hervor oder aber die Militanz der Unbelehrbaren. Dawkins und Kompagnons säßen wie weiland die Blockwarte am Schalterhäuschen der Gesellschaft und bestimmten ganz allein, wer das Berechtigungskärtchen erhält zum Bezug dieser kostbaren Währung namens Respekt. Stetig aber wüchse der Hinterhof, die Unterwelt.

So wie Dawkins nur zu respektieren bereit ist, was er für respektierenswert hält (und das ist weitaus weniger als der Respekt, den heute die allermeisten Gläubigen den allermeisten Ungläubigen entgegenbringen) – ebenso ist in Dawkins' Denken wie im Denken sehr vieler Glaubenskritiker nur ein solches Leben lebens- und schützenswert, das ihrem Kriterienkatalog gehorcht.

Dawkins nennt den menschlichen Embryo einen »mikroskopisch kleinen Zellhaufen«, der zu Zwecken der Forschung getötet oder in späterem Stadium abgetrieben werden dürfe, weil er kein Schmerzempfinden habe. Er leide nicht oder er leide »wahrscheinlich weniger als beispielsweise ausgewachsene Kühe und Schafe im Schlachthof«. Auch der australische Philosoph Peter Singer streitet ja vehement für den Vegetarismus und parallel für das Recht der Eltern, schwerstbehinderte Säuglinge töten zu dürfen.

Der von Dawkins oft und gern zitierte amerikanische Nachwuchsautor Sam Harris, dem 2004 der Bestseller »Das Ende des Glaubens. Religion, Terror und die Zukunft der Vernunft« gelang, schreibt 2006 in seinem »Brief an eine christliche Nation«: »Hier sind die Fakten. Stammzellenforschung ist eine der meistversprechenden medizinischen Entwicklungen der letzten hundert Jahre. Sie könnte therapeutische Durchbrüche für jede Krankheit, jede Verletzung bedeuten, an denen Menschen leiden. [...] Es stimmt natürlich, dass die Forschung mit embryonalen Stammzellen die Zerstörung von drei Tage alten Embryonen erfordert. [...] Die menschlichen Embryonen, die hierbei zerstört werden, haben kein Gehirn, noch nicht einmal Nerven. Konsequenterweise gibt es keinen Grund zu glauben, die Embryonen litten bei ihrer Zerstörung. [...] Wer eine Fliege tötet, steckt in größeren moralischen Schwierigkeiten als jemand, der eine menschliche Blastocyste tötet. [...] Fast jede Zelle in Ihrem Körper ist ein potenzieller Mensch. Jedes Mal, wenn Sie die Nase schnäuzen, haben Sie einen Holocaust an potenziellen Menschen begangen. Das ist ein Fakt.«

Tatsachen sehen anders aus. Bloße Versprechungen reichen nicht, um eine milliardenschwere Forschung mit großen ethischen Nebenwirkungen in Gang zu setzen. Zumindest sollte doch wohl im Tierversuch der Beweis erbracht sein, dass sich Krankheiten tatsächlich mit Hilfe von embryonalen Stammzellen heilen lassen. Diesen Beweis gibt es bis heute nicht; wohl aber herrische Bedarfsanmeldungen unternehmerischer Wissenschaftler und die aggressive Euphorie mancher Utopisten mit Denkerstirn, die sich Realisten nennen und von einem leidfreien Leben träumen. Embryonen mögen leiden oder nicht. Auf jeden Fall fallen sie nicht vom Himmel. Stammzellen müssen, solange sie nicht geklont werden können, aus weiblichen Eizellen gewonnen werden, die wiederum aufwendig und riskant mittels Hormonspritzen in der weiblichen Gebärmutter in lohnender Zahl erzeugt und dieser sodann entnommen werden. Und gesetzt den Fall, es wäre eines Tages möglich, patientenspezifische Stammzellen aus geklonten Embryos zur Therapie einzusetzen, so bräuchte man beim jetzigen Stand der Technik enorme Mengen des kostbaren Rohstoffs. Man schätzt, dass pro Patient hundert Eizellen nötig wären, für die etwa zehn Frauen sich mehrere Tage lang hormonell stimulieren lassen müssten. Allein in Deutschland erkranken jährlich rund 20 000 Menschen an Parkinson. Man bräuchte also jährlich zwei Millionen Eizellen von 200 000 jungen Frauen zwischen achtzehn und dreißig Jahren nur für diese Anwendung, nur in Deutschland.

Von diesem Preis schweigen Sam Harris, Christopher Hitchens und Richard Dawkins, die ansonsten so gern mit Zahlen hantieren und die keine Gelegenheit auslassen, die Unterdrückung der Frauen durch das »Wahnsystem« Religion zu brandmarken. Fatal könnte sich auch die Verengung des Menschenbilds auf Leidfähigkeit und Denkvermögen auswirken. Bekanntermaßen lässt sich das Leidempfinden von Komapatienten ebenso wenig nachweisen. Rangieren sie deshalb wie die Embryos und Föten, was ihr Lebensrecht betrifft, unterhalb von »ausgewachsenen Kühen und Schafen im Schlachthof« (Dawkins)? Und was geschieht – der Zufall möge es verhüten –, wenn anstelle des launigen Sofakönigs, der Aversionen zu Geld macht, ein echter Debattendiktator den Thron des Atheismus bestiege und die Skala der Kriterien mal in diese, mal in jene Richtung erweiterte?

Dann könnte es sein, dass zusätzlich zu den religiösen vielleicht auch die künstlerisch tätigen oder die besonders gefühlvollen Menschen keinen Anspruch mehr darauf haben, in ihrer Weltsicht respektiert zu werden. Wie wolle man die Evidenz von Kunst oder Emotion darlegen? Gebe es da gute, rationale Gründe? Dann könnte die Atheistenbewegung, die Dawkins hinter sich scharen will, schleichend zur Neuauflage jenes Aufklärungsterrors werden, in dem die Französische Revolution blutig kulminierte. Während der Entchristianisierung von 1792/93 wurden Priester gezwungen, zu heiraten oder Kinder zu adoptieren, christliche wurden durch römische Namen ersetzt, die Liturgie durch einen »Kult der Vernunft«, nicht Christus, sondern den »großen Männern« der Revolution wurde gehuldigt, Heiligenstatuen zerstörte man, und wer sich verweigerte, wurde vertrieben, verfolgt, getötet. Bekanntermaßen etablierte, ungleich umfassender, auch das nationalsozialistische Atheistenregime ein »System sturer Rationalität und materialistischer Zweckhaftigkeit«, so Maria Jochum anno 1946.

Dergleichen radikal diesseitiges »Eiferertum, das – aufgrund seiner Unfähigkeit zur Gnade – dem religiösen an Strenge, Wut und Gewaltsamkeit den Rang abläuft« (noch einmal: Peter Sloterdijk) nistet schon in den Pausen zwischen zwei Sofawitzen, wohnt zwischen den Buchdeckeln des »Gotteswahns«: »Ich wende mich gegen Gott, alle Götter, alles Übernatürliche, ganz gleich, wo und wann es erfunden wurde oder noch erfunden werden wird.« Wenn Gott aber eine Erfindung ist, dann gebiert jede Zeit neue, jedes Mal vertilgenswerte Götter. Die Ruhe eines Friedhofs erst, die bis auf den jeweiligen Atheistenkönig leergefegte Erde, setzt dem Wüten ein Ende.

Bereits nach viereinhalb Minuten auf dem blauen Kanapee sprach Dawkins einen seiner Lieblingssätze aus. Religion sei schlecht für Kinder. Falsch, verdorben sei es, wenn man ein Kind katholisch nenne oder protestantisch oder muslimisch. Es sei lediglich das Kind katholischer, protestantischer, muslimischer Eltern, »und das ist ein großer Unterschied«. Dem Oxforder »Gotteswahn« konnte man entnehmen, »die psychische Kindesmisshandlung ist zumindest in manchen Fällen schlimmer als die körperliche«. Wer »einem kleinen Kind das Etikett einer bestimmten Religion aufdrückt«, misshandle das Kind, zwinge ihm einen Glauben auf, über den es in seinem geringen Alter nicht habe nachdenken können.

Leider kehrt sich dieses Argument gegen die Atheistengilde. Am Tag zuvor bekam Richard Dawkins von der preisverleihenden »Giordano-Bruno-Stiftung« deren neueste Indoktrinationsfibel überreicht, das vermeintliche Kinderbuch »Wo bitte geht's zu Gott?, fragte das kleine Ferkel. Ein Buch für alle, die sich nichts vormachen lassen«. In Dawkins' Begrifflichkeit: Mehr Kindesmisshandlung geht nicht. Wie soll ein Fünfjähriger künftig einem Kind aus muslimischer oder jüdischer oder christlicher Familie gegenübertreten, wenn der Atheistenpapa ihn in den Schlaf singt mit dem Kehrreim »Rabbis, Muftis und auch Pfaffen / Sind, wie wir, nur nackte Affen«? Der Fünfjährige wird keine Diskussion über die monotheistische Gottesfrage anzetteln. Er wird verständnislos, respektlos auftreten. Er wird den Spielkameraden vielleicht fragen, warum in Synagogen keine Ferkel Zutritt haben. Vielleicht wird er fragen, warum böse Männer mit Schnauzbärten die »gottverdammten Ungläubigen« aus der Moschee vertreiben oder warum Christen Menschenfresser sind. So nämlich hat er es gelernt durch des Vaters Mund, der »Wo bitte geht's zu Gott?« schmunzelnd zum Besten gab.

Dass auch der scharfzüngige Irakkrieg-Befürworter und linke Starjournalist Christopher Hitchens, acht Jahre jünger als Dawkins, der »Zwangsindoktrination durch den Glauben« den Kampf ansagt, ist nicht neu, ist nicht überraschend. Auch er inszeniert seinen Ekel vor den »menschengemachten Dummheiten und Grausamkeiten der Gottesgläubigen« und urteilt in »Der Herr ist kein Hirte. Wie Religion die Welt vergiftet« ähnlich schlicht: »Die Fixierung auf Kinder und die strikte Überwachung ihrer Erziehung gehört zu jedem System absoluter Autorität.« Das stimmt. Ergo ist die glaubensfeindliche Aufklärung von Hitchens und Dawkins und Harris und Schmidt-Salomon ein System absoluter Autorität.

Die im Judentum übliche Beschneidung, die »Verstümmelung eines wehrlosen Kindes«, ordnet Hitchens ohne Beleg »besonders den jüdisch-christlichen Kulturen« zu. Welche christliche Gemeinschaft er damit im Sinn hat, bleibt verborgen. Dunkel schreibt er, »christliche Ärzte haben die alte jüdische Tradition in ihren Krankenhäusern übernommen«. Was meint das? Will Hitchens andeuten, jüdische Eltern delegierten das Geschäft des Mohel ausgerechnet an Christen? Oder gibt es »christliche Ärzte« – was, nebenbei bemerkt, ein skurrileres Etikett ist als jenes von den christlichen Kindern, denn offenbar leitet Hitchens hier aus der Taufe ein ganz besonderes Verständnis des Arztberufes ab –, gibt es also »christliche Ärzte«, die aus irregeleiteter Religiosität nichtjüdische Jungen beschneiden? Den Beweis für eine der beiden Absurditäten läse man gern.

Hitchens wie Dawkins begeistern sich schaudernd für den 11. September 2001. Das Attentat auf das World Trade Center habe drastisch belegt, »dass die Religion die bürgerliche Gesellschaft erneut herausfordert«. Die »wahnsinnigen Mörder« seien »wie viele ihrer Dschihadistenfreunde« sexuell enthaltsam gewesen, Produkte also einer typisch leibfeindlichen Religion, die wie jede Religion »gewalttätig, irrational« sei, im Bund stehe mit Rassismus, Stammesdünkel und Bigotterie, die freie Forschung ablehne, Frauen verachte und Kinder züchtige. So weit Hitchens. Freund Dawkins, nicht zimperlich auch er, wirft die Selbstmordattentäter und die Taliban und die Evangelikalen in einen Topf, auf den er schreibt: »Glaube ist genau deshalb bösartig, weil er keine Rechtfertigung braucht und keine Diskussion duldet.« Wer dem Glauben Respekt entgegenbringe, müsse auch den Glauben eines Osama bin Laden und der Attentäter respektieren.

Sancta simplicitas! Nicht die Religion, sondern verschiedene Religionen mögen die Gesellschaft herausfordern. Bedroht aber wird das friedliche Zusammenleben in der westlichen Welt derzeit von einer militanten Spielart des Islam, nicht von christlichen Gebetskreisen oder tantrischen Selbstfindungsgruppen. Die Gabe der Unterscheidung, die am Beginn jeder Erkenntnis steht, besitzen Hitchens und Dawkins nicht. Sonst wäre es ihnen vielleicht möglich, auch die Theologie von der Praxis und die Geschichte von der Gegenwart zu trennen. Frauenverachtung müssen sich im 21. Jahrhundert weder die evangelische noch die katholische Kirche vorwerfen lassen.

Was Hitchens »freie Forschung« nennt, ist eine schrankenlose Forschung ohne ethische Leitlinien. Wenn hier nicht die Gläubigen stets aufs neue die Menschenwürde einklagten, gäbe es vielleicht heute schon geklonte Babys, zustimmungslos ihrer Organe beraubte Patienten und vorgeburtliche Selektionen jedweder Art. Das Bösartigkeitsverdikt fällt auf Dawkins selbst zurück. Die Gläubigen dieser Erde samt und sonders als korrupt und verblendet vorzuführen, ist das Gegenteil von Redlichkeit und Seriosität. Entgegen der fortwährenden Beteuerung auf dem blauen Sofa, er sei ein Wissenschaftler, entgegen der Selbstbeschreibung im »Gotteswahn« als »nüchtern nachdenkender Religionskritiker«, ist Richard Dawkins ein Demagoge schlichteren Gemüts.

Ein klein wenig subtiler geht Christopher Hitchens vor. Religion sei eine Schule in »hochgradig egozentrischer und eingebildeter Haltung«, die zugleich ein krankhaftes Sündenbewusstsein fordere. »Wir Atheisten« hingegen hätten erkannt, dass die Bibel ein Freibrief sei für »Menschenhandel, ethnische Säuberungen, Sklaverei, Zwangsehe und willkürliche Massaker«. Die spannende Frage, die sich aus dieser einseitigen Lektüre ergibt, stellt Hitchens sich nicht: Wieso sind in den christlich geprägten Ländern dann gerade nicht Menschenhandel, Säuberung, Sklaverei, Zwangsehe, Massaker an der Tagesordnung? Die Antwort passte kaum in seine Litanei: Weil das Gebot universaler Liebe größer ist als die Reichweite einer zeitbedingten Chronik. Damit hält Hitchens sich nicht auf, er muss rasch zum nächsten Kapitel und darlegen, weshalb »das ›Neue‹ Testament das ›Alte‹ mit seiner Bösartigkeit in den Schatten stellt«. Sagte ich, er sei ein klein wenig subtiler als Dawkins? Er ist es im Nanobereich.

Der Biophysiker und anglikanische Theologe Alister McGrath urteilt: »Erstaunlicherweise finden sich kaum wissenschaftliche Analysen in ›Der Gotteswahn‹. Stattdessen gibt es eine Menge pseudowissenschaftlicher Spekulationen, gespickt mit allgemeiner Religionskritik, die größtenteils aus älterer atheistischer Literatur entliehen ist. Dawkins predigt zu einem Chor der Gotteshasser, die seine rhetorischen Salven offensichtlich genießen und anbetend ihre Hände erheben sollen. [...] Wie konnte aus einem so begabten und allgemein verständlichen Naturwissenschaftler, der sich leidenschaftlich für die objektive Betrachtung einer Sache einsetzte, ein dermaßen aggressiver antireligiöser Propagandist werden, der offenkundig alles ablehnt, was seiner Sache nicht dienlich ist? Weshalb werden die Naturwissenschaften dermaßen missbraucht, um einen atheistischen Fundamentalismus zu untermauern? Ich finde dafür keine Erklärung.«

Eine Antwort könnte der Werdegang des Richard Dawkins liefern. Dass er überhaupt eine so gewaltige Leserschaft fand, liegt daran, dass er zuvor schon ein berühmter Mann war – berühmt wegen einer abenteuerlichen These. Er begründete seine Popularität 1976 mit dem Satz: »Wir sind Überlebensmaschinen – Roboter, blind programmiert zur Erhaltung der selbstsüchtigen Moleküle, die Gene genannt werden.« Das Buch über »Das egoistische Gen« machte den damals 35 Jahre jungen Biologen mit einem Schlag zum bekanntesten Vertreter seiner Zunft. Dawkins behauptete, »dass wir und alle anderen Tiere Maschinen sind, die durch Gene geschaffen wurden. Wie erfolgreiche Chicagoer Gangster haben unsere Gene in einer Welt intensiven Existenzkampfes überlebt [...]. So gerne wir auch etwas anderes glauben wollen, universelle Liebe und das Wohlergehen einer Art als Ganzes sind Begriffe, die evolutionstheoretisch gesehen einfach keinen Sinn ergeben.«

Ausdrücklich kennzeichnete Dawkins seine Ausführungen als Wissenschaft, nicht Science-Fiction; die Wirklichkeit sei »noch phantastischer als ein utopischer Roman«. Zum 30. Jahrestag der Erstveröffentlichung von »The selfish gene« erschien Anfang 2006 ein rühmender Sammelband mit dem Titel »Wie ein Wissenschaftler unsere Art zu denken veränderte«. Die angesehene Fachzeitschrift »Nature« nannte aus diesem Anlass Dawkins' Werk »eines der einflussreichsten Sachbücher aller Zeiten«. Dawkins verbinde die »Tiefe und Klarheit einer Vision« mit »intellektueller Ehrlichkeit und Leidenschaft« und einem »herausragenden Schreibstil«.

Für Dawkins sind also die Menschen Maschinen, ist auch er selbst folglich eine Maschine mit Nerven, die er Kabel nennt, mit einem Gehirn, das er einen biologischen Computer nennt. »Was in aller Welt«, fragt er sein Publikum schließlich, »glauben wir denn zu sein, wenn nicht Roboter, wenn auch überaus komplizierte?« Wären da nur nicht die ganzen zweckfreien Dinge, denen die Menschen sich hingeben, Gesang und Kunst und Glaube. Wie passen diese in eine maschinelle Gattung, deren einziges Ideal doch Funktion und Reproduktion sein kann? Dawkins erfand darum das Mem, die sich selbst kopierende »Einheit der kulturellen Vererbung«. So wollte er die Tatsache, dass bestimmte Ideen, Gedanken, Melodien von Generation zu Generation weitergegeben werden, in sein materialistisches Vererbungskonzept integrieren.

Der Glaube ist nun – so Dawkins anno 1976 – ein ganz besonderer »Memkomplex«. Er bedeute »blindes Vertrauen«. Das entsprechende »Gott-Mem«, einzig an seinem Überleben interessiert, pflanzte sich demnach von Generation zu Generation fort, ebenso das Mem für den Zölibat oder die Fegefeuerlehre, denn »die Selektion begünstigt Meme, die ihre kulturelle Umwelt zu ihrem eigenen Nutzen ausbeuten«. Ausbeutung, wusste Dawkins schon damals, ist das Kerngeschäft aller Religionen. Die Fortdauer der Kirche sei darauf zurückzuführen, dass sie einen »koadaptierten stabilen Satz sich gegenseitig stützender Meme« darstelle.

In den Nachbemerkungen zum »Egoistischen Gen« präzisiert Dawkins seine Aversion: »Der Glaube ist ein derart erfolgreicher Gehirnwäscher in eigener Sache, dass es schwer ist, seinen Griff zu lockern. Bei Kindern wirkt die Gehirnwäsche besonders gut. Doch was ist Glaube eigentlich? Er ist ein Gemütszustand, der Menschen dazu bringt, etwas zu glauben – es kommt nicht darauf an, was –, das durch keinerlei Beweise gestützt wird. Gäbe es gute Beweise dafür, so wäre der Glaube überflüssig, denn aufgrund dieser Beweise müssten wir es ohnehin glauben. [...] Glaube ist in der Lage, Menschen zu derart gefährlichem Wahnsinn zu treiben, dass er sich in meinen Augen als eine Art Geisteskrankheit qualifiziert. [...] Religiöser Glaube verdient ein eigenes Kapitel in den Annalen der Kriegstechnologie, auf gleicher Stufe mit dem Langbogen, dem Schlachtross, dem Panzer und der Wasserstoffbombe.«

Wir sehen: Seit über dreißig Jahren ist Dawkins sich treu geblieben. Ein ganz ungewöhnliches Beharrungsvermögen, eine resistente und renitente Orthodoxie in Sachen Glaubenshass ist ihm in die egoistischen Gene geschrieben. Schon 1976 mokiert er sich über Religion als Kindesmisshandlung und Volksverdummung, Geisteskrankheit und Mordinstrument. Er hat sich nicht gewandelt, er hat nur die damaligen sechs antireligiösen Seiten aufgeblasen zur sechshundertseitigen Abrechnung. Und damals wie heute ist der Schreibimpuls des Roboters Dawkins die Kränkung. Unter allen gesellschaftlichen Kräften nämlich, die seiner eigenen Disziplin, dem Erforschen und Verwerten des Lebens, skeptisch begegnen, rangieren die Gläubigen weit vorn. Deshalb schrieb er im zweiten Kapitel des »Egoistischen Gens« sich seinen Hass auf die Lebensschützer von der Seele: »Ein menschlicher Fötus, mit nicht mehr menschlichen Gefühlen als eine Amöbe, erfreut sich einer Achtung und eines gesetzlichen Schutzes, die weit über das hinausgehen, was einem ausgewachsenen Schimpansen zugestanden wird. Doch der Schimpanse fühlt und denkt und ist [...] möglicherweise sogar in der Lage, eine Art menschlicher Sprache zu erlernen. [...] Die ›Ethik des Speziesismus‹ [...] hat in der Evolutionsbiologie eigentlich keine Basis.«

Nun ist die Katze aus dem Sack. Es kränkt den Intellekt des Naturwissenschaftlers, dass Menschen, weniger klug, we-niger redebegabt oder -fähig als er, allein wegen ihres Mensch-seins prinzipiell vor jeder nichtmenschlichen Kreatur rangieren. Ihn kränkt die Menschenwürde, denn sie steht einer schrankenlosen Erforschung des Menschen im Wege. Seit 1998 ist es aktenkundig, dass Dawkins die »großen Fortschritte beim Klonen von höheren Tieren« begrüßt – bekanntlich sind in seiner Weltsicht auch Menschen ebensolche höheren Tiere. Dawkins zählte damals zu den 22 Naturwissenschaftlern, die die »Erklärung zur Verteidigung des Klonens« unterzeichneten. Bezüglich des »Gotteswahns« gilt vermutlich die Schlussfolgerung der Wochenzeitung »Die Zeit«: »So ist am Ende das Komplizierte wieder ganz einfach. Als Genforscher, der er auch ist, verfolgt Dawkins ganz eigene Interessen. Weil seine Forschungsdisziplin endlich frei schalten und walten möchte, Pardon: weil sie selbst Gott spielen will, ist ihr der Gott der Moral massiv ein Dorn im Auge. Religiöse ›Bedenkenträger‹ hemmen den Fortschritt und beleidigen die unergründliche Weisheit der Evolution. Also weg mit ihnen.«

Vor unvorstellbaren Zeiten, im Jahre 1924, schrieb der Theologe Karl Adam einen damals sehr wahren Satz: »Die Theologie ist Lebenswissenschaft. Ihre Sätze wirken unmittelbar auf das Leben ein.« Diesen Rang hat die Theologie, begriffen als das organisierte Nachdenken über den Glauben aus dem Glauben heraus, längst eingebüßt – aus eigenem Verschulden vor allem. Die Theologie hat diese Aufgabe abgetreten an die heutigen Lebenswissenschaftler, an die Hirnforscher und Biologen und Genetiker. Auf radikal naturalistischer, streng darwinistischer Basis legen diese dar, warum der freie Wille und damit die Freiheit eine Illusion sei, warum Mensch und Tier sehr wenig unterscheide, warum wir unsere Gene und damit unser Schicksal schnellstmöglich in den Griff bekommen und so den Zufall abschaffen sollten. Auf dass der Mensch künftig sei, was sich messen und verbessern, produzieren und optimieren lasse.

Unumwunden geißelte schon der junge Dawkins eine »Ethik des Speziesismus« – also die Menschenwürde –, weil diese keine evolutionsbiologische Rechtfertigung finde. Eben darin besteht die Anmaßung: Warum soll eine Ethik den Segen der Biologen brauchen? Ist eine allgemeine Moral nur dann akzeptabel, wenn sie mit den avanciertesten und ergo morgen vielleicht schon überholten Erkenntnissen der Naturwissenschaft übereinstimmt? Muss der Mensch auf eine jedem Menschen absolut zukommende Würde und auf Gattungssolidarität und auf spezifische Menschenrechte verzichten, weil sein Genom zu 97 Prozent mit dem des Affen übereinstimmt? Sind die Herren der Zahlen und der Fruchtfliegen kompetent genug, über die Gültigkeit von Normen zu befinden? Nein, lautet die Antwort, vierfach nein.

Dass Dawkins eine »amateurhafte Psychologie und Soziologie« betreibt, gibt er im »Gotteswahn« zu. Auch als Historiker, Philosoph, Religionswissenschaftler ist er ein Dilettant. Alles Recht dieser Erde hat er gleichwohl, zu jedem beliebigen Thema jede beliebige Anklage zu Papier zu bringen. Im selben Atemzug aber unhistorisch Geschichte zu betreiben, unphilosophisch zu philosophieren, laienhaft Religionen zu vergleichen und den Gläubigen hämisch vorzuwerfen, sie seien inkompetent, wenn sie sich über das Wesen des Menschen oder das Werden der Erde äußern: das ist mehr als Chuzpe, das ist ephebenhafter Größenwahn.

Dawkins freut sich, wenn »die Gehirnforschung einige allgemeine ethische Regeln aufdeckt«. Er schwärmt vom »Fortschrittstrend«, der die Menschheit emporsteigen lasse zu mehr Freiheit, mehr Selbstbestimmung, längerem Leben. Er schwärmt von der »wachsenden Erkenntnis, dass jeder von uns sein Menschsein mit den Angehörigen aller Rassen und beider Geschlechter gemeinsam hat – beides sind zutiefst unbiblische Ideen, die ihren Ursprung in der biologischen Wissenschaft und insbesondere in der Evolutionsforschung haben«, in seinem eigenen Fachgebiet also. Enger lassen sich Eitelkeit und Ignoranz nicht verzahnen.

Der vorläufige Endpunkt einer solchen formidablen Aufwärtsentwicklung bleibt für Dawkins nicht im Dunkeln: »Der Philosoph Peter Singer vertritt [...] die Ansicht, wir sollten auch den ›Speziesismus‹ hinter uns lassen und die menschliche Behandlung auf alle biologischen Arten ausweiten, die es aufgrund der Leistungsfähigkeit ihres Gehirns zu schätzen wissen. Vielleicht ist das ein Hinweis, in welche Richtung sich der ethische Zeitgeist in zukünftigen Jahrhunderten entwickeln könnte. Es wäre die natürliche Fortschreibung früherer Reformen wie der Abschaffung der Sklaverei und der Frauenemanzipation.«

Erst also wenn der letzte Schimpanse das Wahlrecht und der letzte Delphin die Staatsbürgerschaft erhalten haben, wird die Menschheit sich im Zustand vollendeter Aufklärung befinden: Dieses Szenario verkauft Dawkins als möglichen Endpunkt einer rationalen Betrachtung von Welt und Mensch. Wieder soll man die Vernunft daran erkennen, dass sie Unterschiede einebnet, Ungleiches gleich behandelt und keine Absonderung duldet. Mit diesem Argument focht schon Celsus in der Antike gegen den »Separatismus« der Juden und Christen. Nun sollen die Menschen sich auch nicht länger verschließen vor den anderen Lebewesen und diese in ihre »Gemeinschaft der Gleichen« (Singer) eingemeinden – wenn, ja wenn die Tiere nur ähnlich schlau sind wie der Homo sapiens. Nicht das Menschsein an sich, sondern die »Leistungsfähigkeit ihres Gehirns« macht Lebewesen zu Menschen. Der Leitspruch des René Descartes: »Ich denke, also bin ich« zeigt so seine hässliche Kehrseite: Wer sein will, der muss denken können.

Die »Neuen Atheisten« und die Zukunft der Vernunft

Vor über hundert Jahren gelangte Gilbert Keith Chesterton zu Erkenntnissen, die sich wie ein Kommentar lesen zu den »Neuen Atheisten«. Der streitbare Schriftsteller wusste, »dass die Vorstellung, die sich ein anderer von der Welt als ganzer macht, das Wichtigste und in praktischer Hinsicht Folgenreichste ist, was man über den Betreffenden wissen kann«. Würde die Welt neu aufgebaut nach den Maßstäben der professionellen Gottesleugner, bedeutete diese praktisch: Tierversuche wären meistens tabu, Organentnahme bei und Forschung an nichteinwilligungsfähigen, dementen oder komatösen Menschen hingegen nicht – sie scheiterten am Kriterium einer hinreichend nachprüfbaren intellektuellen Leistungsfähigkeit. Ganz zu schweigen von den oft christlich geprägten Pflegeeinrichtungen, die von einem bewunderten Beispiel gelebter Nächstenliebe zu einer geduldeten Beschäftigungstherapie für Unbelehrbare herabsänken.

Chesterton sah in der steten Rede vom Fortschritt ein Mittel, um sich der »Auseinandersetzung mit dem Problem, was gut ist« zu entziehen. Gewiss war im beginnenden 20. Jahrhundert eine solche progressistische Rede weitaus naiver, unreflektierter, als dies heute weithin der Fall ist. Gerade aber die laut Selbstseinschätzung avanciertesten Denker der Gegenwart, die keine andere Autorität akzeptieren als Hirnforschung und Lebenswissenschaft, etablieren wieder die Rede vom ewigen Fortschritt. Naiv aber kann man die Apologeten des »Fortschrittstrends« nach den Erfahrungen der allesamt fortschrittlich sich dünkenden Regime von Hitler, Stalin, Mao nicht mehr nennen. Wie wäre es stattdessen mit: blind?

Das »heidnische Ideal vom einfachen und rationalen Weg zur Vollkommenheit« (Chesterton) führt leider immer auf Holzwege. Sowenig der Mensch sich bessern lässt, wenn man die Strukturen seiner Vergesellschaftung ändert, so wenig wird er sich bessern, wenn man ihn inwendig optimiert oder biologisch neu definiert. Generell ist Vollkommenheit, als Verbesserung bemäntelt, kein menschenfreundliches Ziel. Es braucht nämlich den kleinen Kreis der Eingeweihten oder gar den unumschränkten Einzelherrscher, damit das eine große Ziel für alle verkündet und angestrebt werden kann. Alternativ lockte einst nicht das vollkommene, sondern das gute Leben – ein Leben, das um seine Hinfälligkeit und Vorläufigkeit und Schwächen weiß und dennoch den Mut zum Neuanfang, den Willen zur Läuterung, die Bereitschaft zur Gemeinschaft nicht verliert.

Zu Chestertons Zeit stand den Designern des Menschlichen in der Tradition Darwins und Haeckels eine Gruppe gegenüber, die heute als Gruppe kaum noch existiert: Menschen, die leidenschaftlich und kritisch zugleich Gläubige waren. Heute bedeutet Religionskritik Kritik am Religiösen an sich statt den glaubensmutigen Blick auf Verzerrungen, Einseitigkeiten einer bestimmten Religionsform. Deshalb gibt es – zum beiderseitigen Schaden – keine einhegende Kraft, die den Ideologien einer auf maximalen Nutzen drängenden Vernunft entgegentritt. Und deshalb sind die Straßen so breit und dicht befahren, die von der Religionskritik zum Atheismus und damit zur polemisch verkürzten, unvernünftigen Vernunft führen.

Zum Beleg muss man nicht auf den freimaurerischen Lobredner Hans Küng oder den »atheistischen Pastor« Paul Schulz verweisen. Dessen Anti-Bibel »Codex Atheos. Die Kraft des Atheismus« (2007) kulminiert in einem Plädoyer für »Jesu Botschaft von der nützlichen Menschlichkeit«, die gerade für Atheisten Maßstäbe setze. Schulz nennt »die Vernunft in allem, was der Mensch ohne Gott denkt und tut, die wesentliche Steuerungskraft, ein Bewusstsein also, in dem der Mensch sein Leben verantwortlich ausrichtet«. Erst ohne Gott kann sich demnach die Vernunft ganz entfalten. Schulz will den Atheismus als »phantastische Leistung des denkenden Menschen« rehabilitieren: »Ein von einem Atheisten selbst verantworteter persönlicher Lebensentwurf hat deshalb zum Ziel, alles aus dem irdischen Leben herauszuholen, was dem Menschen lebenswert erscheint.« Bliebe nur zu klären, wer dieses »Lebenswerte« im irdischen Leben versteckt hat, so dass Paul Schulz es nun herausholen kann – und was dagegenspräche, für lebenswert auch jene Lüstchen zu halten, die dem anderen das Leben recht sauer machen.

Doch auf einen solchen Extremfall zu weisen, ist vielleicht gar zu wohlfeil. Also sei stattdessen an die Vernunft des evangelischen Kirchentagspräsidenten 2007, Reinhard Höppner, erinnert, der aus Jesu Feindesliebe das Gebot ableitete, die islamistischen Taliban an den Verhandlungstisch zu bitten. Oder an das Scheitern der Paulus-Gesellschaft, die sich vom naturwissenschaftlichen Vernunftbegriff theologisch auszehren ließ. Oder an die Fachdebatte in der katholischen Zeitschrift »Furche« zu Weihnachten 2006, ob man als Christ wirklich an die Göttlichkeit des Jesus von Nazareth glauben müsse. Bekanntlich erfolgte diese Simplifizierung im Bestreben, die »Bedeutung von Weihnachten auch für kritische Menschen besser zu bezeugen« (Paul Wess). Oder an das Bekenntnis des Karl-Rahner-Schülers Hubert Vorgrimler, das dieser seinen Erinnerungen zum Titel gab: »Theologie ist Biographie«, woraus dann wohl folgt, dass es so viele Theologien wie Menschen gibt und ergo kein gemeinsames Nachdenken über Gott und die Welt.

Trotz großherziger Sympathien für Liberalität und Pluralismus sah und sieht Vorgrimler übrigens in der Kirche ganz unliberal »Zusammenrottungen angeblich Frommer«, »Zirkel von psychisch gestörten Personen«, »charakterlich zweifelhafte Figuren«, »charakterschwachen Opportunismus« – meist da, wo seiner eigenen Theologie zuwiderlaufende Positionen bezogen werden.

Ein beliebter Pfarrer und Romanautor aus Schweinfurt treibt derweil die Entkernung des Glaubens im Namen der Vernunft auf die Spitze. Roland Breitenbach, Jahrgang 1935, kehrte 2006 von einem Ausflug nach Israel mit der Buchtitelzeile »Jesus wäre heute ein Palästinenser« zurück. Dazu mit vielen alten Einsichten, »vor allem über die Bibelwissenschaft«: »Jesus brachte das Feuer, die Kirche schürte den Scheiterhaufen«, »Jesus hat die weibliche Seite in sich nicht unterdrückt«, »Jesus legte sich quer, baute Brücken, wurde zum Kumpan«, »Der Glaube braucht eine neue Basis«, »Der Gottesgeist sagt uns für unsere Zeit, dass das Christentum eine Religion ist wie jede andere«, »Brot und Wein bleiben in der Eucharistie das, was sie sind«, »Warum soll die biblische Überlieferung [...] einen absoluten Vorsprung und Vorrang vor unseren Erfahrungen und Einsichten haben?«, und schließlich anno 2006 der Gassenhauer der sechziger Jahre: »Sex ist ganz nahe bei der Religion.«

Wenn ein vermutlich zölibatär lebender Pfarrer von 71 Jahren den Sex als religionsähnlichen Zeitvertreib preist, kann man das schon ein Gschmäckle nennen. Gravierender ist die Souveränität, mit der hier ein »Seelenhirte« sich zum Sprachrohr exakt jener glaubenskritischen Simpeleien macht, die auf Nivellierung alles Besonderen, auf radikale Angleichung von Welt und Glaube, Gegenwart und Glaube aus sind. Eine Religionsgemeinschaft, die »eine neue Basis« sucht, will eine neue Religion; das alte Fundament, der Glaube an Jesus Christus, war offenbar zu schwach. Wenn der Gottesgeist »für unsere Zeit« dieses oder jenes gebietet, hält offenbar der Sprecher, Pfarrer Breitenbach, seine Rede für unmittelbar gottgegeben; so argumentieren Sektengründer. Die biblische Überlieferung hat glücklicherweise Vorrang vor den Eingebungen des Predigers, weil dieser sonst sein eigenes Leben predigt; so scheint es dem bibelkritischen, kirchenkritischen, ritenkritischen und sakramentenkritischen Schweinfurter Gemeindepfarrer vorzuschweben. Der feminine Kumpeljesus, ein Relikt aus den Zeiten von »The Who« und »The Beatles«, wird leicht zum Vehikel ganz unleidlicher, gern auch weltpolitischer Polemik; so hier, wenn im Namen Jesu den Israelis die Leviten gelesen werden. Und sofern ein katholischer Priester den Glauben an die Wandlung von Brot und Wein in Leib und Blut Jesu Christi für eine Zumutung hält, ist das keine Katastrophe. Eine solche aber ist unausweichlich, wenn ebendieser Priester dennoch Eucharistie feiert, wenn er Form und Glaube sich zurechtbiegt, statt eine andere Form und einen anderen Glauben zu suchen. In Schweinfurt lädt man zur »Mahlfeier mit Jesus«.

Um Missverständnissen vorzubeugen: All diese Positionen verlassen natürlich nicht den Rahmen des in einer pluralen Zivilgesellschaft Tolerablen. Sie zeigen aber, sobald sie authentische Anklagen aus dem Innern einer Glaubensgemeinschaft sind, dass dieser Glaube den Pakt mit der Welt teuer bezahlt: mit seiner kompletten Ununterscheidbarkeit, seinem Willen zur Selbstauslöschung. Und noch teurer bezahlt diesen Pakt die säkulare Vernunft. Sie kann schalten und walten, wie sie will, wenn der Glaube als eigentlich alternativer Weltzugang sich denselben Gesetzen von Evidenz, Plausibilität und Diesseitigkeit unterwirft. Sie wird tollkühn. Sie wird vielleicht sogar totalitär.

Der Schweinfurter Priester formte wie schon der Hamburger Atheistenpastor eine Gemeinde, die mehr in ihm als im Glauben das Zentrum sieht. Nach Schulzens endgültiger Wendung zum Atheismus löste die »kritische Gemeinde« sich auf. Breidenbachs »anderer Gemeinde« steht dasselbe Schicksal bevor. Darauf deutet die blamable Geschichte, die in »Jesus wäre heute ein Palästinenser« leutselig erzählt wird. Stolz berichtet der Pfarrer von Nik, dem Schlagzeuger der Gottesdienst-Band, er sei »vor Jahren aus der Kirche ausgetreten. Als [...] ich davon erfuhr, reichte Nik mir fröhlich die Hand und sagte: ›Zwischen uns ändert sich nichts!‹«

In der Tat: Zwischen einem konfessionslosen Gottesdienstaktivisten und einem diffus religiösen Glaubensboten ändert sich nichts, wenn jener sich diesem in seiner Glaubensferne offenbart. Keine Anekdote könnte den Triumph des Subjektivismus und Säkularismus innerhalb des Glaubens schlagender illustrieren. Den Priester bekümmert der Kirchenaustritt nicht, solange nur er persönlich wohl gelitten ist bei seiner »bunten Schar«. Dem Schlagzeuger macht es nichts aus, ob er vielleicht durch seine Entscheidung das Verhältnis zu Pfarrer und Gemeinde belasten könnte. Er haut weiter auf die Pauke und ist sich des priesterlichen Applauses sicher.

Ja, auch das ist ein Extremfall. Andernorts müht man sich mit Fleiß und Phantasie in »Wiedereintrittsstellen« und mit »Citypastoral« darum, dass die Kirche den Kontakt zur Stadtgesellschaft nicht verliert. Schweinfurt aber taugt als Chiffre. Dort brach man aus einem nachvollziehbaren Grund auf – wie weiland in der »Ketzergemeinde« zu Hamburg. Man wollte die praktische Konsequenz daraus ziehen, dass »unser Glaubensleben immer mitgeprägt wird durch [...] den medizinischen Fortschritt, durch naturwissenschaftliche Erkenntnisse und das Weltgewissen, das sich zunehmend entwickelt«. In diesem Bestreben aber stülpte man sich das Kleid der Diesseitigkeit über und sah nicht, dass es eine Zwangsjacke für Gläubige ist.

In der Zeit, die Gegenwart heißt, ereignet sich der Belastungstest für eine unumstößlich gehaltene Wahrheit: »Selbst wenn man das Christentum gänzlich verwässert, ist es immer noch heiß genug, um die ganze heutige Gesellschaft zu Brei zu kochen.« Diese Wahrheit Chestertons hat ihre Fraglosigkeit eingebüßt. Fast alles ist Gesellschaft geworden, ohne doch Gemeinschaft zu sein. Das Bewusstsein schwand, dass ohne die Irritationen und Provokationen, Ein- und Widersprüche aus der Mitte des Glaubens heraus eine Gesellschaft träge wird und anmaßend, unduldsam und scheintolerant zugleich. Darum erweist der Gesellschaft einen Bärendienst, wer im vorauseilenden Gehorsam mit deren Maßstäben den Glauben zurechtstutzt. Nie wird eine säkulare Öffentlichkeit, gewohnt, nur das Sicht- und Mess- und Verwertbare für wahr zu halten, sich von der größeren Weite der Vernunft überzeugen lassen – wenn eine solche kritische, glaubensoffene Vernunft beschämt unter sich blickt und drucksend im Kreis der Vernunftdogmatiker spricht: Pardon, ich wollte nicht stören.

Zu keiner Zeit hat es sich für die Menschheit ausgezahlt, wenn die Extremisten der Vernunft oder des Glaubens das Zepter schwangen. Wer die Glaubenslosen verfolgt, tötet den Glauben. Wer die Gläubigen diskriminiert, mordet die Vernunft. Der aggressive Fatalismus des Celsus, die zum Sündigen geborenen Menschen könne niemand ändern, war typischer Ausdruck jener unaufgeklärten Aufklärung, die bis heute meint, die Menschen zu ihrem glaubenslosen Glück zwingen zu können. Das Bestreben der Bruno, Reimarus und Lessing, den Glauben durch das Nadelöhr der eigenen Vernünftigkeit zu pressen, führte zur Abkehr vom Glauben und damit, auf lange Sicht, zur Schwächung der Vernunft. Kants Weiterentwicklung des Kirchenglaubens zur Vernunftreligion, mutig aufgegriffen von Mönch von Werkmeister, prallte ab an der Eigengesetzlichkeit eines solchen Transfers: Die Subjektivität der Vernunft ist die beste Garantie, dass mit jedem Subjekt neue Vernünfte und mit diesen neue private Religionssurrogate erscheinen. Die Kapitulation der Paulus-Gesellschaft und des Ketzerpastors Schulz vor den Techniken des Atheismus ist logisch konsequent, sobald Gläubige die Kriterien des Unglaubens über ihren Glauben bestimmen lassen.

In der Zeit, die Gegenwart heißt, stehen die Erben des theologischen Denkens bereit. Die Letztbegründungs- und Allerklärungsgewalt ruht in den Händen der Lebenswissenschaftler und Konzernlenker, die beide wissen, dass nur zählt, was man zählen kann. Hirnforscher, Genetiker, Verfechter einer naturalistischen Ethik und Propagandisten eines schrankenlosen Wettbewerbs treffen sich in der Bereitschaft, den neuen, flexiblen, vernünftigen Menschen nach den Erfordernissen des Tages und des Marktes je neu zu konstruieren. Leistungsfähig soll die Menschheit sein, schmerzresistent und klaglos, pflegeleicht und langlebig. Vernünftig sind nur mehr die Bedürfnisse einer zahlungsfähigen Mehrheit. Der Rest rechnet sich nicht.

Will die Menschheit als Menschheit überleben, als Gemeinschaft von Individuen, an Würde gleich, in Sorgen und Nöten sehr ähnlich, gibt es keine Alternative zu einer neuen Allianz von Vernunft und Glaube – von jenem Glauben, der der Vernunft sich öffnet, weil er sie in sich trägt, und von jener Vernunft, die den Glauben verstehen will, weil auch sie aus Freiheit geboren ist und Wahrheit sucht. Sonst sitzt morgen Mensch neben Mensch und hat sich nichts zu sagen, ist Argwohn das tägliche Brot, singt der Alb in den Schlaf. Und ringsum blühen Ruinen.

Personenregister

Abraham 37, 95, 107
Adam, Karl 268
Adorno, Theodor W. 66
Alembert, Jean Le Rond d' 93, 114
Angenendt, Arnold 161, 174, 247
Aristoteles 198
Assmann, Jan 36
Athanasius von Alexandrien 197
Augustinus 79
Augustus (Kaiser) 40

Bacon, Francis 18, 214, 220–223, 250
Ball, Hugo 135
Barber, Malcolm 172, 174
Bautain, Louis-Eugène-Marie 139
Beethoven, Ludwig van 38
Benedikt XVI. 22, 26, 28, 52, 66, 117, 135, 143 f., 175, 180 f., 185, 189, 191, 193 ff., 196–201, 208, 231, 248
Bergengruen, Werner 182
Berkeley, George 69
Berman, Harold 173
Bin Laden, Osama 263
Bismarck, Otto von 147
Blum, Paul Richard 171
Blumenberg, Hans 85
Boccaccio, Giovanni 108
Bonald, Louis de 102
Brague, Rémi 175

Braungart, Wolfgang 109
Brechenmacher, Thomas 235
Breidbach, Olaf 168
Breitenbach, Roland 273 ff.
Breschnew, Leonid 225
Brockman, John 204
Bruno, Giordano 29, 96, 152 f., 166, 168–172, 190, 246, 277
Bullinger, Heinrich 83

Caligula (röm. Kaiser) 46, 164
Calvin, Jean 82
Cappellari, Bartolomeo *siehe* Gregor XVI.
Celsus 16, 26, 39, 43–61, 85, 89, 93, 130, 152, 169, 247, 270, 276
Chateaubriand, François-René de 129 f., 132
Chesterton, Gilbert Keith 45, 68 f., 71–74, 76, 94 f., 131, 148, 210, 213, 270 f., 276
Chruschtschow, Nikita 225
Cicero 50
Clark, Andy 206, 223
Comte, Auguste 26, 214–219, 222, 228, 230 f., 246, 248

Dalai Lama 48
Darwin, Charles 29, 271
Dawkins, Richard 14 ff., 38, 49 f., 57, 93, 114, 159, 163–167, 187, 191, 200 f., 204, 208 f., 211, 219 f., 233–237, 239, 247, 249 f., 253–270
Descartes, René 29, 217, 220, 270
Deschner, Karlheinz 17, 55, 114, 151, 155–161, 163–166, 211, 246 f., 249
Diderot, Denis 29, 93, 114
Diokletian 42
Döllinger, Ignaz 145
Drewermann, Eugen 162
Dschinghis Khan 164

Duns Scotus, Johannes 177–181, 191, 196
Dyson, Esther 205
Dyson, Freeman 210

Epikur 231
Epstein, Klaus 103, 105
Eusebius von Caesarea 197

Febronius *siehe* Hontheim, Johann Nikolaus
Fichte, Johann Gottlieb 111
Findeisen, Hans-Volkmar 167
Fliethmann, Thomas 138
Forschner, Maximilian 76
Frerk, Carsten 53
Freud, Sigmund 159
Freund, Gerhard 90, 105
Fuchs-Heinritz, Werner 217, 219

Gäbler, Ulrich 76
Galilei, Galileo 18, 29, 190 f., 228
Garibaldi, Giuseppe 145
Giacometti, Augusto 75
Gibbon, Edward 39, 42
Goes, Albrecht 182
Goethe, Johann Wolfgang von 26, 104, 121 ff., 124, 249 ff.
Goeze, Johann Melchior 86, 96–101, 103–108, 112, 115
Gregor der Große 207
Gregor VII. 173
Gregor XVI. 129, 133–137, 139, 147 f.
Guardini, Romano 24 f., 46, 182

Habermas, Jürgen 26, 199–202
Haeckel, Ernst 55, 166–169, 175, 208, 271
Halbfas, Hubertus 227 f., 230 f.

Hanses, Johannes Maria 67
Harris, John 213, 249
Harris, Sam 55, 201, 249 f., 258 f., 262
Hasenhüttl, Gotthold Nathan Ambrosius 161, 229 f.
ibn-Hazm 180 f.
Hegel, Georg Wilhelm Friedrich 50, 76
Heine, Heinrich 156
Hentges, Gudrun 92 f.
Hermes, Georg 137 ff., 145
Herodot 57
Hitchens, Christopher 37 f., 49 f., 163, 178, 231, 237 ff., 249, 251, 259, 261–264
Hitler, Adolf 54, 160, 164, 271
Honnefelder, Ludger 68
Hontheim, Johann Nikolaus 133
Höppner, Reinhard 22, 24, 29, 272
Hossenfelder, Malte 179 f., 184
Hoxha, Enver 54
Huber, Wolfgang 189
Hübner, Kurt 34, 42, 196
Hugo, Victor 169
Humphrey, Nicholas 234 ff.
Hus, Jan 152
Hwang-Woo Suk 204, 209

Ibsen, Henrik 169
Inciarte, Fernando 179
Ingham, Mary B. 179
Innozenz III. 174
Irenäus von Lyon 65 f., 152

Jakob (Prophet) 75
Jakobus (Apostel) 59
Jasper, Willi 86, 108

Jaspers, Karl 26, 182–187, 190
Jochum, Maria 260
Johannes (Apostel) 59
Johannes (Evangelist) 198 f.
Johannes, Chrysostomus 168, 207, 231
Johannes Paul II. 26, 66, 77, 106, 146, 148, 178, 187–194, 196, 251
Johannes XXII. 177 f.
Johannes XXIII. 144
Josef II. 119
Justin der Märtyrer 26, 62–66, 77, 130, 137, 197 f.

Kahl, Joachim 49 f., 114, 246 f.
Kant, Immanuel 18, 110–113, 116, 124, 137 f., 149, 199
Karl der Große 217
Karl Eugen (Herzog von Württemberg) 119
Karl V. 77 f.
Kellner, Erich 223–227
Kertzer, David I. 235
Kinsbourne, Marcel 206
Kleist, Heinrich von 26, 110 f.
Klemens von Alexandrien 197 f.
Konfuzius 185
Korff, Friedrich Wilhelm 44–47, 50, 114
Koselleck, Reinhart 113 f.
Kreutzer, Leo 249 ff.
Küng, Hans 27–30, 102, 190, 272

Lamennais, Félicité Robert de 136, 139
Leibniz, Gottfried Wilhelm 220
Lenau, Nikolaus 176
Leo XIII. 66, 192
Lessing, Gotthold Ephraim 18, 26, 85 f., 96–109, 111 ff., 124, 138, 152, 177, 277
Locke, John 113

Lohse, Bernhard 74 f.
Löwith, Karl 215
Ludwig der Bayer 177
Luther, Martin 66, 68, 72–75, 77, 79 ff., 99, 108, 134, 152 f., 178
Lyttleton, Margaret 39

Maischberger, Sandra 242, 244
Mann, Thomas 102
Manuel II. Palaeologos 180
Mao Tse-tung 54, 271
Marcion 175
Marti, Kurt 182
Marx, Karl 159
McCarthy, John 205
McGrath, Alister 264
Metternich, Klemens Wenzel 176
Minsky, Marvin 206 f.
Mohammed 68, 180
Mortara, Edgardo 235 f.
Moses 33–36, 56, 91 f., 95, 175, 217
Mozart, Wolfgang Amadeus 37
Müller-Salget, Klaus 111

Nemo, Philippe 160, 173
Nero 46
Nietzsche, Friedrich Wilhelm 43–46, 48, 156
Nigg, Walter 96, 151–155, 171 f., 184
Novalis 125
Nyncke, Helge 239

Oberheide, Jens 29f
Ockham, Wilhelm von 177 f., 181
Origenes 56–62
Osborn, Eric 63

Pascal, Blaise 152
Paulus (Apostel) 20, 46, 88, 134, 197, 244
Petrus (Apostel) 59
Pierce, Charles S. 69
Pindar 57
Pius VI. 119 f.
Pius IX. 140-143, 145-148, 236
Pius X. 143
Pius XII. 152
Planck, Max 18, 250
Platon 63, 65, 130, 196, 198 f.
Plinius der Jüngere 40 ff., 49, 62, 174
Pol Pot 54
Powell, Corey S. 208

Rahner, Karl 224 f., 273
Ratschow, Carl Heinz 168
Ratzinger, Joseph *siehe* Benedikt XVI.
Reimarus, Hermann Samuel 16, 55, 83-96, 98-103, 107 f., 112 f., 130, 132, 137, 152, 169, 175, 179, 186, 217, 230, 244, 277
Reinhold, Karl Leonhard 111
Robespierre, Maximilien de 222
Rochus (Heiliger) 122
Ruge, Nina 244
Rüstow, Alexander 103, 250

Schaeffer, Hans 224, 226 f.
Schaller, Christian 146, 236
Schiller, Friedrich 26, 33 f., 38, 92
Schleiermacher, Friedrich 123-126, 129
Schlette, Heinz Robert 227
Schmidt-Salomon, Michael 53, 114, 127, 130, 151, 156, 159-163, 165-167, 191, 239-242, 249, 262
Schneiders, Werner 17

Schopenhauer, Arthur 156
Schoppe, Caspar 169
Schramm, Gottfried 34 f.
Schulz, Paul 242–247, 272, 277
Seidel, Ina 182
Seitschek, Hans Otto 39, 68, 198 f.
Seneca 231
Shakespeare, William 217
Singer, Peter 211 ff., 249, 258, 269 f.
Sloterdijk, Peter 49, 141, 170 f., 174, 260
Sokrates 60, 182, 185
Spaemann, Robert 188 f.
Spinoza, Baruch de 152 f.
Stalin, Josef 54, 271
Stein, Hannes 37
Stephens, Peter 77, 79
Strasser, Peter 51
Sueton 38
Susskind, Leonard 206

Tertullian 65 f., 73
Theodoret (Bischof) 198
Thomas von Aquin 62, 66–71, 75, 78, 141, 178, 181 f., 191, 210
Tillich, Paul 66
Tolstoi, Leo 152
Trajan 40 ff., 62

Uellenberg, Gisela 227

Voltaire 16, 55, 87, 91 ff., 96, 102, 107 f., 117, 131, 175, 186
Vorgrimler, Herbert 228, 273
Vossenkuhl, Willi 177

Watson, Peter 167

Weizsäcker, Carl Friedrich von 18, 250
Werkmeister, Benedikt Maria Leonhard von 26, 115–120, 124 f., 133
Wess, Paul 198, 273
Wessenberg, Ignaz Heinrich von 119
Wilhelm II. 147
Wilmut, Ian 206
Wittgenstein, Ludwig 69
Wojtyła, Karol *siehe* Johannes Paul II.
Wolf, Hubert 145

Zwingli, Ulrich 72, 77–83, 94, 138, 151